from Beginner to Master

就业上岗从入门到精通系列

轻松上岗 新手入门 ……▷ 快速成长 技能精通

餐厅经营管理
从入门到精通

孙勇兴 主编

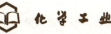

·北京·

《餐厅经营管理从入门到精通》

作为餐厅经营的新手，必须要学：
- 从事餐饮工作的基础知识。
- 经营餐厅的各项工作业务流程及各个环节的操作步骤、技巧、方法。

《餐厅经营管理从入门到精通》一书是为刚进入餐饮行业的新手们学习餐饮工作基础知识，学习餐厅经营各项业务流程和操作步骤、技巧、方法提供的一个绝佳途径。

本书首先介绍餐厅开业前的准备（餐厅规模、费用、特色定位，餐厅选址，餐厅名称和招牌的设计，餐厅装修设计，良好气氛的营造）工作，再一一介绍餐厅经营中的各项业务，包括整合营销，食材的采购、验收与储存，厨房作业管理，楼面作业管理，餐厅收入管理，餐厅成本控制，餐饮安全卫生管理等的要求、操作方法、步骤及细节。

本书的最大特点是不仅为餐厅经营者和管理者提供工作指引，更提供了各项业务实际操作的步骤、方法、细节、技巧，相信餐厅经营管理的新手们阅后不仅有助于掌握餐厅业务经营的方法，还能够快速地帮助餐饮企业盈利，在激烈的市场竞争中屹立不倒！

图书在版编目（CIP）数据

餐厅经营管理从入门到精通/孙勇兴主编．—北京：化学工业出版社，2015.4 （2018.10重印）
（就业上岗从入门到精通系列）
ISBN 978-7-122-23217-5

Ⅰ.①餐… Ⅱ.①孙… Ⅲ.①餐馆-经营管理 Ⅳ.①F719.3

中国版本图书馆CIP数据核字（2015）第043809号

责任编辑：陈 蕾 刘 丹　　　　　　装帧设计：尹琳琳
责任校对：吴 静

出版发行：化学工业出版社（北京市东城区青年湖南街13号　邮政编码100011）
印　　装：三河市延风印装有限公司
710mm×1000mm 1/16 印张15¾ 字数296千字 2018年10月北京第1版第7次印刷

购书咨询：010-64518888　　　　　　　　售后服务：010-64518899
网　　址：http://www.cip.com.cn
凡购买本书，如有缺损质量问题，本社销售中心负责调换。

定　　价：48.00元　　　　　　　　　　　　　　　版权所有　违者必究

常言道,"入门容易做好难"。不论做什么,从事什么工作,贵在坚持,持续学习,没有最好,只有更好。这样才有前途,才能实现自己的理想。

对于新手而言,要真正把工作开展起来却不是那么容易。因为书本上的东西有时候在实际工作中根本就用不上!所以,许多新人就茫然起来。其实,这个时候,要更加注重学习!

任何一项工作,并不是人一去做就会,而是有一个过程,一个由不会到会、由会到精通的过程。在这一过程中,必须不断地学习。这一道理同样适用于餐厅经营与管理。

俗话说:"百行做遍,不如开店。"要想开一家赚钱的餐厅,就要学会如何处理餐厅经营中每天都会遇到的问题。作为餐厅的经营者与管理者,要时刻保持高昂的学习激情,不断地补充知识,提高技能,以适应餐饮业的激烈竞争,不断地降低成本,争取获得更多更好的发展机会,为餐厅的经营做好充分的准备。

那么学什么呢?作为餐厅经营的新手,必须要学:

● 从事餐饮工作的基础知识;

● 经营餐厅的各项工作业务流程及各个环节的操作步骤、技巧、方法。

首先,要学习完成某项工作所应具备的知识,也就是应知应会的内容。

其次,要切实地学习、掌握各项业务开展的步骤与方法。

最后,当然就是要了解成为熟手,精通各项工作的细节事项、技巧。

《餐厅经营管理从入门到精通》一书就是为刚进入餐饮行业的新手们提供的一个绝佳的学习途径。本书首先介绍餐厅开业前的准备（餐厅规模、费用、特色定位，餐厅选址，餐厅名称和招牌的设计，餐厅装修设计，良好气氛的营造）工作，再一一介绍餐厅经营中的各项业务，包括整合营销，食材的采购、验收与储存，厨房作业管理，楼面作业管理，餐厅收入管理，餐厅成本控制，餐饮安全卫生管理等的要求、操作方法、步骤及细节。

　　本书的最大特点是不仅为餐厅经营者和管理者提供工作指引，更提供了各项业务实际操作的步骤、方法、细节、技巧，相信阅后将有助于餐厅业务的经营，能够快速地帮助餐饮企业盈利，并且在激烈的市场竞争中屹立不倒！

　　本书由孙勇兴主编，在编写整理过程中，获得了许多朋友的帮助和支持，其中参与编写和提供资料的有费秋萍、李建军、李雷、杨冬琼、杨雯、冯飞、陈素娥、匡粉前、刘军、刘婷、刘海江、刘雪花、唐琼、唐晓航、邹凤、陈丽、吴日荣、吴丽芳、周波、周亮、高锟、李汉东、李春兰、柳景章、王峰、王红、王春华、王高翔、赵建学，最后全书由匡仲潇统稿、审核完成。在此，编者对他们所付出的努力和工作一并表示感谢。同时本书还吸收了国内外有关专家、学者的最新研究成果，在此对他们一并表示感谢。

　　由于编者水平有限，书中难免出现疏漏，敬请读者批评指正。

编　者

第一章 餐厅开业前的准备

作为一家新开餐厅，前期筹备工作千头万绪，涉及面广，内容多，稍有不周，将对开业后的管理产生很大的影响，甚至直接影响餐厅的运营。因此，做好餐厅开业前的准备工作，对餐厅开业及开业后的工作具有非常重要的意义。

第一节 餐厅规模、费用、特色定位　　/2

　　一、餐厅规模　　/2
　　二、估算总销售额及毛利润　　/3
　　三、投资费用预估　　/3
　　　　相关链接　投资建议　　/4

第二节 为餐厅准确定位　　/5

　　一、要有自己的特色　　/5
　　二、锁定消费群体　　/5

第三节 餐厅选址　　/7

　　一、商圈调查，必不可少　　/7
　　　　相关链接　肯德基的选址策略与商圈分析　　/7
　　　　相关链接　一步差三市　　/10
　　二、不同类型餐厅的选址要求　　/11
　　　　相关链接　不同区域选址特点　　/13
　　三、要对备选店地址进行大"考察"　　/14

　　　　相关链接　餐饮店地址好坏影响因素　　　　/17
　　　四、店址选择应注意的细节　　　　　　　　　/18

第四节　餐厅名称和招牌的设计　　　　　　　　/21

　　　一、给餐厅起个好名字　　　　　　　　　　　/21
　　　二、设计好招牌，锦上添花　　　　　　　　　/23

第五节　餐厅装修设计　　　　　　　　　　　　/26

　　　一、店门　　　　　　　　　　　　　　　　　/26
　　　二、橱窗　　　　　　　　　　　　　　　　　/27
　　　三、大堂　　　　　　　　　　　　　　　　　/27
　　　　　　相关链接　合理分配内部空间　　　　/28
　　　四、厨房　　　　　　　　　　　　　　　　　/29
　　　五、洗手间　　　　　　　　　　　　　　　　/32
　　　六、休息区　　　　　　　　　　　　　　　　/33
　　　七、停车场　　　　　　　　　　　　　　　　/33

第六节　良好气氛，提升魅力　　　　　　　　　/34

　　　一、灯光　　　　　　　　　　　　　　　　　/34
　　　二、背景音乐　　　　　　　　　　　　　　　/34
　　　三、色彩搭配　　　　　　　　　　　　　　　/34
　　　四、陈设布置　　　　　　　　　　　　　　　/35
　　　五、餐座配备　　　　　　　　　　　　　　　/36
　　　六、温度、湿度和气味　　　　　　　　　　　/36

第二章　餐厅的整合营销

　　整合营销主要是指在市场调研的基础上，餐厅需要为自己的产品确定精准的品牌定位和目标市场；找出产品的核心卖点是什么；提炼出产品好的广告语，如何进行品牌传播以及进行全面的销售体系规划等等。它是多种营销传播手段的有机、系统结合运用（如：广告、宣传、公关、文化、人员推销、网络推广等），而不是单一的营销手段。

第一节　广告营销　/41

一、电视广告促销　/41

二、电台广告促销　/41

三、报纸广告营销　/43

四、杂志广告营销　/43

五、户外媒体广告促销　/44

六、直接邮寄广告（DM）营销　/47

第二节　店内促销　/48

一、内部宣传品营销　/48

二、菜单营销　/48

三、门口告示牌营销　/51

四、餐厅服务促销　/51

五、餐厅主题文化促销　/54

第三节　餐厅网络营销　/57

一、餐厅网站营销　/57

二、微信营销　/58

三、二维码营销　/58

四、微博营销　/60

五、病毒式营销　/62

六、团购营销　/63

七、电子优惠券　/66

八、搜索引擎营销　/67

九、网订餐外卖　/67

十、网上点餐　/68

第四节　餐厅跨界促销　/69

一、与银行捆绑合作促销　/69

二、与商场超市合作促销　/70

三、与电影院合作促销　/70

四、与饮料企业合作促销　/70

五、打破地点限制促销　/71

  六、与互动游戏企业合作促销 /71
  七、与电器卖场合作促销 /72

第五节 假日促销 /72

  一、全年促销节日 /72
  二、春节年夜饭促销 /73
  三、"五一"及母亲节促销 /75
  四、儿童节促销 /75
  五、父亲节促销 /75
  六、端午节促销 /76
  七、七夕情人节促销 /77
  八、中秋节促销 /77
  九、重阳节促销 /79
  十、国庆节促销 /80
  十一、圣诞节促销 /80
  十二、元旦节促销 /81

第三章 食材的采购、验收与储存

  采购是餐厅为客人提供菜品的重要保证，是餐厅运营的起点，只有原料的质量好，才能保证菜肴佳美。原料采购的数量、质量和价格不合理，会使餐饮成本大大提高。同时，采购的食品运到后，必须对食品的质、量、价格、等级、数量进行核定入库，并且高效地储存，才能保证餐厅菜品的及时供应。

第一节 认识商标标志 /83

  一、注册商标 /83
  二、食品标志 /84

第二节 食材选购管理 /87

  一、选购食品走出新鲜误区 /87
  二、挑选真正安全食品 /88
    相关链接 怎样辨别污染鱼 /89

三、绿色食品选购 /90
四、食材选购省钱窍门 /91

第三节 食材验收管理 /92

一、验收工作目标 /92
二、验收职责 /93
三、验收程序 /93
四、验收数量不符处理 /94
五、验收品质不符处理 /94
六、坏品及退货处理 /94

第四节 食材储存发放管理 /95

一、食品储存管理 /95
  相关链接　各类食材储存法 /95
二、食品原料发放管理 /98
三、账卡管理作业 /99
四、料的存管 /100
  相关链接　物的存管也不容忽视 /101
五、盘点 /102

第四章　厨房作业管理

  厨房是餐厅的核心，是生产的重地，它直接决定餐厅的兴衰，因此，必须有细致的管理章程、过硬的管理队伍，管理要实现统一标准、规格、程序，以提高工作效率，降低生产成本，并确保菜肴标准、质量，提高服务速度。

第一节 厨房岗位人员配备 /105

一、确定厨房人员数量 /105
二、厨师长的选配 /106
三、生产岗位人员安排 /107

第二节 厨房生产流程控制 /108

一、理顺生产流程 /108

  二、建立生产标准　　　　　　　　　　　　　　**/108**
  三、现场制作过程控制　　　　　　　　　　　　**/109**

第三节　菜品质量控制　　　　　　　　　　　　　**/110**

  一、建立自觉有效的质量监督体系　　　　　　　**/110**
  二、发挥质量检查部门的作用　　　　　　　　　**/111**
  三、菜点质量控制方法　　　　　　　　　　　　**/112**
  四、有效控制异物　　　　　　　　　　　　　　**/114**

第四节　菜品开发与创新　　　　　　　　　　　　**/115**

  一、菜品开发与创新的基本原则　　　　　　　　**/115**
    相关链接　开发创造菜品卖点，提高利润　**/116**
  二、菜品开发与创新的开发步骤　　　　　　　　**/117**
  三、建立创新机制模式　　　　　　　　　　　　**/119**

第五章　楼面作业管理

  楼面的作业主要包括菜品销售和顾客服务，这两项工作做好了，餐厅的营业状况必能一直保持良好，为餐厅的营运奠定良好的基础。

第一节　做好菜品销售　　　　　　　　　　　　　**/121**

  一、迅速上菜　　　　　　　　　　　　　　　　**/121**
  二、均一菜色　　　　　　　　　　　　　　　　**/121**
  三、美味可口　　　　　　　　　　　　　　　　**/122**

第二节　做好顾客服务　　　　　　　　　　　　　**/122**

  一、一致的衣着、仪容　　　　　　　　　　　　**/122**
  二、定型的服务态度　　　　　　　　　　　　　**/123**
  三、规范的中餐服务流程　　　　　　　　　　　**/125**
  四、尽量满足客人的要求　　　　　　　　　　　**/126**
  五、特殊客人特别服务　　　　　　　　　　　　**/127**
  六、楼面现场控制　　　　　　　　　　　　　　**/130**

第三节　楼面服务质量改进 /131
　一、进行客人意见调查 /131
　二、开展服务质量评估 /135
　三、每日工作检查 /139

第六章　餐厅收入管理

餐厅的收入种类多、弹性大，有些餐厅除了基本的菜品销售收入、酒水销售收入外，还有一些其他的业务收入，比如酒水商进场费、废品销售收入、小费、广告费等，同时，餐厅的收入涉及现金比较多，所以，餐厅要特别关注收入的管理，尤其是收银及现金的管理。

第一节　营业收入管理 /147
　一、菜品收入管理 /147
　二、酒水收入管理 /148
　三、服务费收入管理 /150
　四、包房收入管理 /150
　五、折扣会计及税务处理 /151

第二节　营业外收入管理 /152
　一、酒水商进场费 /152
　二、广告收入 /154
　三、物业使用收入 /154
　四、废品收入 /154

第三节　餐厅现金收入管理 /155
　一、了解国家对现金管理规定 /155
　二、单据控制——单单相扣，环环相连 /157
　三、物品传递线 /157
　四、餐单传递线 /158
　五、现金传递线 /159

相关链接　餐厅常见结账方式　/159
六、保持三线统一　/159
七、关键控制点　/160

第七章　餐厅成本控制

餐饮成本控制是餐厅经营管理的重要组成部分，成本控制的好坏对经营的成败具有至关重要的作用。餐厅要想生存与发展，必须对成本进行精细化控制。

第一节　餐厅成本的组成与分类　/163
一、什么是成本　/163
二、餐厅成本的组成　/163
三、餐厅成本的分类　/164

第二节　菜品加工的成本控制　/165
一、粗加工环节成本控制　/165
二、配份环节成本控制　/170
三、烹调环节成本控制　/174

第三节　利用标准菜谱控制成本　/178
一、明确标准菜谱作用　/178
二、标准菜谱设计内容　/178
三、编制标准菜谱程序　/179

第四节　通过完美服务减少浪费　/180
一、避免出现服务不当　/180
二、菜单填写必须准确　/181
三、防止员工偷吃菜品　/181
四、避免打翻菜　/182
五、尽量减少传菜差错　/182

第五节　人工成本费用控制　　　　　　　　　/182

一、定岗、定员　　　　　　　　　　　　　　/182
二、制订人工安排指南　　　　　　　　　　　/182
三、确定劳动生产率　　　　　　　　　　　　/183
四、合理配备人员　　　　　　　　　　　　　/184
五、提高工作效率　　　　　　　　　　　　　/185
六、控制非薪金形式人工成本　　　　　　　　/186

第六节　餐具损耗费用控制　　　　　　　　　/186

一、餐具破损的防范　　　　　　　　　　　　/186
二、防范餐具流失　　　　　　　　　　　　　/187
三、明确不同部门餐具管理的职责　　　　　　/188
四、妥善处理客人损坏餐具　　　　　　　　　/189
五、员工餐具管理　　　　　　　　　　　　　/190
六、做好餐具损耗及盘点记录　　　　　　　　/190

第七节　低值易耗品控制　　　　　　　　　　/190

一、一次性使用产品的控制　　　　　　　　　/190
二、可重复使用产品的控制　　　　　　　　　/191
三、办公用品的控制　　　　　　　　　　　　/191

第八节　其他支出费用控制　　　　　　　　　/191

一、租金最大效益利用　　　　　　　　　　　/191
二、刷卡手续费的节约　　　　　　　　　　　/193
三、合理控制折旧费　　　　　　　　　　　　/193
四、有效控制停车费　　　　　　　　　　　　/194
五、减少修缮费　　　　　　　　　　　　　　/194

第九节　加强能源管理　　　　　　　　　　　/194

一、能源管理的益处　　　　　　　　　　　　/194
二、加强能源调查　　　　　　　　　　　　　/195
三、开展能源盘存　　　　　　　　　　　　　/195
四、能源控制　　　　　　　　　　　　　　　/198

第八章 餐饮安全卫生管理

饮食卫生是餐厅提供饮食服务非常重要的组成部分,餐厅必须提供给客人安全、卫生的饮食,这点非常重要。因此,餐厅必须了解最新的食品安全政策,必须制定相应的措施彻底地保证食品的安全及来就餐厅的人员安全。

第一节 解读最新食品安全政策 /205

    一、必须办理手续 /205

    二、员工管理 /205

    三、采购要求 /206

    四、不得采购、使用和经营的食品 /206

    五、食品安全操作规范 /207

    六、监管重点检查事项 /208

    七、抽样检验,异议如何处理 /208

    八、法律责任 /208

    九、食品安全事故,如何处理 /210

    十、违法所得、货值金额 /210

    十一、"情节严重"情形 /211

    十二、"从轻处罚"情形 /211

第二节 各个环节控制食品安全 /211

    一、食材采购 /211

    二、生产阶段 /212

    三、消费阶段 /213

    四、食品安全检查 /214

第三节 食物中毒预防 /216

    一、采购源头控制 /216

    二、细菌性食物中毒的预防 /217

    三、化学性食物中毒的预防 /217

    四、有毒动、植物食物中毒的预防 /217

五、真菌毒素食物中毒的预防　　　　　　　　/218
　　　六、食物中毒的处理　　　　　　　　　　　　/218

第四节　食物过敏预防　　　　　　　　　　　　/218
　　　一、认识食品过敏　　　　　　　　　　　　　/219
　　　　　相关链接　各国食物过敏情况　　　　　　/220
　　　二、最常见食物过敏原　　　　　　　　　　　/220
　　　三、过敏原预防管理　　　　　　　　　　　　/222

第五节　员工卫生管理　　　　　　　　　　　　/223
　　　一、做好健康检查　　　　　　　　　　　　　/223
　　　二、员工个人卫生　　　　　　　　　　　　　/224
　　　三、工作卫生　　　　　　　　　　　　　　　/224

第六节　厨房卫生管理　　　　　　　　　　　　/225
　　　一、厨房环境卫生　　　　　　　　　　　　　/225
　　　二、设施、设备卫生　　　　　　　　　　　　/228
　　　三、厨房用具　　　　　　　　　　　　　　　/230
　　　四、餐具　　　　　　　　　　　　　　　　　/231

第七节　废弃物处理及病媒动物防治　　　　　　/232
　　　一、气态垃圾处理　　　　　　　　　　　　　/232
　　　二、液态垃圾处理　　　　　　　　　　　　　/233
　　　三、固态垃圾处理　　　　　　　　　　　　　/233
　　　四、虫鼠防治　　　　　　　　　　　　　　　/233
　　　五、苍蝇防治　　　　　　　　　　　　　　　/234
　　　六、蟑螂防治　　　　　　　　　　　　　　　/234

第一章
餐厅开业前的准备

作为一家新开餐厅,前期筹备工作千头万绪,涉及面广,内容多,稍有不周,将对开业后的管理产生很大的影响,甚至直接影响餐厅的运营。因此,做好餐厅开业前的准备工作,对餐厅开业及开业后的工作具有非常重要的意义。

1. 了解餐厅规模、费用、特色定位，掌握为餐厅准确定位的方法。
2. 了解餐厅选址的要求，掌握餐厅名称和招牌的设计方法。
3. 了解餐厅装修设计的要求，掌握营造良好气氛，提升魅力的方法。

 餐厅规模、费用、特色定位

一、餐厅规模

（一）投资能力

确定餐厅的面积首先取决于投资能力。在你的投资预算中，有一大部分资金用于房租。即使你的餐厅有一个理想的面积标准，但是如果房租超过你的预算范围，你也只能放弃。如果房租预算能合乎你所投资范围之内的标准，那么，餐厅的面积当然越大越好。

（二）店面客容量

计算店面的客容量，就是确定所选的店面可以安排多少座位和有效经营时间。因为店面内要有厨房等操作面积以及库房和卫生间等辅助面积、通道。除去这些面积后才是可以用于经营的餐厅面积。一般营业面积通常为总面积的50%～70%。每一个座位所占面积因餐台形式不同而不同。

【实例】店面客容量计算

例如4人长方形餐桌每一个座位约占0.5平方米；8人和10人圆餐桌每一个座位约占0.7平方米；12人圆餐桌的每一个座位约占0.8平方米；包间每一个座位约占1～2平方米。

投资者可以利用上面的数据计算一下大概的座位数。例如，假定餐厅不设包间，餐厅营业面积占整个餐厅面积的60%，每一个座位平均占位0.6平方米，餐厅的总面积为120平方米。那么可以安排的座位数为：

座位数总面积×营业面积所占的比例÷每一个座位平均所占的面积
=120×60%÷0.6=120（个）

如果在这个餐厅里面增加两个外包间,每一个包间的面积为10平方米,各设10个座位,那么可以安排的座位数额为:

座位数=10×2+(120×60%-10×2)÷0.6=107(个)

设置包间虽然减少了座位总数,但是包间的人均消费要高于大堂,所以总的收入应该上升而不是下降。

二、估算总销售额及毛利润

按照人均消费额来估算餐厅每天预期的总销售额和全年的毛利润。人均消费额是指顾客每餐可能承受的消费金额,这是由顾客的收入水平决定的。人均消费额要通过市场调查来确定。不同的地区、同一城市不同的区域、同一区域不同的消费群体,由于收入水平的差异,其人均消费额都有所不同。

【实例】总销售额、毛利润计算

假如,通过市场调查,确定自己所经营餐厅的顾客均消费额为30元,选取每餐每一个座位只上一次顾客为预期的一般经营状况,即一般应当实现的经营状况,则120个座位每天可接待240位顾客,每位顾客平均消费为30元,全天的预期销售额为7200元;全月的预期销售为216000元(7200×30=216000);全年预期的销售为2592000元左右(216000×12=2592000)左右。毛利润是指菜品价格扣除原、辅料等直接成本后利润所占比率。一般来讲,餐饮企业的毛利润率大概为40%左右。

因此,上述例子中的毛利润为:

全年毛利润=2592000×40%=1036800(元)

只有通过综合考虑餐厅的投资能力、房租价格、座位容量、消费水平和利润标准,并进行定量的计算后,才能确定合理的餐厅面积,以获取更多的利润。

三、投资费用预估

在确定餐厅的规模之后,接下来就得估算是否有开餐厅足够的费用或启动资金。目前,由于市场经济的不断变化,餐饮业的竞争越来越大,许多餐厅难以维持经营,有的只好廉价出让,5万~10万元的餐厅亦不少见。另外,要是投资新开一家餐厅,则投资费用较大,具体费用还得根据地段、房租及装修的程度来定。那么,作为餐厅投资者应该怎样判断投资资金是否足够呢?

（一）准备必需费用

通常，餐厅开张所需的费用有，转让费、房屋租金、装修费、材料设备费、人员工资、管理杂费、水电燃料费用、办理相关证件费用等。所以，要预测出餐厅开张所需资金是否能够满足营业开办和发展所用。

（二）留足开支

投资者在预估费用时，除了投资餐厅的必须资金外，还应考虑所剩下的资金是否能够维持自己的个人或家庭所需的生活费用。

由于投资餐厅具有一定的风险，因此

（1）如投资在10万元以下，可考虑取个人或家庭全部资金的1/3或50%。

（2）如投资开餐厅过10万元的，可考虑取全部资金的60%～70%。

（3）投资开餐厅过百万元的，可考虑取全部资金的80%～90%。

（4）投资开餐厅过千万元的，可考虑取全部资金的95%以上。

投资餐厅毕竟是利益与风险同在，投资者在投资的同时就必须安排好自己及家庭的生活，只有解除了后顾之忧，创业才能有保证。

（三）合理分配比例

一些餐厅在资金运用上的普遍不足是固定资产和流动资产的比例失调，如把太多的钱投入难以变现的资产上，比如，过多地采用购买的形式投资房产、设备。实际上，对大多数新的餐厅来说，租赁是一种更好的选择，租赁可减少初期现金的支出。

相关链接 ▶▶▶

投资建议

如果自己的确拥有富余的资金，要想科学而又合理地投资餐厅，不妨借鉴下面几点建议。

（一）投资在所熟悉的区域内

将餐厅投资在自己所熟悉的区域内，这样不仅可以更好地评估投资对象的无形资产，也可以使自己少承担风险。如投资的地点可考虑位于2小时的车程以内，因为这个地方通常自己比较熟悉及关注。

（二）请有经验的咨询公司参与策划

通过请有经验的餐饮咨询策划管理公司参与策划，从中获得一些优惠政策，加强投资信息的沟通与联络，利益共享。使自己的企业在餐饮市场中占有成长最快的领域。

（三）做好后续投资打算

如果是合伙经营，自己是股东之一，且投资的餐厅打算日后开连锁店，则就应预留一些资金作为第二轮及第三轮投资；否则，自己的股权将在后续融资中被稀释。如首期每投资10万元，应当预留20万～30万元作为后续投资。

第二节 为餐厅准确定位

开店赚钱的途径就是要满足顾客的需求，以使顾客购买自己的商品或服务。投资餐厅也是一样，要想成功，就必须准确定位，有自己的经营特色，才能投资有道。

一、要有自己的特色

目前，餐饮市场上的小餐厅，从菜肴上看，多数是川菜、湘菜、粤菜等。餐厅要想盈利就要有自己的招牌菜，也就是自己的拳头产品，以创造顾客来店的理由。

犹如孩子顺利降生，如何养育学问很大，考虑不周孩子也可能夭折。因为，无论是什么层次的消费者在口味上都有"喜新厌旧"的本能，只要味道好，越是有自己的特色，越能吸引络绎不绝的顾客，使餐厅长盛不衰。

例如广州一家主营"煲仔饭"和"蒸饭"的餐厅老板认为："投资餐厅必须要有自己的'招牌菜'，我店的特色就是'荷叶蒸饭'，因为味道独特，所以生意一直很火。"

二、锁定消费群体

一般小餐厅的规模都不算大，如果定位准确，基本没有什么风险。

【案例】

大学城餐厅，生意红火

位于某大学城一家经营面积不足30平方米的餐厅，定位的目标消费群体就是大学城的学生。该店老板张女士的投资理念是：方便学生消费群。她觉得，学生在学校是不可能自己做饭的，所以在大学周围开餐厅基本不用愁客源，只要是快餐、小吃的品种多一些，学生一放学就会前来光顾。

张女士还颇有体会地说："每天一到吃饭时间，我恨不得店面再大上几十平方米。顾客排队吃饭是常有的事，倒不是因为我的饭菜特别好吃，主要是比较符合学生的口味和消费水平。如快餐一般是10元一份，并可以在几个炒菜中任意选择，而且分量也足。"

张女士的投资成本主要有：店铺每月房租4000元；人员工资和各项支出，每月约8000元。

张女士的快餐店开业至今已有5年，日平均营业额3000元左右，纯利润大概为1000元，每月的利润基本为30000元左右。

投资小餐厅是小本生意，老板靠的就是精打细算。采购、收银都是自己一个人忙活，还有很多琐碎的事情也得自己操心，所以生意一直不错。

上面案例中张女士的餐厅附近也有不少餐厅，经营品种大多是包子、饺子、馄饨面等方便快捷的食品，这非常符合学生的饮食需求。一家馄饨面店的老板透露："来这儿吃饭的基本都是学生，客源比较稳定。"

由此可见，在学生区和购物广场、火车站等繁华路段开设餐厅，菜品的特色和口味尤为重要。此外，经营者还应在服务、环境等方面多下工夫，想办法把相对流动的顾客变成固定消费者。

【案例】

包饺子，有自己的特色

在深圳的一个超市旁边，经常会看见一个饺子连锁铺前排起长队，这家现场手工制作的洛阳口味生鲜饺子格外走俏。

这家"××利"饺子连锁店创办人是已70岁的刘老太，她的成功主要是突出"家乡特色"。2013年，退休多年已经60多岁的刘老太随子女来到深圳，因为到处买不到、也吃不到家乡滋味的饺子，因而萌生了"让北方人在异地他乡吃到正宗北方饺子"的想法。于是，全手工现场制作、销售生鲜饺子的"××利"由此诞生了。

一位号称吃遍深圳所有饺子的老顾客对"××利"情有独钟，他称这里的饺子秉承北方饺子新鲜、口味好而且不腻等特点，最贴近家庭口味。

用料十分苛刻是刘老太的饺子获得市场青睐的一个关键因素。

在制作现场，顾客看到刘老太的饺子都是使用最好的面粉、油，买来的肉是"前腿瘦肉"，而且一天内至少分两次去买，以保证肉的新鲜口感。

另外，全手工现场制作也是"××利"的最大特色及最大卖点。现场制作的饺子皮比较软、不会开口，而且很有弹性，特别好包。要做出这种饺子皮，必须使用特殊工具，对形状、厚薄都有严格要求，3张皮的重量必须控制在24～26克之间，每张皮直径的大小在7～8厘米之间。所以虽然饺子是称斤卖的，一斤饺子就是16个，误差很小，这是因为刘老太饺子馅和饺子皮都有严格的质量控制。

对于店面的设计，刘老太尽量使用大大的玻璃窗，让顾客很容易在外面看见柜台里边工作的人。让顾客看到店员纯粹是表演的性质，而柜台呢，除了表演快速包饺子以外，还要让顾客看到饺子制作是干净卫生的，使顾客买回去也吃得放心。

第三节 餐厅选址

一、商圈调查，必不可少

所谓商圈是指本餐厅对顾客的吸引力所能达到的范围，即来店顾客所居住的地理范围。独立经营与连锁店的调查方式又是有所差别的，因此在明确了餐厅经营方式之后，就要有针对性地进行调查。

（一）独立经营店

1. 商圈调查因素

通常，影响餐饮业商圈的半径距离的因素主要有当地人口密度、附近竞争餐厅、餐厅供应菜品的吸引力、顾客交通方式、餐厅声誉、地区经济发展水平、消费者饮食消费习惯、消费娱乐的群聚效应、餐厅的地理位置、单店服务与产品的创新力度。

一般而言，成熟商圈内的顾客应占到60%以上；次级商圈应占到20%以上；边缘商圈则较少。

对于商圈的研究与分析，是餐厅投资者在开业前必需的准备工作。

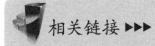

肯德基的选址策略与商圈分析

肯德基科学的选址策略与商圈分析，是肯德基在中国市场成功的第一步，是非常值得餐厅投资者借鉴的。

肯德基在进入某个城市之前，要做的第一件事就是通过有关部门或专业调查公司收集这个地区的资料。然后根据这些资料开始划分商圈。商圈规划采取的是计分的方法，例如，这个地区有一个大型商场，商场营业额在1000万元算1分，5000万元算5分，有一条公交线路加多少分，有一条地铁线路加多少分。

通过打分，把商圈划分成好几大类，以深圳为例，有市级商业型（曼哈顿广场等）、区级商业型、定点消费型，还有社区型、社区商务两用型、旅游型等。在商圈的选择上，既要考虑餐厅自身的市场定位，也要考虑商圈的稳定度和成熟度，肯德基的原则是，一定要等到商圈成熟稳定后才进入，以规避风险。

确定商圈之后，还要考察这个商圈内最主要的聚客点在哪里。

如重庆的解放碑是个成熟的商圈，但不可能解放碑任何位置都是聚客点。肯德基的目标是：力争在最聚客的地方开店。在这个区域内，人的流动线是如何的，人们从地铁出来后通常往哪个方向走等，都要派人去列表测量，然后将采集来的数据输入专用的计算机软件，就可以测算出，能否在此地开店，投资额最多不能超过多少。

据称肯德基把北京市场分为100个商圈，也号称要在北京开100家连锁店。事实上，商圈分析的结论是肯德基选择是否进入的主要依据。

由此可见，肯德基的成功离不开其科学的商圈分析，以及以此为基础的选址策略。换言之，对商圈的选择重在研究与分析。

2.商圈研究分析策略

通常，投资者在分析某餐饮商圈时，应着重注意分析以下的基本情况和特点，并注意研究应对的策略，如表1-1所示。

表1-1　餐饮商圈分析的重点、特点及策略

序号	分析着重点	特　　点	策　　略
1	商圈区域差异性	通常，要发现两个"基本"相同的商圈是非常困难的，中国传统的"十里不同风、百里不同俗"，这在餐饮消费区域特征上表现得尤其突出，造成商圈情况的千差万别。一个相同的餐饮产品组合在不同的商圈，其境遇可能是天壤之别。如同样是经营火锅店的同一商圈里，因为装修环境、材料采购、价格等的异同因素，其经营效果就往往不同	应对的策略是要设计好自己的经营特色，使自己与众不同
2	餐饮消费需求变化	餐饮业"跟风"的现象，在各地餐饮市场都很普遍，大的如餐饮业态，小的如时兴菜式，很多消费者都会如"赶场"似的进行追赶，先行的餐饮经营者在匆忙掘得	在商圈内引导消费，培育市场以创导流行，如目前风头较劲的个性餐厅、韩国料理餐厅及富有地方

续表

序号	分析着重点	特　点	策　略
2	餐饮消费需求变化	"第一桶金"后,又被迫进入"微利"时代,这里面浸透了众多餐饮经营者对餐饮商圈竞争快速变化的无奈	特色的民族餐饮等,此类餐厅将暂时独领风骚
3	餐饮消费心理需求	通常顾客消费的忠诚度都较低,在餐饮消费上一种普遍的心态就是"换口味"或"尝新",同样的餐饮经营方式对于消费者而言往往会有多种选择。造成商圈内某些餐厅优秀的策划方案短期内即被完全释放,而沦为"平庸"	与时俱进,不断创出新菜肴、新口味、引领饮食潮流,满足餐饮消费者的潜在需要
4	出品质量要求高	餐饮经营从原料采购、厨房生产到餐厅服务,环节众多且基本靠手工完成,任何一个环节出现问题都有可能导致投诉的发生,出品监控与管理的要求相当之高,在同一个商圈内企业很难获得长期高品质的美誉	要不断提高餐饮技术含量和配套管理,赢得声誉,保持良好的竞争力
5	保持良好的口碑	餐饮经营具有极强的区域性,餐厅面对的都是商圈内的顾客,要保持顾客较高的"回头率",在很多时候成为餐饮成功经营的关键	要注意保持知名品牌对具体商圈的"号召力",并让顾客通过"体验"来认同,使餐厅的口碑在餐饮商圈内传播
6	形成品牌	餐厅一般不具备运用高科技创造品牌的条件,只能通过加强厨房技术力量、提升经营管理水平、塑造企业形象、完善对客服务等因素展开,而这些因素具有较强的可变性、不确定性和可控性差的特点	形成品牌的第一要素就是要练好"内功",并要经得起时间的考验

(二)加盟连锁店

餐厅投资者要投资经营连锁餐厅,必须注意对商圈的选择,务求将风险值降到最低。因为连锁店的商圈具有以下几个特征。

1. 无同类餐饮形式存在

连锁餐厅单店进入的商圈尚无同类餐饮形式存在,分店的经营形式或产品组合具有唯一性。若连锁餐厅单店进入的商圈已存在类似餐饮形式的竞争对手,那就是商圈内竞争的问题。连锁餐厅比拼的基础来自于两点。

(1)如何充分利用规模优势与总部的支撑优势。

(2)如何做好分店的"属地化"工作。

2. 不断出现竞争对手

连锁餐厅单店所在商圈不断出现新的竞争对手。先期进入的餐厅必然面临后来者的挑战,商圈竞争态势将可能在短期内发生剧烈变化,如果短期内商圈餐饮消费规模得不到提升,商圈情况就会恶化。

优势餐厅将通过不断创新,提高服务、管理、企划、营销等手段获取相对竞争优势,而这种优势的获得将是非常艰难的,事实上"蛋糕"被分食是不可避免的,连锁餐厅一般在理论上将单店的收回投资期定为12～18个月,不会超过两年,也是基于餐饮竞争实际的考虑。

3.各种因素处于剧烈变化之中

某些地区餐饮商圈因各种因素处于剧烈变化之中。通常将商圈分为成熟商圈与不成熟商圈,对于不成熟的商圈又涉及以下两种较为普遍的状况。

(1)中心城市的不断延伸及商业城的大量兴起,使得一大批边缘地区的餐饮商圈迅速崛起而产生大量商机。

(2)中心城市的"空心化"现象,使本就成熟的餐饮商圈缺乏上升动力甚至是处于不断萎缩之中。这两种情况在同一城市有可能同时发生,资本的趋利性会驱使部分餐厅"走出去"以求生存与发展。

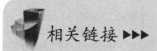

一步差三市

古语有"一步差三市"之说,也就是开店的地址差一步就有可能差三成的买卖,而什么样的地址才是一个好的店铺呢?选择店面的前提是先要搞清楚自己的市场定位,不同的市场定位必然面对不同的消费群,商圈的选择也就发生了不同。

1.城市

某连锁餐饮企业在计划进入某个城市时,首先通过自己专业的部门,收集当地的资料,比如附近有多少常住人口和流动人口,有多少办公大楼、学校,常住人口的年龄、收入,社区的质量等,再用一套通过多年经营经验总结出的分数标准,对已知资料打分,选择出最佳的店面地址。

2.商圈

在选出的地址中挑选相对成熟和稳定的商圈,比如城市规划局说某条地铁要开,将来三四年后这附近会成为当地著名的商圈,但是一定要等它成熟稳定之后再进入,虽然说三四年后这家店有可能会有很好的效益,但是这三四年间怎么办,难道就让他亏损吗,每一家连锁店铺,必是加盟总部和加盟商呕尽心血之作,决不能冒这种险,一定要采取比较稳健的做法,保证开一家成功一家。

3.店址

最后在确定商圈之内选择具体的店址。

首先确定商圈内最主要的几个聚客点在哪，在这个区域里，人流线路是什么样的，在固定时间段内，通过的人数是多少，路窄的话，需要把路对面的人流也算进来。有停车场的话，需要计算开车的人数，一定要派专门的人员，对计划开店地址前的人流量进行详细的记录，其次再通过系统的测算工具，计算出此店的投资限额以及效益情况。考虑人流的主要路线是否会被竞争对手截断，因为现在人们的品牌忠诚度还不够高，既然可以在这家吃，为什么还要走这么远去你那家，当然除了别人那已经满员，所以在人流的主要路线上，假如你的竞争对手选址情况比你好，必然会影响餐饮企业的效益。

二、不同类型餐厅的选址要求

餐厅有不同类型，因此其选址要求是有一定差异的。一定要根据自己所开餐厅的类型，来选择适合的店址。

（一）连锁快餐店

连锁快餐设有中央厨房，管理经营难度高于传统餐饮业。连锁快餐店的销售过程是：原料→加工→配送→成品→销售，然而传统餐饮业则是：原料→加工→成品→销售。连锁快餐店的选址要求如表1-2所示。

表1-2　连锁快餐店的选址要求

序号	考虑因素	具体要求
1	商圈选择	客流繁忙之处，如繁华商业街市、车站、空港码头，以及消费水平中等以上的区域型商业街市或特别繁华的社区型街市
2	立店障碍	连锁快餐店需消防、环保、食品、卫生、治安等行政管理部门会审，离污染源10米之内不得立店，相邻居民、企业或其他单位提出立店异议
3	建筑要求	框架结构，层高不低于4.5米。配套设施电力不少于20千瓦/100平方米，有充足的自来水供应，有油烟气排放通道，有污水排放、生化处理装置，位置在地下室或一楼、二楼、三楼均可，但忌分布数个楼面
4	面积要求	连锁快餐店的面积最好是200～500平方米

（二）普通餐厅

普通餐厅的选址要求如表1-3所示。

（三）粉、面馆

粉、面馆的选址要求如表1-4所示。

表1-3　普通餐厅的选址要求

序号	考虑因素	具体要求
1	商圈选择	普通餐厅分为商务型和大众型两种餐厅类型。商务型的普通餐厅以商务酬宾为销售对象，一般选址在商务区域或繁华街市附近，或其他有知名度的街市；大众餐厅以家庭、个人消费为主，一般选址在社区型或便利型商业街市
2	立店障碍	开设餐厅须经消防、环保、食品卫生、治安等行政管理部门会审后，方可颁照经营，周边邻居有异议而无法排除的也能成为立店障碍。餐厅必须离开污染源10米以上，对较大餐厅，消防部门会提出设置疏散通道要求。店铺门前有封闭交通隔离栏、高于1.8米的绿化，以及直对大门的电线立杆均为选址所忌
3	建筑要求	餐厅为个性化装饰、布置，各种建筑结构形式均适合开设餐厅，但减力墙或承重墙挡门、挡窗除外。餐厅门前须有相应停车场。餐饮应具备厨房污水排放的生化处理装置以及油烟气排放的通道
4	面积要求	大众型餐厅面积为80～200平方米，商务型餐厅面积从150～5000平方米均可

表1-4　粉、面馆的选址要求

序号	考虑因素	具体要求
1	商圈选择	面馆是中式普通快餐的经营形态，原料加工半工厂化，制面、和面、切面等工序在工厂里完成。面馆宜选择交通支道、行人不少于每分钟通过10人次的区域
2	立店障碍	立店障碍与餐厅相同
3	建筑要求	面馆建筑要求与餐厅相同
4	面积要求	30～200平方米

（四）火锅店

火锅店的选址要求如表1-5所示。

表1-5　火锅店的选址要求

序号	考虑因素	具体要求
1	商圈选择	火锅店是以大众消费为主的餐饮业态形式，选址于人口不少于5万人的居住区域或社区型、区域型、都市型商圈
2	立店障碍	与餐厅相同
3	建筑要求	框架式建筑，厨房可小于餐厅营业面积的1/3，其余同餐厅。楼上商铺也可以
4	面积要求	120～5000平方米

（五）茶坊、酒吧、咖啡等

茶坊、酒吧、咖啡等的选址要求如表1-6所示。

表1-6 茶坊、酒吧、咖啡等的选址要求

序号	考虑因素	具体要求
1	商圈选择	消费者进入茶坊、酒吧、咖啡馆的动机是休闲或是非正式的轻松谈话。主要是以文化、情调、特色、以及舒适和愉悦来吸引消费者的。因此其选址往往是高端商圈，具有清净、优雅的环境，消费对象具有一定的消费能力和文化修养
2	立店障碍	（1）须经消防、治安、食品卫生等行政管理部门会审同意方可颁照经营。 （2）在噪音较大、邻里投诉时，环保部门也会介入进行管理。 （3）酒吧属于高档消费范围，收取"消费税"，政府管理部门，包括规划、治安、消防等部门加以严格审核
3	建筑要求	（1）布置和装饰有个性化与艺术化要求，但对建筑结构形式无特殊要求，根据创意、设想而异。 （2）层高不低于2.8米，电力按每100平方米10千瓦配置，有自来水供应。 （3）如与居民相邻，最好设置隔音层
4	面积要求	50～400平方米

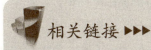

相关链接 ▶▶▶

不同区域选址特点

1. 商业区

商业区是约会、聊天、逛街、购物、休息等人群云集的场所，是开店最适当的地点，但也是大量投资的地段。选择商场或商业大厦周边开餐饮店，这些地方购物人群广泛，客源也相对丰富。

商业区的人虽然是以购物为主，但也有一部分人需要休闲和就餐。针对有些顾客购物时间紧迫，餐饮店的经营内容应以中、西餐和快餐形式为主。用餐方法上要求简单，时间上求一个"快"字。所以选择在这样的地区开餐饮店，应以中式快餐或大排档形式为好。

2. 办公区

所谓办公区是指公司办公楼、写字楼及一部分餐饮店等，有许多单位的办公地点，一般是临时租用的，很少备有食堂，而附近有的饭店备有餐饮店，这些人也喜欢到周边用餐。他们经济实力丰厚，一般用餐消费不太注意价格，但很关注饭菜的质量。在这种地区选址开餐饮店，应注重管理水平、技术水平和服务态度。

3. 居民区

在居民住宅群和新建小区经营餐饮店。餐饮店环境要朴实无华、干净明快，经营的品种应多样化，多开办一些家常菜、烤鸭、饺子、小吃等菜品。要求质高价低、菜量十足、经济实惠并有新意，适合工薪阶层的需求。

按照相关部门的要求去办。注意厨房的排烟以及噪音等可能给居民带来的生活不便，在选址时就应照章办事，以适应环保的有关规定。

4. 学生区

在学校院区内或周边地区选址开餐饮店，也会有可观的经济效益。中小学校周边所建餐饮店则应考虑到经济条件和用餐特点，要集中力量保证学生的早餐和午餐的供应，尽量安排经济实惠的营养型的配餐。对于学生要求的菜品分量要大致够吃，做到荤素搭配，价格便宜，使大多数学生都能接受。

5. 城郊区

随着居民收入水平的大幅度提高，人们的生活水平也随之大提升，并把餐饮消费当作一种交际或享受，很多人把目光转移到郊外。因为郊外有新鲜空气、青草绿树，有平时难以享受到的郊野情趣。另外，近几年随着有车一族的快速增长，在休息日、节日，很多人都喜欢开车到郊外宽阔的地方去就餐、游玩。

选址时应避开市政设施建设的影响选择开餐饮店的周边地区，尽量避开市政施工或绿化工程。尤其是租赁的餐饮店应确保其不在拆迁红线范围内，事先要走访有关部门，详细调查核实后方可决定。切忌盲目从事，造成不可弥补的损失。

三、要对备选店地址进行大"考察"

妥善选择开店地点将决定餐厅的未来前途。因此，餐厅投资者在开业前就能对未来店铺的发展做到心中有数，对候选地址进行调查。

（一）分析城市规划

在对餐厅的开设地点进行选择时，分析城市建设的规划是必要的。一个城市规划是对整个宏观大环境的分析。既包括短期规划，又包括长期规划。

有的地点从当前分析是最佳位置，但随着城市的改造和发展将会出现新的变化而不适合设店；相反，有些地点从当前来看不是理想的开设地点，但从规划前景看会成为有发展前途的新的商业中心区。

因此，餐厅投资者必须从长考虑，在了解地区内的交通、街道、市政、绿化、公共设施、住宅及其他建设或改造项目的规划的前提下，作出最佳地点的选择。最后，餐厅投资者还要对店铺未来的效益进行评估，主要包括平均每天经过的人数、来店光顾的人数比例、每人消费的平均数量等。

（二）市场调查

作为餐厅经营者，在选址前，应做好市场调查，并将其用调查报告的形式记录下来，以随时了解市场行情，选择一处好的地段经营。

下面提供一份某餐饮店的市场调查报告供参考。

【实战范本01】餐饮店市场调查报告

餐饮店市场调查报告

1.考察地点
_____省_____市_____区（镇）。
2.总人口数
_____人。
3.主要商业街
有_____条。
4.主要人流现象
（1）摩托（含机动三轮车）。
（2）步行（含三轮车）。
（3）前两者各半。
（4）繁华街道人流统计情况：
第一次10分钟（11∶30）计_____人。
第二次10分钟（16∶00）计_____人。
第三次10分钟（18∶30）计_____人。
第四次10分钟（20∶30）计_____人。
第五次10分钟（22∶30）计_____人。
（5）附近大型超市_____家（150平方米以上），人流（□较好 □一般 □较差）；小型超市_____家（150平方米以下）。
（6）类似同行业_____家，估计营业额_____元/天，面包店_____家，生意较好的餐饮店是_____，主要经营项目是_____。
（7）附近菜市场_____个规模较（□大 □小）。
（8）当地口味是_____。
（9）当地工薪大致_____元/月。
（10）附近主要学校有：_____。
大约总人数：_____。
主要就餐地点：□家里 □外面
（11）热闹的娱乐、购物场所距离考察点：□较远 □附近100米以内 □不详
（12）得分：根据以上情况考察评分，85分以上为优，70分以上为良，70分以下为差。

（三）顾客调查

顾客调查的对象与项目如表1-7所示。

表1-7　顾客调查的对象与项目

序号	内容	对象及内容	调查方式	调查项目
1	消费者外出就餐倾向调查	对居住地居民有关年龄、职业、收入以及外出就餐的倾向把握，以调查可能的商圈范围。以学校或是各种团体的家庭为对象，或是依据居住地点以抽样的方式进行家庭抽样调查	采用邮寄方式或直接访问均可	主要调查项目是居住地点、家庭结构、成员年龄、职业、工作地点、外出就餐消费倾向
2	逛街者就餐动向调查	在预订设店地点对实际进店的消费动向进行调查，以把握餐饮业的消费潜力。以预订设店地点步行人数的抽样调查，或是餐厅主要顾客的调查	在调查地点通过的行人，依一定时间段采取面谈方式，时间以10分钟以内为佳	主要调查项目是居住地、年龄、职业、逛街目的、使用交通工具、逛街频率、就餐动向
3	顾客流动量调查	在预订设店地点对日期、时间流动量的把握，作为确定营业体制的参考。调查地点流动的15岁以上的消费者	可与逛街者就餐动向调查并行，依时间、性别加以区分	

（四）竞争对手店调查

在顾客调查完成后，餐厅投资者还必须做好自己店铺所处商圈现在的竞争对手与潜在的竞争对手的调查，具体如表1-8所示。

表1-8　竞争对手店的调查方法

调查事项＼类别	调查目的	调查对象	调查方法
竞争店构成	竞争对手店构成的调查，以此作为新店构成的参考	设店预订地商圈内竞争对手主要菜肴及特色的调查	针对餐饮店使用面积、场所、销售体制的调查，以便共同研讨
菜品构成	针对前项调查再进行菜品构成调查，对商品组成项目的调查，以作为新店铺菜品类别构成的参考	着重对主要菜品进行更深入的调查	主要菜品方面，着重于菜品质的调查
价格水平	对于常备菜品的价格水平进行调查，以作为新店铺的参考	针对常备店铺的菜品，对达到预订营业额或毛利额标准的菜品进行调查	投资者应着重于菜品的价格、数量进行调查，尤其是旺季或节假日繁忙期间的这种调查更为必要

续表

调查事项 \ 类别	调查目的	调查对象	调查方法
客流量	对于竞争店铺出入客数的调查，以作为新店铺营业体制的参考	出入竞争店的15岁以上的消费者	与顾客流动量调查并行，以了解竞争店一个时间段、日期段的客流量，尤其注意特殊日期或餐饮店餐桌使用率的调查

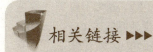

相关链接 ▶▶▶

餐饮店地址好坏影响因素

餐饮店选址应考虑的因素很多，主要涉及以下几个方面。

1. 交通状况

交通状况是指车辆的通行状况和行人的多少，它意味着潜在的客源。但是必须清楚，开餐饮店的地点必须交通便利，进车停车方便安全。选址即便远些，只要交通便利，同样会顾客盈门。

2. 环境特性

餐饮店周边环境的特性直接影响餐饮店的经营，必须根据其特性作出相应的对策。比如对不同特性的区域，餐饮店要采用不同的营销策略。餐饮店的周边环境如果整洁、幽静，再加上营造较好的内部环境，如幽静的休息室、清洁的洗手间等，就能吸引更多的顾客。

3. 区域规划

区域规划往往涉及建筑的拆迁和重建。如果未作分析，餐饮店就盲目上马，在成本收回之前就要拆迁，无疑会蒙受损失或者失去原有的地理优势。在确定餐饮店位置之前，一定要向有关部门进行咨询。

4. 竞争程度

在所选地点，任何一种形式的竞争都是值得考虑的，这可能意味着一个潜在的绝好地点，同样也可能会是一个很糟糕的地点。直接竞争未必会导致两败俱伤，相反还可能促进双方共同繁荣。

竞争密度是指同行业和相关行业营业点的个数以及本区域内餐饮店的总座位数，即生意是否过密。这体现了本区域内餐饮业的供求关系，是对竞争激烈程度的一种直接反映。通常是竞争越激烈利润越低，但这些分析在某种情况下也不是绝对的。

5. 地区经济背景

要注意选址区域的经济发展趋势，特别是商业发展速度，这对餐饮店的前景有很大的影响。办法是选取相同类型的区域作为参照，详细考察它们的经济发展模式，因为在很大程度上这些模式都是相同或相通的。

6.价格

好的地址比不好的地址需要更多的费用。如果你正在开设第一个餐饮店，可能租（买）不起最好的地段。但是好的地址对于开餐饮店是非常重要的，只要细心，就会找到一个价格合适的好地址。

7.市政设施和服务

市政设施包括经营所必须具备的能源供应，如水、电、燃气（天然气、煤气等），下水设施，周边道路和建筑的建设与绿化，垃圾处理设施，通讯设施，消防设施等。市政服务包括与上述设施有关的服务和环卫、环保、治安等情况。这些将决定餐饮店周围是否具有良好的社区环境。

四、店址选择应注意的细节

好的餐厅地址就等于一座好的金矿，因此餐厅投资者必须慎重选择，这就需要付出一定的时间和精力。一旦决定开店，投资者必须对所选地点做全面的考察，了解该区人口密度、人缘等。开餐厅选址是很讲究的，一般应该掌握以下细节。

（一）街道类型

街道是主干道还是分支道，人行道与街道是否有区分，道路宽窄，过往车辆的类型以及停车设施等。

（二）地价因素

虽然一个店址可能拥有很多满意的特征，但是该区域的地价也是一个不可忽视的重要因素。

（三）选择人口增加较快的地方

企业、居民区和市政的发展，会给店铺带来更多的顾客，并使其在经营上更具发展潜力。

（四）选择较少横街或障碍物的一边

许多时候，行人为了要过马路，因而集中精力去躲避车辆或其他来往行人，而忽略了一旁的店铺。

（五）选取自发形成某类市场地段

在长期的经营中，某街某市场会自发形成销售某类商品的"集中市场"，事实证明，对那些经营耐用品的店铺来说，若能集中在某一个地段或街区，则更能招徕顾客。因为人们一想到购买某商品就会自然而然地想起这个地方。

（六）以经营内容为根据

餐厅所经营的产品不一样，其对店址的要求也不同。有的店铺要求开在人流量大的地方，比如快餐店。但并不是所有的餐厅都适合开在人山人海的地方，比如主题餐厅，就适宜开在安静一些的地方。

（七）"傍大款"意识

把餐厅开在著名连锁店或品牌店附近，甚至可以开在它的旁边。与超市、商厦、饭店、24小时药店、茶艺馆、酒吧、学校、银行、邮局、洗衣店、冲印店、社区服务中心、社区文化体育活动中心等集客力较强的品牌门店和公共场所相邻。

比如，将店开在麦当劳、肯德基的周围。因为，这些著名的洋快餐在选择店址前已做过大量细致的市场调查，挨着它们开店，不仅可省去考察场地的时间和精力，还可以借助它们的品牌效应"捡"些顾客。

（八）位于商业中心街道

东西走向街道最好坐北朝南；南北走向街道最好坐西朝东，尽可能位于十字路口的西北拐角。另外，三岔路口是好地方；在坡路上开店不可取；路面与店铺地面高低不能太悬殊。

（九）租金及交易成本

餐厅的租金及交易成本是不可忽视的细节，如果租金太高，利润无法支付租金，那还不如选择放弃更好。

（十）停车条件

如今，由于私家车的普及化，越来越多的人会选择自驾车前来用餐。因此，在选址时，一定要注意留有足够的车位，这样才可以吸引更多的顾客。

（十一）可见度

可见度是指餐厅位置的明显程度。要考虑顾客是否从任何角度看，都能获得对餐厅的感知。餐厅可见度是由从各地驾车或徒步行走来进行评估的。餐厅的可见度直接影响餐厅对顾客的吸引力。

【案例】

大多留个心眼

小王想开一家湘菜馆，准备接手一家才经营了几个月的店面。这个店面的装修风格、店内设施以及店容店貌都很符合他的要求，周围的环境也很适合开店：店铺云集、商业繁荣、客源充足、企事业单位林立。如果接手这家店面，可以节约一大笔开销（如装修费用、购买设施费用等）。但是这么好的地点，为什么开业不久就要转手呢？为了稳妥，小王对这个地点进行了调查：原来这个店面的房子太矮，在周围高楼大厦掩盖下，很难被顾客发现。

（十二）规模及外观

餐厅位置的地面形状以长方形及方形为好，土地利用率更高。在对地点的规模及外观进行评估时也要考虑到未来消费的可能。

如果餐厅投资者把握不准店铺是否真正适合自己投资经营，可运用下工具所列事项先进行评估。

【工具01】餐饮店自身条件评估表

餐饮店自身条件评估表

1. 市政规划情况
以店铺为圆心，半径500米的范围内3～5年有无拆迁、改造规划：
_____
2. 所在楼房类型：□店面+写字楼　□店面+住宅　□店中店　□其他
3. 店铺房屋结构：□单层　□双层　□门面组合
4. 单层实用面积：长_____、宽_____、高_____、其他_____（不规则）
5. 二层实用面积：长_____、宽_____、高_____、其他_____（楼梯、掏空等）
6. 水电设施情况（水电是否畅通，水压够不够，电力负荷够不够，有无排水等详细描述）：
_____
_____
7. 消防排烟情况（是否符合国家消防标准，地方法规、消防设施是否影响装修详细描述）：
_____
_____
8. 租金：_____　支付方式：_____
9. 业主特殊要求（如装修限制、租金支付特殊要求等）：
_____
10. 邻近店铺状况（左右两边各类店铺的业务类型、消费档次、营业状况）：
_____
_____
11. 其他：
_____
_____

第四节 餐厅名称和招牌的设计

一、给餐厅起个好名字

店名是区别众多餐厅的核心，代表着一个餐厅的形象。由此可见，好店名会带来好财运。现在市面上餐厅的名称五花八门，如酒楼、酒家、酒馆、饭馆、饭庄、餐厅、小吃店、小吃部、面馆等。

餐厅走向餐饮市场，其所传送的第一条信息，就是自己的店名。当顾客走进餐厅时，需要接收和获取很多与购买有关的信息，而首先接收和获取的信息，就是为自己提供产品和服务的餐厅的名字。这种关系，决定了店名必须成为餐厅的"优秀推销员"。

（一）餐厅起名的方法

餐厅起名的方法有许多，具体说明如表1-9所示。

表1-9 餐厅起名的方法

序号	方法	具体说明
1	以吉庆、美好、典雅词汇起名	以吉庆、美好、典雅词汇起名是指这种命名方式通过对人们的美好祝愿来吸引顾客。如："吉祥"餐厅、"好运来"酒家、"状元楼"饭店、"乐惠"餐厅、"梦圆"茶座等
2	以姓氏设计起名	用姓氏为餐厅起名早已有之，如谭家鱼头、羊蝎子李、王嫂啤酒鱼、李二娃大碗菜等。这些餐厅共同的特点就是不但让店名突出自己的姓，而且还从店名中能体现出其经营的具体内容。如：王嫂啤酒鱼，不但知道店主名叫王嫂，而且其特色是"啤酒鱼"；李二娃大碗菜，一听就知店主李二娃所经营的是湖南货真价实的大碗菜
3	以地理位置命名	以地理位置命名是指以一个城市的区、县或街巷命名的餐厅也不为少见。好处是突出地区，了解餐厅的地理位置和方位，就餐更容易找到。如：太原酒家，一听就知道地处太原的大酒家。为了使顾客就餐方便，经营者给餐厅起店名时，应把其店的详细地址和方位告诉顾客
4	以风味特色设计起名	以风味特色设计起名是指有些餐厅设计店名时不但有姓氏、地区，往往最主要的还是尽量突出自己的经营内容和具体的风味特色。如：供应老北京面食的"老北京炸酱面大王"，供应正宗川菜的"正宗重庆火锅城"、"菜根香素菜馆"等
5	以数字或字母起名	以数字或字母起名是指如：以一至十、从百至千的数字起名法。像"一品茶堂"、"两义轩"、"三鲜烧卖馆"、"四海酒家"等，以此类推

（二）餐厅起名标准

一个好的店名，其实在起名时是有一定标准的。

1. 简洁

餐厅名称越简洁、明快，就越容易与消费者进行信息沟通，容易使顾客记住。并且餐厅名称越短，就越有可能引起顾客的遐想，含义更加丰富。

所以，店名字数以五个字为限。一些众所周知的餐饮连锁企业，如肯德基，以及国内的小肥羊、乡村基、永和豆浆等，名字都很简洁，且容易让人记忆。麦当劳的英文名称、日文名称以及汉字（中国分店的标志）的标准字，都设计得相当简明易读，让人一目了然。

2. 寓意

取名字也就是为了满足人们某种心理上的美好愿望。通常那些吉利、有好征兆并能带来好财运的名字会成为人们的首选目标。

很多经营者在起店名时，喜欢直截了当但比较俗气的名字，其内心希望自己的餐厅能赚大钱。如"招财"、"进宝"等，这些名字往往会不经意地流露出唯利是图的经营心态，有时会引起一些顾客的反感，进而导致顾客减少。

3. 特色

（1）注意餐厅的层次。明确开餐厅的规划、目标客源的层次之后，再确定自己餐厅的名字。如果名字与规模不相符，不但高消费顾客会不屑一顾，也会让普通顾客"望名却步"，使人无法信赖。比如，一般的餐厅起名为××大酒楼、××大厦。还有些餐厅在起名时费尽了心思，总想与名牌餐厅混淆，采用移花接木以及音同字不同的手法起店名，如"谭佳菜"与谭家菜，"全聚得烤鸭店"与全聚德烤鸭店，"大糖梨烤鸭"、"大全梨烤鸭"与大鸭梨烤鸭等。这样，很容易惹上侵权嫌疑官司的。

（2）店名与风味相结合。餐厅的名字不仅能暗示自己的经营特色和项目，还能使顾客很容易地发现餐厅的与众不同，从而吸引更多消费者，财源滚滚自不必说了。

（3）风格独特却不怪异。有趣但不过分怪异的名字有时能引起人们的好奇，但通常来说，这类风格怪异的名字只被少数人接受，往往简易平实的店名比怪异另类的店名更容易让顾客记住。

（三）餐厅起名原则

1. 易读、易记

无论餐厅用什么店名应符合《企业名称登记管理规定》，都应以汉字表示。应以易读、易记、朗朗上口为宜，使顾客一听到店名便能听得清楚明白不发生歧义。如"新兴烤鸭店"，听后很容易被理解为"兴兴烤鸭店"或"星星烤鸭店"；再有"百百万酒楼"很容易让人听成"白百万酒楼"，这些店名都不可取。

特别提示 ▶▶▶

设计起店名时字数不宜过多,否则顾客在读出和记忆方面都会产生疑难,效果必然不好。比如"弗兰永福楼烤鸭家常菜馆",听起来和叫起来都不顺口,而且难记。时间一长不但让人印象不深,反而削弱了自家的知名度。

2.用字笔画不宜过多,或读音生僻

笔画较多或读音生僻的店名会给一般的顾客增添不必要的麻烦,像"冉冉家常菜馆"。也就是说,在给餐厅起名时用词应简洁并使用正规的简化字。

3.切忌太俗气

有些名字不但听起来不那么舒服,而且也缺乏文化修养,甚至有些店名会让顾客产生误解。如"吃着看餐厅"、"实心饺子店"、"吃不了兜着走餐厅"及"威虎山土匪鸡店"等,对于那些不能产生良好效果的店名,应尽量不予起用。

4.注意有关法律禁忌的规定

名声不好的店名会使顾客产生误解,如"东洋饭店"、"民国火锅城"、"大日本餐厅"、"支那火锅店"等,这些店名会对社会造成不良的影响,都应禁用。

【实例】起名不当惹众怒

重庆某家正在装修的火锅店,为了吸引顾客,装修期间就挂起了横幅揽客,上面写着"支那火锅即将开业,免费赠汤圆红酒"。其怪异的店名引起了市民的公愤,很快有网友在网上倡议:集体去用餐,吃喝完后用两本历史书来埋单即可。没多久,当地的工商部门出面扯下了该横幅。

根据我国《企业名称登记管理规定》的相关规定:企业名称不得含有有损于国家、社会公共利益或可能对公众造成欺骗或误解的内容和名字。"支那"是国外对中国的蔑称,所以,该火锅店的店名是通不过工商部门的审查注册的。

二、设计好招牌,锦上添花

一个好的店名能为餐厅赢得八方来客,而一个好的招牌也能为餐厅锦上添花,增加潜在顾客。因此,设计一个好的招牌势在必行。招牌是餐厅风味、位置、名号以及特色最重要的宣传招牌。

(一)招牌的形式

直立是招牌通常都采用的形式。常见的造型形式有横长方形、竖长方形、异形(如长圆形、多面体、弧顶形等)、字形等。除竖长方形外,其余形式都设置在

餐厅门面的正上方，与门头有机地结合为一体；竖长方形则根据餐厅的建筑结构设置于餐厅的一侧或借用上层建筑物设置。

（二）招牌的制作方式

招牌的制作方式有许多，具体说明如表1-10所示。

表1-10 招牌的制作方式

序号	方式	具体说明
1	透明材料灯箱	透明材料灯箱是指使用灯箱布、透光板等专用的透光材料做面板，使用金属材料做框架，用日光灯做光源。有造价低，制作、施工简便，易维护等优点。但也有易褪色、缺乏变化和动感等不利的一面
2	字型类灯箱	字型类灯箱是指使用有机玻璃做面板，按照店招字型每个字制作一个灯箱。有机玻璃常用的颜色以红、橙色居多，因为这两种颜色不但在白天比较美观，对人有刺激食欲的作用，而且其光波穿透力强、传播远，在夜间的效果更佳。字型灯箱的缺点是所反映的内容受到限制，所以多竖立在餐厅门面的最高处。优点是灯箱可以两面透光，以达到夜间在远处能够醒目的目的
3	霓虹灯	使用霓虹灯管做光源，将其制作成各种文字、图案，并可通过控制器按一定的规律变化，是夜间效果最好的形式。缺点是制作费用较高，霓虹灯管的寿命较短，耗电量大，维护、运作费用相当高，且霓虹灯只有夜间效果
4	串灯	串灯又称满天星、瀑布灯。专门用于烘托门面的夜间气氛，在夏天开办餐厅门前夜市时又可做照明用。在设置时比较灵活，可沿屋顶、墙壁设置，也可如搭凉棚般制作类光棚顶。此类灯价格便宜但寿命较短
5	灯笼	大红灯笼高高挂，可以营造出餐厅祥和、喜庆、热烈、隆重的气氛。既可做装饰用，又可做照明用。但需要经常清理尘土和维护、更换

（三）招牌内容设计

招牌在日间和夜间效果的设计上，有日间和夜间效果基本相同的，也有效果完全不同的。

1.文字

招牌的传统模式都是以汉字为主，还可以根据需要适当增加民族文字、汉语拼音、外文。文字内容除名号外，可适当增加宣传餐厅风味、特点的内容，但要言简意赅。如"正宗麻辣烫"、"陕西凉皮"、"内设雅座"、"工薪价格"、"时令海鲜"、"新派粤菜"等。

招牌内容表现常用的字体尽量简洁、大气、艺术、形象，如隶书秀丽、古朴、典雅，行书潇洒、飘逸，楷体规范、工整、大方，魏碑端庄、沉稳，使用的其他美术字体有：宋体、黑体、仿宋、圆体、琥珀体等，各有不同的优点，但有比较呆板的缺陷。因此，字体应根据餐厅风格而定。

特别提示 ▶▶▶

文字要尽量使用规范的简化汉字,在大城市尤为重要,已被列入市容监察管理的范围。若是名人用繁体字书法题写的字号,可将其作为餐饮店的标志使用,而招牌仍要用规范简化字作为正式文字。

2. 图案

抽象的图形和写真图案统称为图案。抽象的图形可以是店标,也可以是和餐饮有关的图案;照片等写真图案经过计算机处理后,做成精美的招牌,成为独具时代魅力的"招牌"。

3. 颜色

招牌一般都采用多种颜色的组合,因此要注意颜色配合的效果,基本色调要与餐厅门面的色调协调一致。以表现主题为目的选择色调或与餐厅的主色调保持一致都是选择颜色的理想方法。

4. 结构设计

结构设计主要考虑尺寸、外形、材料以及安装位置和可靠性等,同时足够的抗风能力也是设计中尤为重要的指数。

5. 内容设计

餐厅招牌的内容在设计时,一定要注意以下几个事项。

(1) 招牌的字形、大小、凹凸、色彩应统一协调,美观大方。悬挂的位置要适当,可视性强。

(2) 文字内容必须与本餐厅经营的产品相符。

(3) 文字要精简,内容立意要深,并且还需易于辨认和记忆。

(4) 美术字和书写字要注意大众化,中文及外文美术字的变形不宜太过花哨。

(四)招牌位置摆放

餐厅经营者在摆放餐厅招牌时,可以设置在餐厅大门入口的上方或实墙面等重点部位,也可以单独设置,离开店面一段距离,在路口拐角处指示方向。

餐厅招牌摆放方法如表1-11所示。

表1-11 餐厅招牌摆放方法

序号	距离	招牌高度	举例
1	人站在餐饮店前离招牌1~3米	应在0.9~1.5米之间	落地式招牌或橱窗、壁牌等
2	开车经过路中央,或行走在道路对面离餐饮店5~10米	应在3~6米之间	餐饮店的檐口招牌
3	车从远处驶近,距餐饮店建筑物200~300米	应在以8~12米之间	麦当劳的"M"形独立式招牌,及高挂的旗、幌子和气球等

一般餐饮店为了便于各个方向、距离的行人或过往车辆认知，分别设置高、中、低三个位置的招牌。如："江西民间瓦罐煨汤"在古色古香的店门外用匾额、从高处挂下的红色灯笼、放在地面上的大瓦罐作为餐饮店的招牌，不同的位置既提高了餐饮店的认知度，又制造了独特的气氛。

 第五节　餐厅装修设计

餐厅外部的店门、橱窗、内部的大堂、包间、厨房等设计与布局，是展示餐厅风格的一个重要因素。由于餐厅内部各部门对所占用的空间要求不同，所以在进行整体空间设计与布局的时候，既要考虑到顾客的安全、便利，以及服务员的操作效果等，又要注意全局与部分之间的和谐、均匀，体现出独特的风情格调，使顾客一进餐厅就能强烈地感受到美感与气氛。

一、店门

常言道"万事开头难"，而大门则是顾客进入消费场所的头关，因此顾客进出门的设计是十分重要的。

（一）设计形式

一般情况下要根据具体人流制订餐厅大门并确定其安放点。考虑门前路面是否平坦、有无隔挡、有无影响餐厅形象的物体或建筑物。例如，要注意垃圾筒设置的位置，垃圾筒要放在拐角处，既不影响餐厅的卫生，又便于清理垃圾，最好顾客不易看到。另外还要注意采光条件、噪音及太阳光照射方位等因素的影响。

（二）质地选材

硬质木材，或在木质外包上铁皮或铝皮是小型餐饮店门所使用的材料，因为它制作较简便。铝合金材料制作的店门，富有现代感、耐用、美观、安全。无边框的整体玻璃门透光好，造型华丽，适合大型豪华餐厅使用。

（三）其他因素

餐厅的店门应当具有开放性，设计应力求造成明快、通畅的效果，方便顾客进出。

（四）店门入口

餐厅入口空间是顾客的视觉重点，设计独到、装饰性强的入口对顾客具有强烈的吸引力，餐厅入口的设计方法如表1-12所示。

表1-12 餐厅入口设计方法

序号	类型	具体内容	特点	设计方法
1	封闭式	封闭式是指入口较小，面向人行道的门面用橱窗或有色玻璃、门帘等将店内情景遮掩起来	这种店门可以隔绝噪声，阻挡寒暑气和灰尘，但是不易进入，容易让顾客产生不够亲切的心理感受	一般来说，采用此种方式来设计餐饮店店门的很少
2	半封闭式	半封闭式入口比封闭式店门大，玻璃明亮，顾客从大街上可以清楚地看到店内的情景	既能吸引顾客，又利于保持店内环境的适当私密性	大型餐饮店由于店面宽、客流量大，采用半封闭式店门更为适宜；气候条件较恶劣的北方，适于采用偏封闭型的店门
3	敞开式	敞开式是指店门全部向外界敞开，顾客出入店门没有障碍，使公众对餐饮店的一切一目了然	有利于充分显示餐饮店内部环境，吸引顾客进入	小型餐饮店可以根据其经营特色和不同的地域气候选择各种敞开形式

二、橱窗

一个风格独特、构思新颖、装饰美观、色调和谐的餐厅橱窗，不仅与整个餐厅建筑结构和内外环境构成了立体画面，还能起到美化餐厅和市容的作用。

（1）橱窗横度中心线最好能与顾客的视平线相等，整个橱窗陈列的食品、菜肴都在顾客的视野中。

（2）在橱窗设计中，必须考虑防尘、防热、防雨、防晒、防风等，要采取相关的措施。

（3）橱窗建筑设计规模应与餐厅整体规模相适应。

三、大堂

（一）空间分隔

餐厅空间分隔形式有多种形式，具体如表1-13所示。

（二）设计风格

对大堂的设计风格，不同的主题有不同的风格，可以从地方风情特色入手，从情感入手，采用温柔的色调体现浪漫情调等，从顾客的生活特征入手，如以鲜明、对比强烈的色调体现快速的生活节奏，以优雅的环境体现休闲等。

表1-13　大堂分隔形式

序号	常用的形式	诠　释	优　点
1	用灯具对餐饮店分隔	灯具有一种隔而不断的感觉，效果特殊。灯具的布置起到了空间分区的作用，对于西餐厅和酒吧来说，是室内环境设计的常用手法	灯具分区，既保持了大的整体空间的气魄，又在顾客的心理上形成分隔，而且空气流通良好，视野宽阔
2	软隔断分隔	即用垂珠帘、帷幔、折叠垂吊帘等把餐饮店进行分隔	软隔断富丽、高档，一般在档次较高、有空调的时尚餐饮店使用
3	通透隔断空间	通常用带有传统文化气息的屏风式博古架、花窗墙隔断等，将一个大餐饮店分隔成若干个雅座使用	具有文化气息，一般在档次较高、有空调的时尚餐饮店使用
4	矮墙分隔空间	矮墙分隔给就餐者一种很大的心理安全感	人们既享受了大空间的共融性，又保持了一定的心理隐秘性，具有大厅分隔的很多优点
5	装饰物的设置	花架、水池以及铺地材料的变化都能起到分隔空间的作用	装饰物的设置与通透的隔断或柱子一样，给室内带来丰富的空间层次，对视线无障碍，利于餐饮店的变幻感觉，不至于乏味
6	用植物分隔	植物本身就是一种充满生机的分隔体，隔而不断，使空间保持其完整性和开阔性。植物还可以调节室内空气，改善气候，增加视觉和听觉上的舒适度	植物分隔不仅可以美化餐饮店，还可保持一定的独立私密空间，使餐饮店舒适、自由、清新

 相关链接 ▶▶▶

合理分配内部空间

店面内部空间一般分为三部分，即营业面积，包括餐台、通道、吧台或收银台等；操作面积，包括厨房、凉菜间、面点间等；辅助面积，包括办公室、财务室、库房、卫生间、员工宿舍等。餐饮店根据自身情况，比较灵活的规定，只要达到相应的卫生、安全要求即可。在店面空间的分配上，以下原则是必须遵循的。

1. 营业面积

通道要保证发生紧急情况时便于人员疏散，通道宽度要保证顾客和服务人员通行方便；餐台之间的距离要根据餐饮店的档次，疏密得当，餐饮店档次高的要求相应宽绰，档次低的可以紧凑一些，切忌为盲目增加座位数量而使顾客感到不舒服。根据所确定目标消费群体的情况合理设置包间的数量，以避免包间营业率低的状况出现。

2. 操作面积

要有充足的空间，保证员工的工作互不干扰，且便于清理卫生。凉菜、面点在有条件的情况下应单独设置操作间，如果餐饮店面积较小，也要将其与厨房的其他部分分开，并予以封闭；燃料要有单独存放的位置；出菜口要在厨房和大堂之间，既要联系紧密又要有一定的缓冲；最好在厨房后门设置废弃物出口。

3. 辅助面积

辅助面积包括财务室、库房和员工宿舍等。这些单位最好不要与营业区相通，要单独封闭。财务室、库房要加装防盗门窗；尽可能地设置卫生间，卫生间已成为吸引顾客的一个必要措施，通常设在远离厨房的角落里，以避免给顾客造成心理上的反感。

在遵循上述原则的基础上，合理地安排各部分的面积，在保证正常运作的前提下，使营业面积得到最大的利用。

四、厨房

（一）厨房面积

厨房的面积并无一定的法规及公式可遵循，理想的厨房面积与大堂的比例为1∶3左右。可根据餐厅自身规模进行确定，需因不同的建筑格局、菜单及供餐情况等逐一修正。

（二）厨房设计

厨房的设计应紧紧围绕餐厅的经营风格，充分考虑实用、耐用和便利的原则，其设计方法如表1-14所示。

表1-14　厨房的设计方法

序号	设计的位置	设计方法	备注
1	墙壁	厨房墙壁要用吸潮、表面平整光洁、色泽清爽干净的瓷砖贴面，瓷砖贴面的高度至少2米或贴至天花板	瓷砖贴面的墙壁，既美观实用，又便于油烟和污物的清洗，还可以防止灰尘的污染
2	顶部	厨房的顶部可采用耐火、防潮、防水的石棉纤维材料进行吊顶处理，应尽量避免使用涂料	吊顶时要考虑到排风设备的安装，留出适当的位置，避免材料浪费和重复劳动
3	地面	厨房的地面通常要求使用吸潮而且防滑的瓷地砖铺设，地面略呈龟背状，以便冲刷和干燥	两侧应设排水明沟。地面材料要求耐磨、耐高温、耐腐蚀、不掉色、不吸油

续表

序号	设计的位置	设计方法	备注
4	灯光	厨房的灯光重实用。实用主要指临炉炒菜要有足够的光亮以把握菜肴色泽；砧板切配要有明亮的灯光，以防止刀伤及影响精细的刀工	出菜的上方要有充足的灯光，以免杂物混入菜品
5	高度	厨房的高度通常以3.2～3.8米为宜	厨房的高度要适当，以免影响厨房工作
6	厨房的通风	厨房的通风，最重要的是要使厨房，尤其是配菜、烹调区排出去的空气量要大于补充进入厨房的新风量	厨房才能保持空气清新

（三）节约成本、节约空间、方便实用的厨房设计要点

很多餐饮店投资者都关心厨房设计，但懂得的人并不多。厨房应如何设计才节约成本、节约空间、方便实用呢？可以参照表1-15所示的设计要点。

表1-15 厨房设计要点

序号	设计要点	具体说明
1	面积合理	通常，一个炉灶供应10～12个餐位，随着效率的提高，很多餐饮店做到了一个炉灶可供应13～15个餐位。一个炉灶供应的餐位越多，厨房面积就可以越节省，费用可以相应降低
2	设备实用	新建或改造厨房时，不要片面追求设计效果或买设备只重外表，结果买回的设备板太薄、质太轻，工作台一用就晃，炉灶一烧就瘪，冰箱一不小心就升温。因此，设备一定要方便实用
3	不同菜系配不同灶具	不同菜系、不同风格、不同特色的餐饮产品，对场地的要求和设备用具的配备不尽相同。例如，经营粤菜要配备广式炒炉；以销售炖品为主的餐饮，厨房要配备大量的煲仔炉；以制作山西面食为特色的餐饮，要设计较大规模的面点房，配备大口径的锅灶、蒸灶。不考虑这些因素，不仅成品口味不地道，而且燃料、厨师劳动力的浪费也是惊人的
4	隔区不宜太多	一个厨房进行无限分隔，各作业间互相封闭，看不见、叫不应，既增加了厨师搬运货物的距离，又不便于互相关照，提高工作效率，更容易产生安全隐患
5	通风讲究	无论采用什么样的排风设备，最重要的是要使厨房，尤其是配菜、烹调区形成负压。厨房内通风、排风系统包括排烟罩（油网式烟罩、水渡式烟罩）、抽风机（离心风机、轴流风机等）、排烟风管、送新风管及空调系统，有效的通风、排风必须符合下列标准。 （1）厨房和面点间等热加工间的通风换气，其中65%由排烟罩排出，35%由送新风管和换气扇换气完成，换气一般每小时40次为宜（可在产品上设置频率）。 （2）排气罩吸气速度一般不应小于0.5米/秒（购买产品时有规格要求），排风管内速度不应大于10米/秒（购买产品时有规格要求）。

续表

序号	设计要点	具体说明
5	通风讲究	（3）厨房和面点间等热加工间的补风量应该是排风量的70%左右，房间负压值不应大于5帕（可在相关的仪器上测量），使厨房内产生的油烟气味不会往餐饮店飘散，以达到隔热、隔味的效果
6	明档卫生	在设计明档时不要刻意追求现场感，将不适合在明档加工的产品搬到前面来，弄得餐饮店乌烟瘴气。设计明档时，一定注意不要增加餐饮店的油烟、噪声，因为明档是向顾客展示厨房的窗口，设计要精致美观，生产是第二位的，卫生是第一位的。有些菜品只适合在后厨加工，就没有必要在明档全盘托出
7	地面防滑吸水	在设计厨房地面时，为节省成本，使用普通瓷砖，结果既不防滑又不吸水，严重影响了工作效率。厨房的地面设计和选材，不可盲从，必须审慎定夺。在没有选择到新颖实用的防滑地砖前，使用红钢砖仍不失为有效之举。在厨房设计时越注意细节，越能最大限度地减少日后使用中的麻烦
8	用水、排水及时	厨房在设计水槽或水池时，配备量要合适，避免厨师跑很远才能找到水池，于是忙起来干脆就很难顾及清洗，厨房的卫生很难达标。厨房的明沟，是厨房污水排放的重要通道。可有些厨房明沟太浅，或太毛糙，或无高低落差，或无有机连接，使得厨房或水池相连，或臭气熏人，很难做到干爽、洁净。因此，在进行厨房设计时要充分考虑原料化冻、冲洗，厨师取用清水和清洁用水的各种需要，尽可能在合适位置使用单槽或双槽水池，保证食品生产环境的整洁卫生
9	灯光充足实用	厨房的灯光重实用。炒锅炒菜要有足够的灯光看清菜看色泽；砧板要有明亮的灯光有效防止刀伤和追求精细的刀工；上荷人员上方要有充足的灯光，减少杂草混入原料。厨房灯光不一定要像餐饮店一样豪华典雅、布局整齐，但其作用绝不可忽视。厨房设计是否到位，直接关系到出品品质
10	备餐间要设两道门	备餐间是配备开餐用品，准备开餐条件的地方。备餐间设计不好会出现餐饮店弥漫乌烟浊气，出菜丢三落四的现象。备餐间设计要注意两个方面。 （1）备餐间应处于餐饮店、厨房过渡地带。以便于夹、放传菜夹，便于通知划单员，要方便起菜、停菜等信息沟通。 （2）厨房与大堂之间应采用双门双道。厨房与大堂之间真正起隔油烟、隔噪声、隔温度作用的是两道门的设置。同向两道门的重叠设置不仅起到"三隔"作用，还遮挡了顾客直接透视厨房的视线
11	洗碗间传输方便	洗碗间的设计与配备得当，可以减少餐具破损，保证餐具洗涤及卫生质量，在设计时应处理好以下几个方面。 （1）洗碗间应靠近餐饮店、厨房，这样，既方便传递使用过的餐具和厨房用具，又减轻传送餐具员工的劳动强度。当然在大型餐饮活动之后，用餐车推送餐具，是必要的。 （2）洗碗间应有可靠的消毒设施。餐具消毒后，再用洁布擦干，以供餐饮店、厨房使用。

续表

序号	设计要点	具体说明
11	洗碗间传输方便	（3）洗碗间通、排风效果要好。洗涤操作期间，均会产生水汽、蒸汽等，如不及时抽排，不仅会影响洗碗工的操作，而且会使洗净的甚至已经干燥的餐具重新出现水汽，还会向餐饮店、厨房倒流。因此，必须采取有效设计，切实解决洗碗间通、排风问题，创造良好环境
12	粗加工、操作间要分开	从原料到成品的生产流线应简短顺畅，无迂回交叉。粗加工间与操作间是排水量较多的地方，采用明沟排水，便于清洁与疏通。带有油腻的排水，应与其他排水系统分别设置，并安装隔油设施。操作间的适宜温度应在26摄氏度以下
13	厨房与餐饮店在同一层	厨房与餐饮店在同一楼面，可缩短输送流程，提高工作效率，有利于保持菜品温度，防止交叉污染，另外还可以减少设备投资。如果厨房与餐饮店不在同一楼层，要另外设食梯，并注意按生、熟、洁、污分设，并添加保温的传送设备
14	配备烟感报警器	厨房内部有不少火灾隐患，如房内的燃气的泄漏、炉灶燃烧时产生的高温、烟罩内长期积累的油污等。如果平时管理不善或不注意保养、检查，一不小心就会引起火灾。因此，平时除了强化员工的消防安全意识、防患于未然外，在厨房间还必须装置必要的消防设施。如烟感报警器、喷淋装置、二氧化碳灭火器等。使用燃气的单位，在厨房内还应装置煤气泄漏报警器

五、洗手间

洗手间是判断餐厅对卫生是否重视的标准。因此，在设计时应遵循以下要求。

（1）洗手间位置应与餐厅设在同一层楼，避免顾客上下楼不便。

（2）洗手间的标记要清晰、醒目。

（3）洗手间的空间要能容纳两人以上。

（4）绝不能与厨房连在一起，也不宜设在餐厅中间或正对大门的地方，以免使人产生不良的联想，影响食欲。

（5）洗手间的地面要干爽，冲厕设备要经常检查，以防出现问题。

（6）洗手间的洗手池最好带台面，便于顾客使用，水龙头要美观、节水、简便易用。

（7）洗手间应准备必要的纸巾、洗手液等卫生用品，明亮的镜子是必不可少的。

（8）最好安装排气扇，以保证卫生间的通风，排除异味。

【实例】洗手间地面有水，致老太摔跤

咣当！"不好，妈摔倒啦！"这声惊叫不停地在张女士的耳畔响起，搅得她几宿没睡着觉，每每想起日前发生的那一幕，她都不禁后怕。

那天，全家一起到某餐厅吃饭，最高兴的要数76岁的老母亲，因为又可以尝到她最喜欢的鱼头汤了。高高兴兴地吃完饭，老太太要去方便一下，于是女儿、儿媳和孙女起身陪同前往。女儿张女士搀着老太太走进一间狭窄得只能容下一个人的洗手间，瓷砖地面上满是积水。张女士带门出来不一会儿，就听到门里"咣当"一声。推开门一看，老太太已经坐在了湿漉漉的地上，双腿叉在蹲坑的两边。三个人赶紧把老太太抬到餐厅的椅子上，但老太太身体僵直，头渐渐往下耷拉，嘴角还不住地流出口水。经过抢救，老太太终于脱离了危险，现在在家卧床静养。

"我老母亲滑了这一下，可吓得我们全家不轻，因为我母亲去年得过脑梗，我们都生怕她这一下子就过去了……"张女士说着说着，声音又哽咽了，"我父亲被吓得又犯了高血压，现在两位老人都卧病在床。明明是'餐厅'举手之劳就能避免的事，现在却把我们家弄成了这样，反正我们会找他们讨个说法的……"

由此可见，餐厅卫生间里的脏、湿、滑，给顾客带来的不仅是感官上的"不爽"，而且让顾客使用时也十分"危险"，特别是行动不便的老年人，一旦出了问题，不但顾客受罪，而且餐厅也难脱干系，所以，餐厅的经营管理者要将卫生间当作顾客的"休息处"标准来维护管理。

六、休息区

一般餐厅都会在入口处设有休息区，主要设施是沙发及茶几，为顾客等候朋友或在客满时等待小憩之用，配以茶水服务。休息区的装饰风格应色调偏冷，给人宁静安闲的感觉。以免顾客在休息区等待时心浮气躁、心神不宁。

七、停车场

停车场是吸引开车族进店消费的首要条件。由于餐厅所处位置与面积、规模的大小，停车场的布置形式各有不同。在引导路线上做好铺地、绿化、照明、背景等方面的处理，使进入路线明晰而充满趣味，使整体环境幽雅宜人。

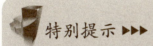

特别提示 ▶▶▶

从停车场出来的顾客与步行来店的顾客进入餐饮店的路线往往不同，所以餐饮店的入口必须考虑到从两方面来的顾客。不能使停车后出来的顾客走回头路或使步行而来的顾客绕行，而要使他们以最捷径的路线进入餐饮店。

第六节 良好气氛，提升魅力

良好的气氛不仅能吸引众多的顾客，而且还能增加餐厅的魅力，又为餐厅增添一个好"招牌"。

一、灯光

气氛设计中最关键的一步是灯光。不同的灯光设计有不同的作用，因此选择灯饰要根据餐厅的特点而定。

比如，一家餐厅选用立体灯柱，一排排灯柱既分隔出不同的饮食空间，又成为室内的装饰点缀。其左侧的灯向客席投射，而右侧的牵牛花状的灯则向顶棚投射，形成一朵朵光晕，颇有装饰效果。

餐厅灯光设计使用的种类颇多，诸如白炽光、荧光及彩灯等。餐厅可依据自己的特色需要而定，总之，无论选用哪种灯具，都要使灯具的风格与室内陈设协调一致，最好能唤起人们的美味食欲。

二、背景音乐

背景音乐能起到调和气氛、增加情调的作用，因此，背景音乐必不可少。配置背景音乐时一定要与餐厅风格相适应，或欢快、优雅的流行音乐，或古典、婉转的名曲等。播放时音量应控制适中，切忌时大时小，并需由专人负责。

三、色彩搭配

人的心理和行为与色彩的选择搭配有很大关系，主要包括以下几点。

（1）延长顾客的就餐时间，就应该使用柔和的色调、宽敞的空间布局、舒适的桌椅、浪漫的灯光和温柔的音乐。

（2）提高顾客的流动率，餐厅最好使用红绿搭配的颜色。

（3）快餐店的气氛设计要以鲜艳的色彩为主，配合紧凑的座位、明亮的灯光和快节奏的音乐，一切以"快"为中心，突出快餐主题。

【实例】餐厅，三次色彩大变身

小王在她居住的小区率先开张了一家餐厅，他在设计店面时也没有注重什么色彩之类的选择与搭配，就随便挑了宝蓝色作为墙面，而餐桌则选用的是大红色，餐椅为黄色。三原色在此济济一堂，整个环境显得极不和谐。

幸亏当时小区内仅此一家，顾客无从选择，所以生意还算可以。但是好景不长，后来，餐厅旁边又有一家餐厅开业了。这家餐厅深谙色彩之道，选用了明媚温暖的橙色为主要基调，进行同类色与对比色进行搭配。整个环境显得轻松活泼，令人食欲大开。所以开张以后顾客盈门，迅速占领这个区域的市场，当然小王的餐厅顾客寥寥无几，最后只能停业重新装修以求转机。

小王听从色彩学专家的建议之后，将原先宝蓝色的墙壁和黄色餐桌椅都换成了浅蓝色，结果劣势迅速扭转，前来用餐的顾客络绎不绝。但是人们用完餐后迟迟不走，影响了翻台；小王只得再次请教专家，将餐厅里面的主色调改为橙色系列，结果事如所愿，顾客依然盈门，而且用餐时间周期缩短，增加了餐厅的翻台率。究其原因，因为蓝色带给人安宁、清雅之感，疲劳了一天的人们希望在此得到休息；而活泼的橙色在激起人们食欲的同时，也使长时间停留在此环境中的顾客坐立不安，缩短了用餐周期。

色彩搭配与运用是值得餐厅投资者精心揣摩研究的一门学问。餐厅投资者还要根据自身产品的目标对象设计餐厅的主体色彩，选择目标顾客喜欢的配色。例如，以女性为主要服务对象的小餐厅，一般利用淡黄色、淡紫色与玫瑰色配上金银等色装点。

餐饮店除了主题文化外，饰物的效果更会让人如临其境。比如，某酒吧的主色调为黑色、白色与灰色，在其中穿插着艳丽的彩色物品与小摆设，结果使整个环境别有一番情趣，极具现代感。

四、陈设布置

（一）作用

餐厅的陈设与装饰设计和布置是体现餐厅文化氛围的重要方面，是餐厅文化层次高低雅俗的一个标志。陈设与装饰是在各个细部上处处提醒顾客这家餐厅的与众不同。餐厅工艺饰品的陈设一方面显示了餐厅的文化层次，另一方面对餐厅主题的塑造也有举足轻重的作用。

（二）如何布置

餐厅室内陈设种类繁多，兼容巨细。它们以美化餐厅室内空间、界面或部分室内构件为主，具有美好的视觉艺术效果。

（1）表现某种艺术风格流派、文化信息，其中尺度大者常常成为餐厅的标志、中心主题，尺度小的如门把手、杯垫图案也与整个餐厅的装饰风格一致。

（2）给人愉悦之感并且具有识别性，品种从布幔、壁挂、织物、雕塑、工艺摆设到盆景、灯座等应有尽有。

（3）提供给顾客的使用物品也经过高度的艺术加工，使餐具、烟灰缸、餐巾、菜单等物品具有优美的轮廓与图案，在方便顾客使用的同时，给顾客留下美好而深刻的印象。

五、餐座配备

餐座配备也是构成餐厅良好气氛的关键之一，餐座配备要根据餐厅的气氛、装修档次、消费层次及经营特色来确定。餐座选好了，餐厅的魅力会与日俱增。

> **特别提示** ▶▶▶
>
> 一般来说，装修档次越高，餐座配备越精致、豪华；普通的餐饮店的餐座使用木质方桌的较多；快餐店则习惯于使用坚硬的塑料椅和塑料桌。

不管选择何种餐座，配备时都须注意以下几点。

（1）椅子的高度与餐桌的高度搭配以及斜度要合理。例如，桌子高度75厘米，则椅子高（连背）应为85厘米，座面与地面距离应为45厘米。否则，椅子过高就会影响服务员的操作。

（2）椅背倾斜度为15度。

（3）从前缘到椅背，椅子的深度应为40厘米左右。

（4）每张餐椅与餐桌之间最好保留60～70厘米的空间，而有扶手的椅子则最好留70厘米以上的距离。

六、温度、湿度和气味

（一）温度

针对不同的季节，餐厅的温度也应有所调节。餐厅的最佳温度应保持在24～26摄氏度之间。

（二）湿度

档次较高的餐厅，应该用较合适的温度来增加舒适程度，给顾客轻松、愉快的感觉；快餐店温度要求可稍低一些。适宜的湿度，可以通过加湿器等设备达到。

（三）气味

良好的气味，可以利用空气清新剂、通风等办法或是采用烹饪的芳香来体现。

【实例】××连锁米粉店装修方案与方法

1. 厅堂面积

根据米粉店的市场定位，厅堂面积要求在50～100平方米以上，餐桌在10桌以上。

2. 装修风格

该米粉店属中低档消费层次，一般人均消费在20～40元，前来就餐的顾客多属于中低等收入阶层，厅堂装修布置不要过于豪华，要整体大方，因此应本着装饰格调统一，风格明快，环境档次中等的原则，营造一个温馨、简洁的用餐环境为目标。

地面部分采用防滑地板砖拼贴；吊顶部分采用纸面防火石膏板，边缘部分二级吊顶造型、暗藏温反射光源，大厅采用吸顶及少量吊灯，表面刮膏处理；墙裙部分采用普通水曲板聚氨酯透明漆面处理。

厅堂布置讲究一是节约造价，二是便于打扫卫生，不失米粉消费的档次。为点缀和体现地方饮食文化，可以挂精美、大方反映人们生活情趣的风景画和人物画，以增强文化气氛。面积大的厅堂，可设置自助取凉菜区，营造温馨服务。

3. 餐厅家具及合理布局

（1）餐桌。餐桌分方桌、条桌两种。条桌适于靠墙、靠窗，可充分利用面积。方桌适于居中摆放。方桌与条桌的数量应根据厅堂的结构进行适宜搭配。

（2）落台。落台既是储藏柜又是工作台，柜内存放餐具，柜面作上下菜时的落台，酒水和其他用品也放在柜面。常用落台的规格，长为80厘米，宽为50厘米，高为70厘米。落台与餐桌的数量比例一般为1∶（2～4），具体数量和摆放位置要根据餐桌布局安排。

（3）餐椅。餐厅用的椅子要与餐厅的整体风格相协调，一般要求椅子灵巧，便于搬动，椅子与椅子能叠放在一起。餐厅用木椅较好。

4. 动线安排

（1）顾客动线。顾客动线应以从门到座位之间的通道畅通无阻为基本要求，一般来说采用直线为好，因为任何迂回曲折。在区域内设置落台，即可存放餐具，又有助于服务人员缩短行走路线。

（2）服务员动线。餐厅中服务员动线长度对工作效益有着直接的影响，原则上越短越好。在服务员动线安排中，注意一个方向的道路作业动线不要太集中，尽可能除去不必要的曲折、在区域内设置落台，既可存放餐具，又有助于服务人员缩短行走路线。

5. 通道

餐厅的布局中，既要考虑充分利用营业面积，又要考虑方便顾客进入和离开，还要避免打搅其他顾客。

餐桌间让一个顾客入座尺寸为50厘米左右，行走的最起码通道尺寸为100厘米。

6. 气源（电源）安排

应该在有天然气、输气管留检修的位置，在装修时应全部预埋。输气管用氧气焊接，完工后加压测试，严防禁漏。若为液化气瓶，则应摆放在桌下，摆放气灶开关的方向要注意既方便服务员调节火候大小，又方便顾客调节火候大小。另外，室内应配置足够的消防器材。

7. 厨房配置

在设计厨房的设备和布局时，要考虑厨房的面积、安全及便于操作。

（1）厨房面积控制在30～60平方米之间。

（2）厨房的供电设备。厨房是用电比较集中的地方，因而要有自己的单独控制装置和超荷保护装置。经过厨房的电线应防潮、防腐、防热、防机械磨损。每台设备都有可靠的接地线路和附近安装断路装置。

（3）厨房的照明和通风设备。良好的照明和退风保证调味师能准确地调料和对食品颜色的判断；另外可提高劳动效率和减少工伤。

（4）必须具备防蝇、防尘、防鼠设施。

（5）清洗池和厨架要多于一般中餐操作。

8. 办公室配置

按照营业面积，有条件设立的按以下方法设置。办公室作为日常办公所用，也可作为会客、签单、小型会议场所，其装饰风格应与大厅一致，配备桌椅、文件柜以及各种日常办公用品。

9. 库房配置

按照营业面积不同，有条件设立的按以下方法设置。库房为辅助原料及干货物品的存放地，一般可根据餐厅货物储量多少来确定。总体要求能通风、不潮湿、防鼠、防虫害；货架置放、货品分类，保持整洁有序。

10. 洗手间配置

洗手间是餐厅必须配置，其洗手间装饰应因地制宜，合理布局，地面要求必须有地格，以防滑倒，还应配有换气扇，以保证空气畅通。另外应备有洗手液、干手机、镜子、纸篓、手纸盒等。

11. 警示标志

作为餐厅的经营者，应在各个方面为顾客着想，设立警示牌，不但可以提高餐厅的亲和力，也可免去不必要的麻烦。警示牌制作材料视餐厅装饰格调而定，大小为34厘米×19厘米，警示语主要如下：

（1）请照看好自己的孩子，不要在餐厅里跑跳、嬉戏。

（2）打火机请勿放在桌上，以免发生危险。

（3）为保证菜品质量，请按量点菜，恕不换菜、退菜。
（4）请保管好您随身携带的物品。
（5）谢绝自带酒水进店消费，谢谢合作。
（6）吃好，请勿浪费。
（7）地滑，小心摔跤。

第二章
餐厅的整合营销

整合营销主要是指在市场调研的基础上，餐厅需要为自己的产品确定精准的品牌定位和目标市场；找出产品的核心卖点是什么；提炼出产品好的广告语，如何进行品牌传播以及进行全面的销售体系规划等等。它是多种营销传播手段的有机、系统结合运用（如广告、宣传、公关、文化、人员推销、网络推广等），而不是单一的营销手段。

1. 了解餐厅广告营销的种类，掌握店内促销的方法。
2. 了解餐厅网络营销的种类，掌握餐厅跨界促销及假日促销的方法。

第一节　广告营销

"酒香不怕巷子深"的时代已经过去，这是一个讲求品牌的市场，依靠口口传播已经赶不上节奏，大张旗鼓的做广告已经成为餐厅的促销策略。

广告是指通过购买某种宣传媒体的空间或时间，来向公众或特定市场中的潜在顾客进行推销或宣传的一种促销工具。

一、电视广告促销

在了解电视广告促销之前，首先需要了解电视广告相关基础知识，以此才能确定餐厅是否适合利用这一媒体进行广告促销。电视广告的特点如图2-1所示。

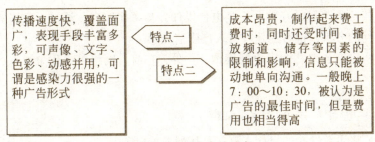

图2-1　电视广告的特点

相信大家看到最多的餐饮电视广告，可能还是肯德基、麦当劳、必胜客等国外品牌，真正国内餐厅采用电视广告的是相当的少，很大原因是基于其高昂的广告费。其次这些国外品牌是全国连锁，所以其广告收益也是相当地可观。

二、电台广告促销

电台广告是一种线形传播，听众无法回头思考、查询，只要善于运用口语或者生动具体的广告词语来进行表述，不要过于繁琐，尽量少用重句，能够使听众一听就明白，一听就懂，产生绝佳的广告效果。一般电台广告适合对本地或者周边地区的消费群体。

（一）电台广告优势

电台广告，广告量虽然在总体广告中所占比例不大，但由于电台媒体所具有其他媒体不可比拟的特点，如"边工作边收听"、"随时随地收听"等，使电台广告成为主流媒体广告的重要补充。

实际上包括可口可乐在内的很多世界500强公司都有专门的电台媒体策划部门。为什么电台广播的效果越来越好了？原因如下。

（1）有车一族人群越来越多，电台是针对开车出行中的唯一有效媒体。

【案例】

俏江南与北京音乐台合作的《974爱车音乐时间》节目，俏江南为其冠名特约播出。作为该节目的听众都是爱车一族，很一致的行为特点，也都具有相应的消费实力。在节目之外，俏江南还为听众提供很多与汽车相关的服务，例如赠送爱车内容的杂志，以及修车保养方面的信息，甚至为其提供观看F1汽车拉力赛的门票等。

（2）一般手机，都自带收音机功能，而且收听全免费。电台宣传无疑是非常有效的媒体。

（3）谈话类节目的互动，还是电台媒体参与率比较高，通过专家嘉宾感性的描述，理性的分析，很容易使收听人产生信任感。

（4）电台广告费相对于电视媒体、户外、车身、网络等媒体来说，一般价格都较低。

（二）电台广告的目标人群

电台广告主要针对的目标人群，具体如表2-1所示。

表2-1　电台广告的目标人群

序号	目标人群	具体说明
1	大学生群体	有的是用手机在业余时间收听收音机，有的是边上网边听广播，加上他们对谈话类、参与类节目比较感兴趣，是一个很好的电台宣传目标人群
2	有车一族	私家车进入家庭的速度越来越快，也使电台广告受众越来越大
3	保安及值勤类人员	工作性质较单调，又不得不坚守岗位，不能看电视及上网等，通过手机或者收音机收听电台成了工作一种习惯
4	老年人	电台时间定在清晨，也就是大部分老年人出来晨练之时，针对性很强

不同的节目拥有不同的听众，穿插其间的餐饮广告就能吸引不同类型的就餐者。

（1）如针对年轻人和现代企管人员、专业人员的广告可穿插在轻音乐等节目中。

（2）不同时间其广告吸引的对象也不同，一般来说，白天上班时间只能吸引老年人和家庭主妇。

（3）电台常常用主持人与来访者对答形式做广告，会比较亲切。

三、报纸广告营销

报纸广告以文字和图画为主要视觉刺激，不像其他广告媒介，如电视广告等受到时间的限制。报纸可以反复阅读，便于保存。鉴于报纸纸质及印制工艺上的原因，报纸广告中的商品外观形象和款式、色彩不能理想地反映出来。

餐厅可以在报纸上购买一定大小的版面，大张旗鼓地宣传自己，并在广告上写有订餐电话、餐厅的地址。

一般选用报纸广告，主要适合做食品节、特别活动、小包价等餐饮广告，也可以登载一些优惠券，让读者剪下来凭券享受餐饮优惠服务。但是要注意登载的频率、版面、广告词和大小、色彩等。

现在许多城市晚报、商报等都市生活类报纸都设有美食版，餐厅可以选择合适的版面刊登广告。

四、杂志广告营销

杂志可分为专业性杂志、行业性杂志、消费者杂志等。由于各类杂志读者比较明确，是各类专业商品广告的良好媒介。

（一）餐饮行业杂志

餐饮行业杂志有《中国餐饮杂志》、《美食与美酒》、《餐饮经理人》、《中国烹饪》、《天下美食》、《贝太厨房》、《名厨》等。

（二）行业杂志广告的特点

行业杂志广告具有以下特点。

（1）最大特点是针对性强、专业性强、范围相对固定，即不同的人阅读不同的杂志，便于根据就餐者对象选择其常读的杂志做广告。

（2）杂志资料性较强，便于检索、储存，信息量大，图文并茂，专栏较多、较全，且纸张、印刷质量高，对消费者心理影响显着。

（3）杂志出版周期长，适用于时间性不强的信息，一般要有目标地选择一些杂志登广告。

五、户外媒体广告促销

一般把设置在户外的广告叫做户外广告。常见的户外广告有路边广告牌、高立柱广告牌（俗称高炮）、灯箱、霓虹灯广告牌、LED广告牌等，现在甚至有升空气球、飞艇等先进的户外广告形式。

（一）户外广告分类

户外广告可以分为两类，如图2-2所示。

类别一 自设性户外广告

以设性户外广告是指以标牌、灯箱、霓虹灯单体字等为媒体形式，在本企业登记注册地址，利用自有或租赁的建筑物、构筑物等阵地设置的名称(含标志等)

类别二 经营性户外广告

经营性户外广告是指在城市道路、公路、铁路两侧、城市轨道交通线路的地面部分、河湖管理范围和广场、建筑物、构筑物上，以灯箱、霓虹灯、电子显示装置、展示牌等为载体形式和在交通工具上设置的商业广告

图2-2　户外广告的分类

（二）公交车身广告促销

中国众多人口决定公共交通绝对重要性和未来发达程度。同时，也给公交车身广告发展，提供了绝无仅有的巨大空间。

1. 公交车身广告优势

公交车身广告是可见机会最大的户外广告媒体，公交车身广告的优势，如表2-2所示。

表2-2　公交车身广告优势

序号	优势	具体说明
1	认知率和接受频率较高	投放在一座540万人口数量城市，以一百显示点来计算，在30天中有89%的人接触到该项广告，且平均有31次的接受频率
2	具有提示（提醒）作用	公交广告往往是在人们外出及即将发生消费行为时，传送广告信息，对于将发生的消费有着非常有效的提示和提醒作用，或直接指导消费，或做品牌提醒
3	投入少，效果好	公交车身广告平均每天的费用很便宜，一辆整车广告所花费用在电视上买不到1秒钟的广告，在报纸上也只能买10个字而已，在发布时间和价格上具有很大灵活性和优势

续表

序号	优势	具体说明
4	广告作用时间长	公交车身广告是置于相对固定公共空间内,不像电视、报纸等必须以主要时间或版面用于非常性质的内容,公交广告可以有一个相当长的时间专门发布某一个信息。人们由于出行需要,不断的往来于同一广告前,频频接收到广告信息,经年累月,会留下极深刻的印象
5	灵活性强	根据其所宣传内容功能性,有选择地发布相应公交环境,有助于有的放矢地进行宣传,以同等甚至更少的广告费用发挥更大的实际效应。其他大众传媒或限于时段、或限于版面、或限于空间等,难以做到有较强针对性市场选择
6	大众化的宣传媒介	公交的信息是投向整个市场的,受众不会受到社会阶层和经济状况等条件的限制
7	一定的环境美化作用	一幅公交广告,实际上就是一幅大型的图画,无论从构图、造型、色彩都具有美感,这是报刊等媒体不能比拟的。为了醒目,绝大部分广告都鲜艳夺目,形式感很强

2. 公交车身广告发布形式

公交车身广告发布形式,主要包括以下三种,如图2-3所示。

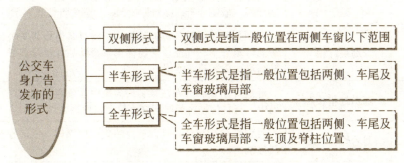

图2-3 公交车身广告发布的形式

(三)地铁广告促销

随着中国城市规模快速扩大,地铁网络迅速发展,地铁媒体在受众数量、受众质量以及媒体传播环境等衡量媒体价值的重要指标上得到有力提升,成为企业传达信息的有效媒介渠道。

1. 地铁广告特点

地铁广告特点,如表2-3所示。

2. 地铁静态广告发布位置

地铁静态广告主要发布位置,如表2-4所示。

表2-3 地铁广告特点

序号	特点	具体说明
1	关注度高	乘客站内停留时间长,平均不少于30分钟,候车时间3分钟,在车厢内停留26分钟
2	投放灵活,创意多	突破常规灯箱形式发布,多种媒体组合,创意空间无限
3	视觉效果好	洁净舒适、无干扰的媒体环境,体现高端品质形象
4	覆盖面广	每条地铁线均为城市公共交通网络重要组成,每日为数以万计的市民出行提供方便
5	接触频次密	相对稳定的上下班及购物人流,每天多次重复接触广告

表2-4 地铁静态广告主要发布位置

序号	位置	具体说明
1	车厢内	车厢内是指在车厢内形成独特广告环境;乘客在行程内,完全置身其中,全程接受广告信息
2	月台灯箱	月台灯箱位于地铁候车站台内,乘客在候车时可以毫无遮挡地正面观赏,以高素质视觉效果展示信息,最适合发布新产品或树立品牌形象
3	通道	通道位于地铁站通道内,是乘客必经之路,与目标受众直接接触,最适合于产品短期促销,加强广告信息展示频次
4	通道灯箱	通道灯箱位于地铁各站通道内,除具备海报优势外,其超薄的灯箱外形、高品位的媒体形象帮助品牌提升美誉,有效提高过往乘客消费欲望
5	通道灯箱长廊	通道灯箱长廊分布在乘客最为集中几条通道内,在密闭通道中,与目标顾客长时间交流机会,使乘客过目不忘
6	月台灯箱长廊	月台灯箱长廊是最具创意性的轰动型媒体,创造独家展示强势氛围
7	扶梯侧墙海报	扶梯侧墙海报位于电梯侧墙,直接面对出入口上下楼梯乘客,价格便宜,是理想促销媒体,整条扶梯使用可以展示一系列产品,或者以一式多样广告画面创造强烈的视觉效果
8	大型墙贴	大型墙贴位于地铁最精华站点,展示面积巨大,适合知名品牌维护与提升品牌形象,是新品上市促销最佳选择
9	特殊位	特殊位位于地铁站出入口或者售票点上方,位置独特,面积庞大、醒目,地铁内最大灯箱媒体,目标消费者视觉直击,非常适合品牌形象展示

3.地铁视频广告

地铁广告不仅包括各种静态宣传画,也包括动态视频广告。其遍布站台与车厢,编织成一个庞大的播出网络。全都装有收视终端,乘客无论身处何处都可以轻易收视。全线同步播出，同一时间内播出内容覆盖全部线路。拥有其他媒体无法比拟的广告平台。

（四）电梯广告促销

电梯广告是户外广告的一种类型，因其针对性强、费用低，所以最适合于餐厅产品的宣传推广。它是镶嵌在城市小区住宅楼、商务楼、商住楼等电梯内特制镜框里的印刷品广告载体。电梯广告目前在国内是一种全新的富有创意的非传统媒介，能直接有效地针对目标受众传达广告信息。据测算，凡居住或工作在高层住宅楼的用户，每人每天平均乘坐电梯上下3～7次，电梯广告至少近4次闯入他们的视线，高接触频率使其具有更好的传播效果。

在开展电梯广告时应选择最合适的电梯。

（1）由于现代城市高楼林立，电梯楼也越来越多，如何在最有效又经济的情况下，从众多的楼房中选择出最有效的电梯作为推广场所也就显得尤为重要。

（2）选择的楼房应是入住率在80%以上的住宅楼或写字楼。

（3）根据当地电梯楼的数量、密度制订计划投放数量，一般情况，一次性覆盖2～3个区域，精选7～8部电梯实施投放。

（4）向该预选楼房电梯广告代理公司咨询广告投放的相关事宜。

（5）电梯广告因其针对性强，印象深刻，在操作时可考虑以美食为主，特别是美食外送服务，应附以礼品推广。

六、直接邮寄广告（DM）营销

DMA是英文Direct Mail Advertising的省略表述，直译为"直接邮寄广告"（后文均简称为DM）。DM是通过直投、赠送等形式，将宣传品送到消费者手中、家里或公司所在地。

DM是区别于传统的报纸、电视、广播、互联网等广告刊载媒体的新型广告发布载体。

（一）最佳效果支持条件

要想发挥DM单最佳效果，最好有三个条件的大力支持。

（1）必须有一个优秀的商品来支持DM。假若商品与DM所传递的信息相去甚远，甚至是假冒伪劣商品，无论吹得再天花乱坠，也不会有市场。

（2）选择好广告对象，再好的DM，再棒的产品，不能对牛弹琴，否则就是死路一条。

（3）考虑用一种什么样的广告方式来打动你的顾客。巧妙的广告诉求会使DM有事半功倍的效果。

（二）DM设计制作

餐厅在设计制作DM时，假若事先围绕它的优点考虑更多一点，将对提高DM的广告效果大有帮助。

第二节 店内促销

一、内部宣传品营销

在餐厅内，使用各种宣传品、印刷品和小礼品进行营销是必不可少的。常见的内部宣传品有各种节目单、火柴、小礼品等。具体如表2-5所示。

表2-5　店内常见的宣传品

序号	宣传品	运用说明
1	按期流动节目单	餐厅将本周、本月的各种餐饮流动、文娱流动印刷后放在餐厅门口或电梯口、总台发送、传递信息。这种节目单要注意下列事项。 （1）印刷质量，要与餐厅的等级相一致，不能太差。 （2）一旦确定了的流动，不能更改和变动。在节目单上一定要写清时间、地点、餐厅的电话号码，印上餐厅的标记，以强化营销效果
2	餐巾纸	一般餐厅都会提供餐巾纸，有的是免费提供，有的则是付费的。餐巾纸上印有餐厅名称、地址、标记、电话等信息
3	火柴	餐厅每张桌上都可放上印有餐厅名称、地址、标记、电话等信息的火柴，送给客人带出去做宣传。火柴可定制成各种规格、外形、档次，以供不同餐厅使用
4	小礼品	餐厅经常在一些特别的节日和流动时间，甚至在日常经营中送一些小礼品给用餐的客人，小礼品要精心设计，根据不同的对象分别赠予，其效果会更为理想。常见的小礼品有：生肖卡、印有餐厅广告和菜单的折扇、小盒茶叶、卡通片、巧克力、鲜花、口布套环、精制的筷子等

二、菜单营销

菜单是现代餐厅营销乃至整个经营环节的关键要素。菜单是一个餐厅的产品总括。好的菜单编制是企业及顾客之间的信息桥梁，是企业无声的营业代表，它能够有效地将企业的产品策略、菜谱设计重点、产品特点传达给顾客，进而引动优质营销行为系统，达到店家、顾客双赢目的。

（一）菜单营销的要求

菜单营销是指通过客人在接触菜单的时间里，运用各种手段达到企业营销目的。主要包括菜单设计印制、菜单呈现方式、菜单介绍方法等。

1. 菜单设计印制

菜单设计印制应符合公司客户群体的审美习惯。每个餐饮店的客群对象不同，菜单的设计就要符合这些消费群的审美观念，并能吸引其目光。面向大众群体消费的，菜单设计应该简洁明了，颜色不能太为特别。面向商务群体的酒楼，菜单设计应该较为正统严肃，不能采用奇特的颜色或形状，否则给人一种不严肃、不正式的感觉。个性化的餐厅，则可采用比较新奇的设计方式，在颜色、形状、表现方式上都可以更为大胆。

2. 菜单呈现方式

菜品排列顺序应与公司盈利收入点和公司促销重点一致。每个餐厅的菜品都可以归为几个类别，如何在菜单上排列这些菜品，对企业的销售有着很重要的影响，餐厅的菜品类别与排列顺序如表2-6所示。

表2-6 餐厅的菜品类别与排列顺序

序号	类别	具体说明
1	特色菜品	特色菜品主要用来突出本店特色，吸引顾客到来，一般放在菜单的最前或最后，作为重点突出，让客户更能一目了然，切忌放在菜单中部
2	利润菜品	利润菜品主要用来增加企业盈利，有时由店内特色菜品承担，有时由其他菜品承担。一般应与特色菜品放在一起，采用大图片重点突出，增加被点到的概率
3	促销菜品	促销菜品是指利用降价策略，吸引客户来店消费的菜品。一般菜品，通常放在菜单中间，文字排列即可，若是较高档的菜单，可配置小图片，或者挑选其中利润较大的菜品，配置部分图片
4	一般菜品	一般菜品通常指大众菜品，用来铺满点缀客人的餐桌，同样放在菜单最前或最后，最好放在菜单最后，促使客人翻阅整本菜单，增加其他菜品"点击率"

所以，一本菜单菜品的排列顺序一般为特色菜品+利润菜品+大众菜品+促销菜品。当然，每个企业都有其独特的营销之道，因此也有其独到的菜品排列方式。但是原则只有一条：符合客户群体的翻阅习惯，大图突出重点菜品。例如，有的餐厅会利用当地客人习惯的上菜顺序排列菜品：冷菜→热菜→汤→主食→酒水。

3. 菜单介绍方法

服务人员向客人介绍店内菜品时也有一定的技巧，需要注意的有以下几点。
（1）依照当地客人习惯的上菜顺序介绍菜品。
（2）如果客人中有老人或者小孩，可重点介绍几道符合老人小孩食用的菜品。
（3）关切询问客人有没有喜欢的或者禁忌的。

(4)在推荐菜品同时翻开菜单将图片指给客人看。

(5)点菜结束后,如果条件允许,可将菜单放置客人不远处,并告知客人如需增加菜品,可在此取阅。

(6)最后,菜单营销,还有很多其他方式。如制作奇特的菜单,利用公共营销,制造本地区"之最"新闻,利用菜单的奇特性吸引顾客消费;在门店点菜区制作电子菜单,让客人在点鲜活菜品时可以直观享受菜品成品的图样等。

(二)针对特有人群的菜单

餐厅除了以上菜单营销的要点外,还可以针对特有人群制作菜单来进行营销,有如表2-7所示的几种。

表2-7 针对特有人群的菜单

序号	对象	具体说明
1	儿童菜单营销	儿童餐厅行业是一个朝阳行业,充满激情、创意和梦想。现在,许多餐厅都增加了对儿童的营销,提供符合儿童口味的数目菜肴,从而进一步开拓市场。当然,也有以儿童为主题的主题餐厅,转为儿童提供各种服务
2	中年人菜单营销	中年人菜单营销应根据中年人体力消耗的特点,提供满足他们需求的热量的食物,吸引讲究美容的这部分客人。这种菜单往往客人带走的较多,应印上餐厅的地址、订座电话号码等,以便营销。另外房内用餐菜单和宴会菜单等都具有同样的营销作用。餐厅应根据详细情况,交换菜单进行营销,但变换菜单必须依据以下几点。 (1)根据不同地区的菜系变换。 (2)根据特殊的装饰和装潢变换。 (3)根据餐厅中特殊娱乐流动变换。 (4)根据食物摆布及陈列的特殊方法变换
3	情侣菜单	情侣菜单要给客人一种温馨浪漫的感觉,从名称到寓意、从造型到口味都要符合年轻人的需求特点,要给情侣们留下深刻的印象和好感。菜单可设计成影集式或贺卡式,并配有优美的音乐,让情侣们一开始就能感受到餐厅刻意营造的温馨甜蜜气氛,菜肴的名字也要起得有韵味,给人以浪漫动听的感觉,还可配以浪漫的爱情故事、经典传说、幽默笑话等,以增添饮食乐趣,留下美好的回忆。例如广东人的喜宴上,最后一道甜品一定是冰糖红枣莲子百合,取其"百年好合、早生贵子"之意。用百合、枣、莲子蜜汁的甜菜,可以命名为"甜蜜百合",在菜单上注明其用料的寓意,还可以再配上几句浪漫情诗、良好祝福,直奔爱情的主题
4	女士菜单	当代女性更加关注自己的美丽与健康,这不仅体现在穿着打扮上,同样也体现在对健康饮食的需求上。餐厅根据这些需求特点,可以设计出具有减肥功能、美容养颜功能等符合女士需求特点的菜单,定会赢得广大女士的喜爱。例如"美白去斑汤",其主要原料有富含淀粉、脂肪、蛋白质、钙、磷、铁、维生素、磷脂等,有清热解毒、去面斑等功效的绿豆;含淀粉、脂肪、蛋白质、钙、磷、铁、维生素、植物皂素等,能利水消肿、解毒排脓、清热祛湿、通利血脉的赤小豆;含淀粉、脂肪、蛋白质和多种维生素,能清心安神、润养肺经、气血津液,可以养肤、润肤、美肤的百合。绿豆与百合所含的维生素能使黑色素还原,具漂白作用。因此这个菜肴不仅养颜美容,更可在炎热的气候中消暑解渴,促进血液循环,一举多得。而这些内容都可在专供女士的菜单中列出,投其所好,达到推销的目的

三、门口告示牌营销

招贴诸如菜肴特选、特别套餐、节日菜单和增加新的服务项目等。其制作同样要和餐厅的形象一致,经专业职员之手。另外,用词要考虑客人的感慨感染。"本店下战书十点打烊,明天上午八点再见",比"营业结束"的牌子来得更亲切。同样"本店转播世界杯足球赛实况"的告示,远没有"欢迎观赏大屏幕世界杯足球赛实况转播,餐饮不加价"的营销效果佳。

四、餐厅服务促销

餐厅服务促销包括以下几个方面。

(一)知识性服务促销

在餐厅里备有报纸、杂志、书籍等以便顾客阅读,或者播放外语新闻、英文会话等节目。

如果在顾客等待上菜时间期间,可以提供一些供顾客阅览的报纸、杂志,一方面会让顾客感到服务周到细心,同时还会消除顾客等待时的无趣。

【案例】

在一家不足300平方米的餐厅里,墙上竟然贴满了3000多张老报纸,串联起新中国成立史。顺着楼梯上到二层,人们仿佛走进了时光隧道,历史开始回放。墙上贴得满满的,都是各个时期的老报纸,有新中国成立之初的,也有上世纪八十年代改革开放时期的。3000张老报纸由宏观到微观,全方位、多角度地展示了新中国的沧桑巨变,每个读者都能清晰地感受到新中国的成长壮大。其中最珍贵的一张,是1959年10月2日《人民日报》新中国成立10周年的《国庆特刊》,当天的报纸上,有赫鲁晓夫、金日成等访华的报道。为了找到这些报纸,餐厅老板可以说是不知跑了多少图书馆、古玩市场,磨了多少嘴皮子。

(二)附加服务促销

在午茶服务时,赠予一份蛋糕、扒房给女士送一支鲜花等。客人感冒了要及时告诉厨房,可以为客人熬上一碗姜汤,虽然是一碗姜汤,但是客人会很感激你,会觉得你为他着想,正所谓:"礼"轻情意重。

在餐桌中的适当讲解运用,都是很有意思的。如给客人倒茶时一边倒茶水,一遍说"先生/小姐您的茶水,祝你喝出一个好的心情"。在客人点菊花茶的时候,可以为客人解说"菊花清热降火,冰糖温胃止咳,还能养生等",这都是一种无形的品牌服务附加值。虽然一般，无形却很有型。客人会很享受地去喝每一杯茶水，因为他知道他喝的是健康和享受。

过生日的长寿面，如果干巴巴端上一碗面条，会很普通，如果端上去后轻轻挑出来一根，搭在碗边上，并说上一句："长寿面，长出来。祝你福如东海，寿比南山"。客人会感觉到很有新意（心意），很开心，这碗面也就变得特别了。

【案例】

海底捞的许多服务被称为"变态"服务。海底捞等待就餐时，顾客可以免费吃水果、喝饮料，免费擦皮鞋，等待超过30分钟餐费还可以打9折，年轻女孩子甚至为了享受免费美甲服务专门去海底捞。

海底捞的这些服务贯穿于从顾客进门、等待、就餐、离开整个过程。待客人坐定点餐时，服务员会细心地为长发的女士递上皮筋和发夹；戴眼镜的客人则会得到擦镜布。隔15分钟，就会有服务员主动更换你面前的热毛巾；如果带了小孩子，服务员还会帮你喂孩子吃饭，陪他们在儿童天地做游戏；抽烟的人，他们会给你一个烟嘴。餐后，服务员马上送上口香糖，一路上所有服务员都会向你微笑道别。如果某位顾客特别喜欢店内的免费食物，服务员也会单独打包一份让其带走。

如美甲服务在美甲店至少要花费50元以上，甚至上百元，而海底捞人均消费60元以上，免费美甲服务对于爱美的女孩子很有吸引力。

海底捞将时尚事物和传统饮食结合起来，结合得恰到好处。海底捞将美甲和餐饮服务联系在一起，将美丽赠予给这些女性消费者，而这些消费者体验之后，也将她们的感受带给了更多的人。

（三）娱乐表演服务促销

用乐队伴奏、钢琴吹奏、歌手驻唱、现场电视、卡拉OK、时装表演等形式起到促销的作用。一股表演之风流行起来：民族风情表演、民俗表演、变脸表演、舞蹈表演、样板戏、阿拉伯肚皮舞、"二人转"、传统曲艺等。

这些表演大多是在大厅里举行，并不单独收费，是吸引消费者眼球的一项免费服务。但是如果顾客要点名表演什么节目，就要单独收费了。在激烈的市场竞争中，不做出点特色来，要想立足也不是一件容易事儿。

商家达到招揽顾客的目的，如某网友评价一家餐厅的演出说："这里的演员真的是很卖力，演出博得了一阵阵的掌声和顾客的共鸣。每人还发一面小红旗，不会唱也可以跟着摇，服务员穿插在餐厅之间跳舞，互动性极强。注重顾客的参与性，必然会赢得更多的'回头客'。"

(四)菜品制作表演促销

在餐厅进行现场烹制表演是一种有效的现场促销形式,还能起到渲染气氛的作用。客人对色、香、味、形可以一目了然,从而产生消费冲动。现场演示促销要求餐厅有良好的排气装置,以免油烟污染餐厅,影响就餐环境。注意特色菜或甜品的制作必须精致美观。

【案例】

俏江南强调把菜品做成一种让顾客参与体验的表演。比如"摇滚色拉"和"江石滚肥牛"等招牌菜品,服务员表演菜品制作,并介绍菜品的寓意或来历等,使消费者在感官上有了深度的参与和体验。

(五)借力促销

餐饮服务员向客人介绍和促销菜品时,可借助所在餐厅的名气、节假日的促销活动、金牌获奖菜的美名以及名人效应来向客人推荐相应的菜式,会得到事半功倍的效果,如表2-8所示。

表2-8 四大借力促销方式

序号	促销方式	具体说明
1	借助餐厅名气促销	沈阳鹿鸣春餐厅是历经百年沧桑的老字号,其名字"鹿鸣春"三个字来自于《诗经·小雅》篇,有浓厚的历史文化韵味。20世纪80年代末期,餐厅的经营出现了前所未有的火爆,每次接待外宾,餐饮服务员都要介绍店名的来历,对推荐高档菜看起到了强化作用。如鹿鸣春"富贵香鸡"就是在"常熟叫化鸡"的基础,在名厨的指导下,用环保、绿色的工艺手法对后者进行大胆的创新,受到海内外客人的一致好评
2	借助节假日促销	在促销菜品时,餐饮服务员不要忘记向客人传递企业促销活动信息。如节假日的促销举措、美食节期间创新菜的信息、店庆时的优惠信息,这些会激起客人再次光临就餐的欲望
3	借助金牌获奖菜促销	"游龙戏凤"、"凤眼鲜鲍"、"红梅鱼肚"曾获得××美食节大赛金奖,长销不衰,由于该系列菜品食材珍稀,加工精细,给客人留下了难以忘怀的美味和享受。直到现在,客人在餐厅就餐还要点这几道名菜。餐饮服务员介绍和推荐此类菜品的过程之所以十分顺畅,正是因为借助了金牌获奖菜的品牌效应
4	借助名人效应促销	"名人菜单"也可以成为卖点。连战、宋楚瑜在南京访问期间专门赴"状元楼"品尝秦淮小吃,"连宋菜单"不胫而走,一下子夫子庙的风味菜品异常火爆。所以,餐饮服务员若抓住"名人效应"的良机,则会更有利于点菜销售工作

五、餐厅主题文化促销

主题文化促销是基于主题文化与促销活动的融合点，从顾客需求出发，通过有意识地发现、甄别、培养、创造和传递某种价值观念以满足消费者深层次需求并达成企业经营目标的一种促销方式。

（一）借鉴文化因素

餐厅应该努力寻找产品、服务、品牌与中国文化的衔接点，增加品牌的附加价值，在企业促销活动中借鉴各类文化因素，有效地丰富餐厅的内涵。

1. 深挖历史和民俗

深入挖掘各个历史朝代的饮食文化精神，汲取民族原生态的饮食文化习俗，从形式到内核进行总结和提炼，保留原汁原味或改良创新。通过就餐环境的装潢设计、服务人员的言谈举止、菜品的选料加工、相关文化节目的现场表演等一系列促销手段给顾客带来难忘的消费体验。

【案例】

北京的"海碗居"老北京炸酱面馆就是将地方传统文化与餐饮经营有效融合的典型例子。带着浓重北京腔的吆喝声，身着对襟衣衫、脚蹬圆口黑布鞋、肩搭手巾把儿的小伙计，大理石的八仙桌，红漆实木的长条凳，京腔京韵的北京琴书，地道的北京风味小吃，每一个因素无不映衬出古朴的京味儿文化。在此就餐不仅仅是品尝北京的地方菜品，更重要的是体验北京的地方文化氛围。

2. 迎合时尚因素

追求时尚是许多现代人的重要心理需求，在餐饮服务中加入时尚的文化因素往往能够调动起人们的消费欲望。个性、新奇性和娱乐性成为很多现代餐厅着力打造的卖点。以各种文化娱乐元素为主题、装潢别致的小型餐厅层出不穷，为满足现代年轻人个性化需求的诸如生日包厢、情侣茶座等特色服务项目屡见不鲜。各式各样迎合都市时尚及生活方式的文化促销方式给传统的餐饮行业注入了新鲜的活力。

（二）塑造优秀企业文化

餐厅品牌文化促销，需要构建自己的企业文化。现在许多餐厅都有着自己的企业文化。餐饮是服务企业，比起其他生产型企业来讲，更多的是通过员工的服务来完成菜品、酒水的销售。那么，企业文化的建设对于餐厅来讲，有着更为重要的作用。

1. 树立"真、善、美"文化价值取向

餐厅可以制作一本企业文化手册，从而明确定位企业文化。以下列举一些知名餐厅的企业文化。

（1）俏江南企业文化摘要如下。

【案例】

俏江南以"时尚、经典、品位、尊宠"为经营理念，致力于打造一个世界级的中餐品牌，成为全球餐饮业的管理标杆。

俏江南期望给予每一位顾客品种丰富、口味独特、营养健康的产品和难忘的用餐经验，期待顾客的再一次光顾俏江南。俏江南关爱社会，感恩于支持俏江南发展的社会和合作伙伴，期望持续创造最佳的利润，不断超越自我，带给俏江南的投资者最好的回报。俏江南将"勤奋、正直、感恩、爱心"作为员工的德行标准。

要求员工：

（1）必须具有高尚正直的品格，要人正、心正、行正。

（2）必须具有勤奋、勤俭、勤勤恳恳的拼搏精神。

（3）必须具有感恩之心，要感恩社会、感恩客人、感恩一切美好事物。

（4）必须具有爱心，对工作没有"不"，对生活要有"情"，对生命要有"爱"。

俏江南视每一位员工为家庭成员，倡导关爱身边工作伙伴，期待每一位伙伴能够发挥其最大潜能，与俏江南共同成长。

生机勃勃，走向一个又一个新的辉煌！

（2）湘鄂情企业文化摘要如下。

【案例】

1. 湘鄂情赋

（1）湘鄂两省，以洞庭分南北，是衣带之毗邻。自古为荆楚之地，有楚文化名震四海，惊艳天下。楚地文化，神奇谲秘，气象万千；老庄玄学，屈宋辞骚，开浪漫主义先河；帛画竹简，青铜砖瓦，展楚汉艺术雄风。

（2）湘鄂情酒店雏形于荆楚大地，展翅于特区深圳，腾飞于首都北京。坚持以人为本，倡导以德治店，热忱以情待人，锐意发展创新。融湖湘、荆楚文化底蕴为内涵，集湘、鄂、川、粤菜系之大成，迎来五湖四海顾客，引领美食文化新风。

（3）湘鄂情人既钟情于食，更注重于情，连锁建店，规模恢弘，兴企业

文化，传楚汉遗风，鸾飞凤翥，日升月恒，绿色餐饮常绿，生命之树长青，广交天下挚友，笑纳各界佳朋，诚可谓同声同气同乐，乡情亲情友情，其乐融融，其意融融。

（4）双峰人左汉中谨启：任午年仲夏于城东。

2. 湘鄂情企业歌

（1）湘鄂情集团之歌

词：瞿琮　曲：杜鸣

我们来自五湖，我们来自四海，我们踏着青春的节拍走到湘鄂情来；我们把握今天，我们创造未来，我们真诚的笑脸坦荡着火热的情怀，乡情在，友情在，亲情在，永远不变的是湘鄂情的爱，乡情在，友情在，亲情在，永远不变的是湘鄂情的爱。

我们无比快乐，我们无比豪迈，我们拥抱幸福的时代走到湘鄂情来，我们把握今天，我们创造未来，我们衷心的祝福充满了火热的情怀，乡情在，友情在，亲情在，永远不变的是湘鄂情的爱，乡情在，友情在，亲情在，永远不变的是湘鄂情的爱。

（2）湘鄂情

词：瞿琮　曲：杜鸣

洞庭雨，五岭风，湘江鄂水汇流东；故园几度旭日红，爱与共心相同。东湖梅，南岳松，天涯咫尺梦芙蓉，今宵举杯会高朋，情更重，意更浓。管弦动，舞影弄，盛世太平人称颂，何日与君再相逢？艳阳里，明月中。管弦动，舞影弄，盛世太平人称颂，何日与君再相逢？艳阳里，明月中。

3. 经营理念

乡情：同饮一方水，同担一山柴，同声同气楚天来。

亲情：同居屋檐下，同乐百家事，同贤同孝福寿来。

友情：同做天下事，同拥大业归，同仁同义醉一回。

4. 公司理念

尊重人才，依靠人才，为优秀的人才创造一个和谐的、富有激情的环境，是湘鄂情成功的首要因素；不断追求创新、追求卓越，是湘鄂情不竭的力量源泉；高素质的员工队伍，是湘鄂情赖以成长、发展的资本；强烈的事业心和无私的奉献精神，是湘鄂情永葆活力的关键所在，国际化、现代化是湘鄂情始终不渝的企业目标。

5. 服务宗旨

（1）顾客至上：客人永远是对的，对客人的服务永远排在第一位。

（2）主动热情：以真诚的爱心为顾客提供优质的服务。

（3）礼貌微笑：是每一位工作人员对客人的服务应具备的基本要求。

（4）团结合作：和谐的团队精神是达到最高效率和最佳服务的基础。

6.湘鄂情使命：传播餐饮文化、齐聚人间真情。
7.湘鄂情愿景：引领行业革命，成就卓越人生。
8.湘鄂情价值观：重情义、勤创新。
9.湘鄂情客户观：情聚四海，义满天下。

2.注重员工文化培训，实行全员文化促销

餐饮企业把企业文化建设得好，员工素质自然会提高。因此，餐饮企业管理者在企业培训活动中应加强对企业文化的培训，让优秀的企业文化深深植入员工的心中，体现在员工的行动上，使每一个员工都成为文化的主动实践者、文化的自觉变革者和文化的积极传播者。通过员工这个外界了解企业的"窗口"，传播良好的企业品牌形象，直接影响消费者对餐厅的评价和定位。

（三）出版物促销

餐厅的宣传小册子，其内容包括餐厅的位置，电话号码，预订方法，餐厅容量、服务时间及方式，菜肴品种特色，娱乐活动以及餐厅的菜单、酒水、饮料单等。

第三节　餐厅网络营销

一、餐厅网站营销

餐厅网站建设适用于大型连锁餐厅，网站可提供菜品介绍、会员招募、网络调研、顾客网络体验、网络订餐等内容。

餐厅网站是综合性的网络营销工具，传统企业网站以企业及其产品为核心，重在介绍企业及其产品，新型网站以顾客为核心，处处围绕顾客进行设计。尤其是餐厅自身与顾客联系就非常密切，网站更要体现其服务特性和顾客导向性。

（一）餐厅自己建设网站

大型酒楼网站建设，一般都是由营销部负责。营销部会设有专门的网站编辑部来负责企业网站网页设计、网站内容更新等。餐饮企业管理者要随时对其相关工作进行跟踪，保证网站质量。

（二）与专业网站制作公司合作

餐厅也可以与专业网站制作公司合作，请其负责网站建设。当然，一定要选择资质较好的公司。当然，一定要与其签订网站建设合同，保证双方合法权益。

二、微信营销

微博是一个偏媒体属性、注重传播的平台，微信是一个偏工具属性注重沟通互动的平台。微信更多的是扮演一个对话、沟通、服务、管理的工具。对于餐饮行业而言，微信是一个实用的"活菜单活地图"，免费的Scrm管理系统和一个免费的群发信息平台。餐厅可以把微信公众账号变身为一个移动版的便携式"活菜单"。餐厅能留在用户微信通讯录中，当他有需求的时候能够轻易找到餐厅，那么餐厅的目的就达到了。顾客只需输入餐厅地址即可获得最近的店铺地址。这对于餐饮企业来说，再也不用担心消费者记不住有多少分店，哪一家离他们最近，顾客只需要输入自己的位置，就近推荐距离最近的一家店。

餐厅微信账号的粉丝在一定程度上是许可接受企业信息的。此时餐厅尽可开展内容营销魅力。你可推荐最新的产品、服务、优惠活动或知识性的内容，不断提高内容的价值感，但需要在频率和内容采编上稍微注意，不宜有扰民之嫌。例如深井大叔的"9折菜品优惠，省钱大作战"就受到粉丝们的欢迎，微信重在沟通对话互动，它不应该成为一个冷冰冰信息发布机器，它也不是一个只会提供使用价值的平台，它应该作为一个将消费者与企业连接起来的好玩平台，它帮助企业与消费者建立的不仅仅是物理链接，更有情感链接。餐厅应该充分利用微信的互动性强化与粉丝的关系，与他们展开趣味互动对话。例如，深井大叔的互动答题赢优惠券活动，题虽简单，但是都与自身相关，强化粉丝对于自己的了解。深井大叔还有一个活动就是"输入yy即可随机为你推荐一首歌曲，缓解你点餐后等待的无聊"。所以餐饮企业微信账号并不是一味的推广告，而是要学会给粉丝带来价值和快乐，把他们当作朋友来看待。

三、二维码营销

（一）二维码简介

随着二维码技术的日益受重视和拓展应用，二维码实现了平面到电子的信息转变，通过其表达信息的方式，人们的数字化生活越来越容易。据了解，二维码在日本和韩国早就成为仅次于拍照和MP3功能的第三大手机功能应用。

近两年，国内二维码应用推广到了机场、餐厅、公交、电影院、会议、传媒、旅游等方面。用户只要用手机对着印刷在一些平面介质上的二维码扫一下，就能通过手机上网获知相关信息，轻松获得相关应用。

（二）会员功能及应用

(1) 在线二维码生成。

(2) 拍码购物。

(3) 电子优惠券、代金券二维码应用。
(4) 二维码商品的宣传制作。
(5) 二维码进行客户数据的在线调查统计、分析。
(6) 通过扫描二维码了解商家店面的简介以及地址、商品、优惠活动。
(7) 一键便民信息：通过扫描获取、名片、地图、WIFI密码等信息。
(8) 扫码了解商家地图、卫生间、公交站牌、停车位等的位置、布局。
(9) 通过二维码扫描进行资料下载等。

（三）二维码营销的优势

(1) 架起消费者和餐饮商户互动的桥梁。
(2) 给了传统餐饮营销形式无限的延伸力。
(3) 二维码识别已经成为手机普及功能。
(4) 能够快速便捷的与现有餐饮营销手段进行融合。
(5) 借助二维码营销系统的力量来减轻员工与财政的压力。
(6) 借助微信的力量进行口碑传播，病毒传播。

（四）二维码电子菜单，菜单永远不缺

例如，两个一起的消费者来到餐厅点餐，一个在点餐，另一个也想看菜单，只需要扫一下二维码就可以用手机查看电子菜单了。简单方便快捷，每个顾客都可以看到菜单。

（五）扫二维码看视频，了解招牌菜

顾客通过扫描二维码直接观看餐饮商户招牌菜品的宣传视频，让消费者了解菜品的制作过程和用料，更加了解菜品特色。

（六）二维码营销的方式

根据餐饮行业特点，餐饮企业管理者可以采用以下几种方式来进行营销，具体如表2-9所示。

表2-9 二维码营销的方式

序号	类别	具体说明
1	二维码电子菜单	二维码电子菜单是指消费者用手机扫描餐桌上的二维码浏览菜单，多图文展示菜品。其有以下优点。 (1) 可以解决传统菜谱内容固定不易修改的问题，二维码的扫描结果可以通过后台修改，如果菜品内容更改。同时解决很多餐厅使用的传统菜谱非常笨重而且大，很多女性及小孩都使用不方便的问题。 (2) 可以解决纸质菜谱数量不够的问题，通常一桌有多个人吃饭，但不大可能人手一本菜单，但有了二维码电子菜单，都扫描一下二维

续表

序号	类别	具体说明
1	二维码电子菜单	码就都可以在自己的手机上浏览菜单。 （3）可以节约菜谱制作成本、解决传统菜谱制作周期长，流程复杂等问题。 （4）还可以宣传品牌，电子菜单的二维码可以印刷到所有宣传品、网站等，消费者扫描后可以把菜单带回家，手机里有记录可以以后随时查看菜单，即下次去饭店前就可以先在家在路上想好要吃什么菜。 （5）菜单被查阅情况可以在后台实时分日期时间段、地域、手机系统等分类统计
2	二维码活动促销	二维码活动促销是指通过二维码发布店内促销活动。系统特有的扫二维码抽奖平台，优惠券下发平台，可以满足很多种营销方式。所有结果可以在后台实时数据分类统计。同时可以有助于会员注册，消费者反馈调查等。 （1）比如扫码享折扣优惠，扫码拿下次使用的抵价券，扫码拿会员卡等。 （2）比如可以将这样的二维码发布到团购网站、官方微博、宣传海报、DM单、名片上等
3	品牌推广宣传	品牌推广宣传是指生成的二维码扫描结果可以是音频、视频或图文，可以极大地扩展现有传统媒介的信息量。并且还可以在这些内容上附加上官方微博的链接、订餐电话等信息。做到线上线下打通，立体式营销，整合传统营销渠道，架起消费者与商户的互动桥梁。餐厅可以将特色招牌菜品可以制作成视频，让消费者在等待上菜过程中看视频了解菜品制作过程，用料等情况
4	二维码在餐饮业的其他应用	（1）很多餐厅都提供无线WIFI上网，有了二维码消费者可以直接扫码自动连WIFI，不用公布账号密码，不用服务员去告知消费者我们的WIFI是哪个账号名，是什么密码。 （2）扫码地图定位，通过扫描二维码，手机自动打开页面在百度地图上显示餐厅具体位置，坐标。 （3）扫码给会员卡充值等

四、微博营销

微博，即微型博客（MicroBlog）的简称，是一个基于用户关系的信息分享、传播以及获取平台，用户可以通过Web、Wap以及各种客户端组建个人社区，以140字以内的文字更新信息，并实现即时分享。

（一）微博的神奇力量

图2-4中所列的数字代表的是微博聚集的人数，便可知道微博所具有的神奇力量到底有多大了。

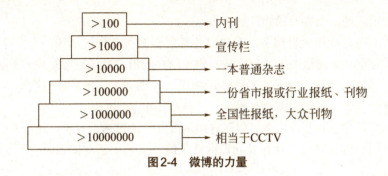

图2-4 微博的力量

(二)国内四大主流微博

现在国内有四大主流微博：新浪微博、腾讯微博、搜狐微博、网易微博，具体如表2-10所示。

表2-10 四大主流微博

序号	类别	具体说明
1	新浪微博	新浪微博采用了与新浪博客一样的推广策略，即邀请明星和名人加入开设微型博客，并对他们进行实名认证，认证后的用户在用户名后会加上一个字母"V"，以示与普通用户的区别，同时可避免冒充名人微博的行为，但微博功能和普通用户是相同的
2	腾讯微博	腾讯微博限制字数为140字，有"私信"功能，支持网页、客户端、手机平台，支持对话和转播，并具备图片上传和视频分享等功能。与大多数国内微博相同，转发内容独立限制在140字以内，采取类似与Twitter一样的回复类型@。所不同的是随心微博，字数限制为333字。此外，腾讯微博更加鼓励用户自建话题，在用户搜索上可直接对账号进行查询
3	搜狐微博	搜狐微博在其"使用帮助"中显示，没有设置字数限制，只是强调"一句话博客"。搜狐微博与博客、视频、相册、圈子等整合，用户在微博页面可以直达这些产品。此外，搜狐微博强调"围观"的概念，即用户在微博的点击操作次数
4	网易微博	网易微博定位为简单的分享。网易微博是继承了Twitter的简约风格，无论是从色彩布局，还是整体设计上，都可以找到Twitter的感觉。交流上网易微博摒弃了新浪微博回复提醒的烦琐功能

(三)餐厅微博促销

采用微博促销，首先大家都直到如今人们用微博是一种时尚，在公交广告上可以看到"来搜狐微博看我"之类的广告。因此，微博自己本身也在做广告促销，然后利用微博来进行餐厅的促销，可以说是节省了一定的促销成本。

餐厅微博撰写内容，需要根据顾客需求量身定制，一般包括产品介绍、新品上市、促销活动、食客互动和品牌宣传。

餐饮服务是高接触度服务，多数服务都需要消费者到达现场，大大提高店面和消费者互动，并通过微博进行直播，将使用户的消费过程更加有趣，更加活跃。如通过手机微博当场成为本店粉丝，可赠送面巾纸一包；餐后参与微博点评，可获得代金券一张；微博提前预订餐位，可获得特价菜一个等。

诸如此类参与和互动，都可以随时随地展开，通过微博直播，进行充分互动。餐厅在使用微博促销时，让粉丝通过微博了解员工的生活和知识，会比发广告效果更好。

（四）利用微博订餐促销

微博订餐、送货上门、微博互动，让顾客在享受方便的同时品尝到了特色美食。

【案例】

某私房小龙虾率先在某市采取微博订餐，在短短一个月内微博粉丝已经激增至1700余名，在人气大增的同时也收到了不错经济效益。"方便快捷的微博订餐、周到细致的送货服务、新颖有趣的微博互动是我们最大卖点。"谈起如今的经营状况，老板乐开了花。"开业两个月来，我家的小龙虾供不应求，每天下午五六点就全部预订完毕，每逢节假日更是到下午三四点就被抢购一空了。"

五、病毒式营销

病毒式营销是一种常用的网络营销方法，常用于进行网站推广、品牌推广等，病毒性营销利用的是用户口碑传播的原理。在互联网上，这种"口碑传播"更为方便，可以像病毒一样迅速蔓延，因此成为一种高效的信息传播方式，几乎是不需要费用。

【案例】

在美国的爱德华州，有一家叫Flying Pie的比萨小店。店主人有一家网站，很乱很不好看，充满资讯、大大小小花色的字体，让人完全不知道该如何使用。然而却推出了一套很有趣的线上行销方案，而且已经默默地推行了好几年，让城里的每个人都知道了这家小店。

Flying Pie这个成功的线上行销方案叫It's Your Day。店主人每周都会在网站上写出一个人的名字，在比萨店不忙的时候，邀请这些人来比萨店免费制作一份10寸的比萨。例如昨天5月16日是Ross，5月19日则是Joey，5月20日是Tamarra。每天邀请五位名叫这个名字的幸运市民，在当天下午2～4点或晚上8～10点这两个比萨店比较空闲的时间，来Flying Pie的厨房，制作他们自己免费的10寸比萨。

当然，每一个来的人都必须带上身份证，证明自己真的叫这个名字。Flying Pie要求他们和自己制作的比萨合影，并传到网上。

按照这个行销方案，Flying Pie网站上，每周都要公布新一周的名字，并提醒大家常常回来看这个列表。如果你看到你朋友的名字，请告诉他，然后叫他过来！

一个名叫Kendra的顾客介绍，当初她知道Flying Pie，就是她老板告诉的。她的老板每周都会上一次这个网站，只因为他喜欢Flying Pie上的"合影"，认为它们很好笑。有天老板就告诉她，Kendra日来了，赶快去吧！那么，新的名字又怎么选？是FlyingPie乱选的吗？不，Flying Pie会请每个来参加过的人提供名字，并且投票，会把这个票数当参考决定下一周的幸运名字。

这样的做法是希望这些参加者想想他们还有哪些朋友会过来，甚至让参加者"回报"当初介绍他来参加的那个看到网站的人……

就这样，Flying Pie所在的城市，不知有多少市民在不知不觉中成为网站义务宣传员！实际上，看起来Flying Pie每天只让5个人来参加免费比萨活动，其实大家都忙，真来的不多；就算这些人不来，也并无妨碍这些人四处传播消息。

这是一个很好的利用网络进行口碑营销的案例，但与一般的口碑营销又不一样。Flying Pie采取的是两段式的强迫口碑行销。第一段是一个同事或朋友告诉你，你的名字在上面，你就过来了。一般的网络口碑营销，可能这样就中断了。但接下来，为了回报店主，免费制作比萨的顾客需要出卖一位自己身边的朋友，向店主人提供一个名字。这样一来，店主人就很轻松地保证Flying Pie在营销过程中二次传播的可能。

这样一来，这个传播的族群会继续地往外连接。如果一年内Flying Pie靠这套行销手法得来1万名新客户，可以说，这些新客户彼此之间是像肉粽一样地串在一起的，一个连一个下去。

六、团购营销

团购网站是近年来出现的新兴网站类型，餐厅利用团购网站的团购活动可以在短时间内聚集人气，特别适用于新开张或急需打开市场的餐厅。

团购就是团体购物，指的是消费者联合起来，来加大与商家谈判能力，以求得最优惠价格的一种购物方式。根据薄利多销、量大价优的原理,商家可以给出低于零售价格的团购折扣和单独购买得不到的优质服务。

据了解,目前网络团购的主力军是年龄在25~35岁的年轻消费者,在北京、上海、深圳等大城市十分普遍。

(一)主要团购网站

目前,国内主要团购网站包括聚划算、拉手网、糯米网、窝窝团、美团网、58团购、赶集团购、24券等。以下对几个主要团购网站进行简单介绍,如表2-11所示。

表2-11 主要团购网站

序号	团购网站	网站介绍
1	聚划算	淘宝聚划算是由淘宝网官方开发平台,并由淘宝官方组织的一种线上团购活动形式。淘宝聚划算网是阿里巴巴集团旗下的团购网站。2011年10月20日,阿里巴巴集团将聚划算拆分,聚划算将以公司化的形式独立运营
2	拉手网	拉手网,于2010年3月18日成立,中国内地最大团购网站之一,开通服务城市超过400座,2010年交易额接近10亿元。拉手网每天推出一款超低价精品团购,使参加团购的用户以极具诱惑力的折扣价格享受优质服务
3	美团网	美团网是于2010年3月4日成立的团购网站。美团网:每天团购一次,为消费者发现最值得信赖的商家,让消费者享受超低折扣的优质服务。每天一单团购,为商家找到最合适的消费者,给商家提供最大收益的互联网推广
4	58团购	58团购是中国最大的本地促销服务商58同城旗下团购网站。58团购成立于2010年6月6日,背靠58同城,占有地域性先天优势,分布全国一线城市有北京、上海、广州、深圳等,以及二、三线城市,形成地域性、服务性全覆盖

(二)餐厅团购促销的时机

餐厅为何选择团购促销方式,什么类型的餐厅适于团购促销模式,餐厅在什么时机采取团购促销方式,对此可以归纳为以下几点,如图2-5所示。

- 时机一：新开张餐厅可以采取网络团购促销模式吸引客源、聚集人气,同时达到广告宣传效果
- 时机二：快餐型餐厅适宜网络团购,比如火锅、烧烤、面食等。快餐店操作流程相对简单,易于控制,适于薄利多销型促销方式
- 时机三：网络团购适宜做套餐,便于操作、管理、核算

时机四	在竞争激烈餐饮商圈,餐厅可以选择网络团购的促销方式应对激烈的竞争,聚拢人气
时机五	选址闭塞的餐厅适宜采取团购方式,吸引客源,同时也是一种广告宣传
时机六	餐厅由原来地址搬到另一个新地方,来不及告知老顾客

图2-5　餐厅团购促销的时机

【案例】

××饭店经理小刘至今对一次团购活动记忆犹新,"那时候,饭店刚搬到了一个新地方,很多老顾客都不知道,原来的联络方式也不能马上切换更改,于是就想到在网络上征集团购消费者。一来可以短时间内迅速聚拢人气,二来也节约了一定广告支出"。结果,在某团购网站刚挂出3.8折团购信息,一下就引来了网友和饭店粉丝们热捧。在没做其他任何宣传配合的情况下,从早上8:30到晚上8:30,就卖出了两千多份套餐。最终,由于合作网站的支付宝(微博)出现"堵车",才不得不叫停活动。

(三)餐饮团购促销的准备事项

餐厅进行团购促销,需要做好各项准备工作,主要包括以下四项,如图2-6所示。

事项一	明确团购目的。餐饮团购目的不一,有的为了吸引客源,让利促销;有的为了薄利多销,赚取更多利润;有的亏本促销,求的是广告效应。餐厅一定要根据促销目的和自身接待能力,制定相应促销方案,制定促销产品种类、价格及人数限额等
事项二	寻找合适的团购网站。选择团购网站要考虑其品牌信誉度,其餐饮团购的经验值,团购网站定位是否与餐厅契合,其合作方式和分利模式,团购网站为餐厅提供支持服务等
事项三	根据自身接待能力进行团购消费筹备工作,包括每日接待人数分流、服务人员培训、团购餐品备料、预定集中应急方案等
事项四	团购销售结束后,登陆团购商家后台,查询订单情况,关注团购券使用。在团购用户到店用餐时关注顾客意见反馈,达到利润和口碑双赢,争取更多的回头客和新客源

图2-6　餐饮团购促销的准备事项

（四）团购合作方式

团购主要有两种：一是团购网主动出击，寻找有团购需求商家；二是商家找到相应团购网提出团购申请。以下主要介绍餐饮商家提出申请的团购流程，如图2-7所示。

第一步	商家提出申请
	有合作意向的餐饮商家提出团购申请，在团购网络申请页面直接填写商家信息，提交申请

第二步	团购网审核信息
	团购网审核商家提供团购信息，对于符合要求商家，团购网会进一步与商家取得联系

第三步	在线销售商品
	团购网按照约定的商品上架日期、销售数量、价格将商家提供的服务或商品按时上线销售，提供给团购的用户购买

第四步	商家提供消费
	商家为团购消费者提供服务，并可登陆团购商家后台，查询订单情况，标记用户的团购券使用情况

图2-7　餐饮商家提出申请的团购流程

（五）签订团购合同

餐厅在与团购网站合作时，一定要签订合同，以保护双方合法权益。

七、电子优惠券

电子优惠券是餐厅在互联网上以电子文本和图片形式存在的一种打折优惠信息或优惠券。电子优惠券既省了商家印刷和发送传统优惠券的成本，又方便了消费者的使用，因而这种网络营销模式已经成为众多网络促销手段中最受欢迎的方式之一。

餐厅开展电子优惠券营销，有以下几种方式可以借鉴，如图2-8所示。

方式一	可以在各网站上，利用自己企业发布优惠券
方式二	可以在各论坛上，以帖子的形式，免费发布电子优惠券
方式三	可以在餐厅网站上，发布优惠券下载软件，便于用户下载优惠券

方式四	与各餐饮点评网、口碑网等进行合作，在其上面发布自己的优惠券
方式五	可以在餐饮行业的门户网站上发布电子优惠券信息，这种方式给消费者的专业度和可信度会相对比较高

图2-8　电子优惠券的营销方式

八、搜索引擎营销

搜索引擎（Search Engines）是对互联网上的信息资源进行搜集整理，然后供消费者查询的系统，它包括信息搜集、信息整理和用户查询三部分。

搜索引擎是一个为大众提供信息"检索"服务的网站，它使用某些程序把因特网上的所有信息归类以帮助人们在茫茫网海中搜寻到所需要的信息。

研究显示越来越多的搜索使用者会在搜索结果页面的第一页点击进入相关信息，而会继续浏览到第三页以后的只有10%，即当餐厅的排序列在相关搜索的第四页时，最多只会接触到搜索人群的10%。

【案例】

客必乐（中国）餐饮有限公司是一个以营养快餐为特色的全国连锁企业。餐厅秉承"营养、美味、时尚"的经营理念和坚持"举营养旗、打品牌战、走连锁路、做环保餐"的指导理念，成功稳步发展连锁餐厅。

客必乐植根于黄土高原黄土风情文化，秉承黄土高原人稳重、实在、厚朴的民风，自尊、强悍、豪放的气质，潜心挖掘研发做工精细、营养丰富、强身健体，适合国人口味和营养的快餐食品。

通过几年的搜索推广投放实践，其总结出以下几点经验。

（1）根据客户的使用习惯选择一些搜索引擎平台进行推广。

（2）为了覆盖更多的客户群体，根据客户的特点设置相应的关键词，比如会专门投放一些"创业"、"在线创业"、"创业项目"等关键词。既投放行业性广泛的关键词，也投放一些精准度比较高的关键词。

（3）在广告语方面，抓住客户的需求，重点突出优势：中国特许经营连锁百强企业。

九、网订餐外卖

开展外送业务的餐厅，可以进行网上订餐。网上订餐可以使用两种方式，如图2-9所示。

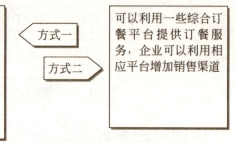

图2-9 网上订餐外卖的方式

十、网上点餐

网上点餐就是顾客通过互联网在线选择餐厅、点餐、选座和支付,随后到店完成消费的过程。随着现在有些餐饮网上交易平台的上线,顾客能以最直接的方式找到餐厅,不用进入实体店面就可以看到餐厅优美的环境和让人垂涎欲滴的美食,并在第一时间获得各种优惠、打折和促销信息。

当然,现在也有许多专门第三方点菜订餐网站,如点菜单网、吃点网(上海)、随点外卖(深圳)等。

(一)网上点餐形式

网上点餐的出现,改变了传统的餐饮消费模式,用户通过互联网在线选择餐厅、点餐,不必再去餐厅点。现在出现互联网上的"网上点餐"形式,主要分为三种形式,具体如表2-12所示。

表2-12 网上点餐形式

序号	点餐形式	详细介绍
1	菜品展示型	菜品展示型是指用户可以在网上的点餐页面,看到一系列菜品的展示,然后选择一些自己想吃的菜,加入菜单,然后通过手机短信下载这些菜单,或者打印出来,拿到餐厅再行点餐
2	菜品预订型,不预留坐席	(1)用户通过网上选择自己喜欢的菜品,加入菜单,然后留下自己的联系方式和用餐信息,订单成功提交后,餐厅客服将(在营业时间内)安排回复此次订餐。 (2)不预留座位,若到达餐厅时已无座位,只能进行排号候位
3	网上点餐、选座、支付一体化	(1)用户通过餐厅的网上餐厅进行网上点餐(传统点餐、地图点餐、自动配餐),选择自己喜欢的菜,加入菜单。 (2)选择自己喜欢的坐席,填写就餐信息(到店时间、就餐联系人、是否需要发票等)。 (3)网上进行支付,完成支付后,系统会发送就餐号到用户的手机,餐厅自动接单,提前准备,用户在就餐当日到餐厅,只需出示就餐号,即可以坐下就餐

（二）网上点餐优点

网上点餐有以下几个优点。

（1）网站提供丰富的餐厅资源供用户详尽的查找与比较餐厅、美食、价格、折扣率等信息，并方便快捷的在线完成点餐、选座和支付。

（2）到店就可以就餐，免除了现场等位、点餐、等菜、支付的烦恼，极大节省就餐时间。

（3）可以提前多天下单，自由选择到店时间（精确到几点几分），就餐时间更加灵活。

（4）对于差旅人士，可以全面掌握当地美食信息，并有详细的地图功能，指引如何步行、驾车或乘坐公交到达，轻松地体验异地美食。

（5）对于公司团体用户，可以统一管理与结算商务餐费，便于有效控制开支，封堵财务漏洞。

第四节 餐厅跨界促销

所谓"跨界促销"，就是餐厅与其他企业合作，利用合作企业客户资源，实现双赢，因此也可以说是广告促销的一种新形式。

一、与银行捆绑合作促销

现在，许多餐厅都会选择与银行合作，成为银行优惠商户，持卡人到优惠餐饮商户消费即可享受相应折扣或优惠。不管是银行为低折扣企业贴现，还是众多餐厅纷纷加盟银行信用卡促销，归根结底，银行和餐厅赚的都是人气，可以说是共享双方客户资源。

银行和餐厅悄悄为折扣买单，对消费者来说是一次实惠。对商家和银行来说，则是长期实惠，可以实现长期和反复消费以及增加客户数量。因此，许多餐厅纷纷与不同银行建立"捆绑"关系，以此来吸引众多的持卡人。如外婆家餐饮，就同时与中国银行、广发银行、中信银行、招行等近10家银行合作。在此，以招商银行信用卡为例进行简要介绍，其在深圳地区餐饮优惠商户就已达到500多家，根据餐饮商家类别，所属商圈进行分类，设置了优惠券下载专区，商户列表（商户基本信息）。

（一）如何选择合适银行合作

既然成为银行特惠商户有利于餐厅的发展，那么如何选择合适的银行呢？目前中国市面上中央银行、国有独资商业银行、政策性银行、股份制银行、城市商业银行、农村商业银行、外资银行等众多银行。

餐厅可以对自己消费群体进行划分，找出主要消费群体，然后查找银行主要客户，从而找到与自己企业客户群体大致相同的银行合作。一般在银行官网或特惠商户服务建议书都会有其持卡人相关资料介绍。

（二）银行对特惠商户要求

当然，银行也会对特惠商户有一定要求，并不是所有企业都可以成为其特惠商户。如某家银行特惠商户营销指引中要求"以排名靠前及特色商户为主，以点带面，全面发展"。

二、与商场超市合作促销

餐厅如果与商场超市合作，可以借用商场超市促销。如将餐厅免费优惠券放在收银台处，由顾客自己随便拿取，在超市消费满一定金额即送代金券等。

三、与电影院合作促销

吃饭、看电影往往是人们休闲娱乐的重要方式，吃完饭到电影院看电影，无疑是一个好的选择。因此，餐厅可以选择与附近电影院合作，消费满一定金额即送电影票一张。

四、与饮料企业合作促销

餐厅与饮料有什么共通之处，其合作对于餐厅促销有何好处？显而易见，这两种类型的企业都属于"吃"的范畴。在超市购物买完饮料，刚好可以去餐厅吃个晚餐，何况还有优惠呢？这对于消费者可是具有一定吸引力的。

【案例】

某市，可口可乐联合餐饮商家搞促销活动，在超市购买一瓶饮料，就能获赠一张消费券，凭此券到相应餐厅消费，可享受指定菜品4～5折的优惠价。

此次促销的是可口可乐旗下一款饮料，并不是新品。与其"联姻"的是两家连锁餐厅竹林人家、涌上外婆桥。根据促销规则，消费者购买一瓶饮料，即可获得一张消费券，到相应餐厅就餐时，凭券可享受指定菜的特惠价。

对于可口可乐和餐厅，这次活动起到了互惠互利的作用。由于该餐厅是可口可乐公司的长期客户，双方常有合作。对于餐厅借助可口可乐促销渠道，可以提高餐厅知名度，贴进去的食材成本，相当于付了广告费。

五、打破地点限制促销

在传统概念中，餐厅一定要开在中心区、美食街、社区等众多人流量大的地方。将餐厅开在加油站附近，想必马上就会想到肯德基的汽车餐厅。不错，肯德基的这种打破地点限制的促销方式，无非让其又赢得了一大批司机成为其忠实的顾客。

【案例】

2011年11月，肯德基的东家——百胜餐饮集团中国事业部（简称百胜）与中石化携手，百胜旗下的肯德基、必胜客、东方既白餐厅等餐饮品牌将全面入驻中石化全国加油站。目前仅中石化在全国拥有的加油站一项，就多达3万余座，双方合作潜力巨大，而这对提升百胜各餐饮品牌在华覆盖水平的意义不言而喻。

肯德基餐厅与中国石化加油站合作开设肯德基汽车餐厅。这样的便利服务，让司机不用下车就立刻体验到肯德基快餐服务，不仅为加油站的销售打开了另一种渠道，也为肯德基在消费者心中建立便捷服务快餐品牌良好认知。

六、与互动游戏企业合作促销

在介绍之前，先来看一个案例。

【案例】

2010年，小尾羊餐饮连锁股份有限公司与国内领先的互动游戏企业——麒麟游戏在包头市达成战略合作协议，宣告中国实体餐饮与虚拟网游首次展开异业合作，双方将在麒麟游戏全新网游大作《成吉思汗2》中展开系列合作，预计于2010年下半年启动。

小尾羊携手麒麟公司，率先在双方终端开启异业合作，不仅可以增加小尾羊市场竞争力，更将提供广阔发展空间。麒麟游戏拥有庞大年轻用户，合作将扩大小尾羊的受众群体与消费量，而双方品牌叠加效应会创造出更多的经济和社会效益。

与知名餐饮品牌小尾羊合作，将麒麟游戏产品直接植入到小尾羊旗下欢乐牧场、元至一品、吉骨小馆等子品牌广大饮食用户群体中，不仅为小尾羊消费者提供到吃与娱乐并行的双重实惠，也是麒麟游戏推广创新模式首次试水。

对于餐厅而言，从这个案例不难看出这是一种新的跨界促销方式，完全颠覆传统促销，无疑是一个很好的尝试。当然，餐厅同样需要寻找到与其消费群体大致相同的互动游戏企业。

七、与电器卖场合作促销

逛完卖场，直接进餐厅，品尝肯德基、必胜客、小肥羊等品牌，体验购物、餐饮、休闲一站式服务，实现苏宁消费者与百胜的无缝对接，已不再是梦想。

2012年美国餐饮巨头百胜与中国3C家电连锁零售业的巨头苏宁，宣布缔结全国性战略联盟，联手打造"购物——餐饮生活圈"的新型商业模式。

根据协议，百胜将在苏宁遍布全国的商业物业内开设肯德基、必胜客、必胜宅急送、东方既白和小肥羊等品牌餐厅，并制订了未来5年开设150家的战略目标。

百胜旗下品牌入驻苏宁商业物业，使消费者购物之余，足不出"卖场"，便能享受便利的餐饮服务，提升购物体验。对于百胜而言，苏宁对其最大的吸引力在于其数量庞大的卖场店面和消费者流量。

一个是3C家电连锁零售业的巨头，一个是餐饮巨头，两大看似关联性不大的巨头此番跨界合作有着一条互惠互利的利益纽带。

第五节　假日促销

由于中国人的节日越来越多，使得营销活动的力度越来越大，加之外国的节日也融入了国人的日常生活，比如情人节、母亲节、父亲节、圣诞节等，再加上三八节、五一节、六一儿童节、八一节、中秋节、国庆节、春节……还有护士节、教师节等，可谓"节连不断"，利用这些特殊时机进行营销活动自然是花样满天飞。

一、全年促销节日

全年营销节日一览表将主要节日的时间及都明确的分列出来，可以通过该表详细的掌握一年中每一季度的各种节日的具体时间，如表2-13所示。

表2-13　全年营销节日时间一览表

序号	季节	节　　日	月　　份
1	春季	正月初一（春节） 正月十五（元宵节） 2月14日（情人节）	二、三、四月份

续表

序号	季节	节 日	月 份
1	春季	3月8日（国际劳动妇女节） 3月15日（消费者权益日）	二、三、四月份
2	夏季	5月1日（国际劳动节） 5月4日（中国青年节） 5月12日（国际护士节） 5月第二个星期日（母亲节） 6月1日（国际儿童节） 6月第三个星期日（父亲节） 五月初五（端午节）	五、六、七月份
3	秋季	7月1日（香港回归纪念日） 8月1日（中国人民解放军建军节） 七月初七（七夕情人节） 9月10日（中国教师节） 八月十五（中秋节） 10月1日（国庆节） 九月初九（重阳节）	八、九、十月份
4	冬季	12月20日（澳门回归纪念日） 12月24日（平安夜） 12月25日（圣诞节） 1月1日（元旦）	十一、十二、一月份

二、春节年夜饭促销

近年来，已有许多家庭不愿让终年忙碌的母亲连过年都不得空闲，所以选择到餐厅享受精致美味又省时省力的年夜饭。鉴于除夕夜外食人口激增，可大力推行除夕年夜饭专案的促销活动，以各式烹调美味的时令佳肴与象征好彩头的菜肴名称，营造出除夕夜年夜饭欢乐温馨的气氛。

另外，在过年期间，以餐厅既有资源从事"外带"的卖餐方式，将菜肴提供客人外带回家享用，不仅可以满足现代人省时省力又喜欢享受的需求，而且还顺应了除夕夜在家团圆用餐的习俗，不失为促销的方法之一。

（一）文化

宴席是很多人聚餐的一种餐饮方式，是按宴席的要求、规格、档次，程序化的整套菜点，是进行喜庆、团聚、社交、纪念等社会活动的重要手段。

宴席菜点的组合原则有诸多方面，如突出主题、属性和谐、价值相符、荤素搭配、口味鲜明、营养合理等。那么春节宴，则要紧紧围绕"年文化"、"年风俗"来设计，紧扣主题。春节宴会的菜点安排一定要与日常宴会设计有明显区别，以突现节庆、团聚和欢乐气氛。

"年文化"是中国传统民族文化的一个重要组成部分，根植于每个中国人的意识形态之中，"年文化"包括很多中国的传统习俗。

（二）特色

菜品是餐厅的灵魂，作为一个成功的餐厅，必定有本店的特色菜品作为支撑。结合春节节日特点，研究特色菜品，推出具有本店特色的"年菜"。

如今，城市居民在酒楼、餐厅过年形成一种风尚，而且这种风气越演越烈。可是有的餐厅的菜单已经有不少批评和抱怨的声音。因此，在制订年夜饭菜单时应注意以下事项，如表2-14所示。

表2-14 制订年夜饭菜单注意事项

序号	注意事项	具体说明
1	名称祥和，标注本名	名称祥和，标注本名是指为烘托过年气氛，可给菜品起一个响亮的名字，最好在后面标注上菜点的本名，或标注所用原料
2	色彩艳丽，富有创意	色彩艳丽，富有创意是指注重细化、美化，注重食用性的同时，突出其观赏性和艺术性。如艺术菜、花色菜、盛器选用、点缀装饰手段等
3	精选菜点，突出特色	（1）从菜品原料、营养、口味、色彩等方面要有区别于其他店出品的特点。 （2）菜品在本店点击率高，是菜单中亮点、是品牌菜，春节菜单组合，首先选择本店特色菜，然后加上部分创新菜、时令菜
4	经济实惠，突出美味	经济实惠，突出美味是指注重五味平和，喜闻乐见，所有菜点均应做到"甘而不浓，酸而不醋，咸而不减，辛而不烈"
5	营养平衡，返璞归真	营养平衡，返璞归真是指将现代厨艺风格、水平融入其中，做到土菜不俗，粗粮细做，体现中国菜点色、香、味、意、形、养的完美

（三）环境

如今人们外出就餐，所追求的是一个愉悦完整的过程，"吃"只是一部分，服务和用餐环境也是重要组成部分。

1.年环境

"年环境"是指餐厅春节期间布置，可根据本地人们喜好、风俗布置，以洋溢出人们过新年的喜悦心情。如张贴年画、挂灯笼、贴春联、餐厅挂一些特色鲜明的饰品等，来布置出新年气氛，服务人员根据春节习俗调整一下服饰也能对整体环境起到烘托作用。

2.软环境

软环境是指服务人员的态度、服务水准。服务人员还精神饱满地给顾客送去新年祝福,以自己的精神面貌给顾客来带吉祥喜庆的团圆气氛。可以策划一些抽奖活动、歌舞表演等项目,更会使餐厅锦上添花。

(四)宣传

如今,春节年夜饭预订启动得越来越早,一些餐厅在上一年的10月份就开始接受预订,有的甚至在吃去年年夜饭时就把今年的年夜饭订下来了。

(五)服务

对于餐厅来说,春节是一个巨大的市场。现在城市居民除了外出就餐增多以外,对于食品半成品、卤酱年货等需求量也在不断增加,一些高收入家庭,让厨师、服务员带原料上门服务的需求不断扩大。

三、"五一"及母亲节促销

每年五月的第二个星期天是母亲节。因此,"五一"及母亲节相距很近。餐厅可以将"五一"及母亲节一起进行促销。"五一"及母亲节餐饮促销的客源定位很重要,要彻底分析客源市场状况。

母亲节,很多人不知道怎样犒劳自己辛苦的母亲;如果餐厅能迎合顾客需求,帮助顾客在母亲节表达自己对母亲的爱,相信会有很多的顾客愿意带母亲来餐厅过母亲节。

四、儿童节促销

如今,随着生活水平的提高,加之大多数家庭都只有一个孩子,所以父母对于孩子的节日会越来越重视。因此,餐厅可以针对儿童节制订促销方案。

小朋友都喜欢热闹,所以对于儿童节的促销不能仅仅局限于宴会,需要举办各式各样的活动,提高参与性。例如儿童画画比赛、亲子活动等。

五、父亲节促销

每年6月的第三个星期天是父亲节,可利用当天中午和晚上做全家福自助餐或全家福桌菜来进行销售。

除了节日当天的宴会专案外,为吸引客人提前到餐厅消费,可以采用"消费满一定金额即赠送餐饮礼券"的促销方式。这样便可增加客人来店次数。

在父亲节来临之际,餐厅应该从产品、环境、人员、方式方面着手做好促销活动,如表2-15所示。

表2-15 父亲节餐饮促销要点

序号	促销要点	具体说明
1	餐饮产品	餐饮产品是根据产品针对的消费群体、消费目标、消费价值、消费周转期、消费习惯来确定的。父亲节促销，消费群体自然是父亲及连带个体。父亲节的餐饮产品装扮，如父亲节套餐，针对不同年龄父亲制订健康宴，就是对产品包装，但具体细节还要根据自身的实际条件来做促销产品
2	环境	环境对于促销有着一定的暗示和刺激作用，尤其对于餐厅来说，更是如此。餐厅在布置或选择促销环境的时候，要着重显示父亲节的文化背景及内涵，可以大大缩小与消费者购买时的亲近接触，达到完美效果
3	人员	人员在这里主要指的是服务员的亲和力，也就是服务态度的装扮。对于如何装扮人员，需要对服务员有明确的要求。 （1）要规范使用标准亲和力相关礼仪与必要的辅助目标。 （2）构建系统的产品促销规程，注重对区域文化的建设性提炼。 （3）促进产品与消费者、产品与环境、产品与服务等多种态度有机利用。 （4）为自己寻找最佳的服务标准，度身定做是合理的促销要求
4	方式多样	方式多样是指在父亲节餐厅可以采用如父亲节特色套餐；家庭就餐，免掉父亲的单；家庭就餐，赠送全家福（也可以是其他的联合方式）；现场DIY为父亲献厨艺等方式

六、端午节促销

餐饮企业管理者要想本餐厅在众多的竞争者中吸引顾客的目光，就要有自己独特的地方。当然，一般端午节大多是家人朋友聚餐，所以不会是大型的同时宴会，主要是以一两桌的小宴为主。

自从端午节定为法定节假日开始，给了大家一次聚会的机会，同时也给餐厅一个好的促销机会。餐厅在端午节期间搞促销、推新菜、亮绝活让人们在短暂的假期享受盛宴。

端午节小长假，餐厅精心准备创新菜品迎佳节，其中龙舟赛、鱼嬉汨罗、五谷丰登、神龙闹江等创新菜品的"端午宴"，增添了浓厚的传统文化气氛，令食客耳目一新。

某民俗协会为全面展示地方特色小吃，将于端午节的当天，在该协会办公地点为游客精心准备了50道地方特色小吃，以供品尝。

端午节期间除了推出端午特价菜外，当天来就餐的顾客，每桌可免费品尝粽子，或赠送香袋。在端午节当天安排了两场别开生面的手艺表演。现场的客人可以一边享受美食，一边在民间艺术家的手把手教授下，亲自感受到艺术的不俗魅力。

如今，餐厅"端午节"将突出休闲、文化、食品安全、低碳、融合的五大促销趋势，如表2-16所示。

表2-16 端午节促销的趋势

序号	促销要点	具体说明
1	休闲	休闲是指随着休闲餐饮和节日的结合，上班族或选择路程较短的小城市、或在城市周边小住，品尝城间的美味佳肴。农家乐、乡村游、采摘、垂钓等多种形式于一体的餐饮业态形式得到发展
2	突出传统文化	突出传统文化是指餐厅在端午节促销中可以突出民族文化特色，只要精心设计，认真加以挖掘，就能制作出一系列富有诗情画意的菜点，以借机推广促销。在店内餐饮促销中，使用各种宣传品、印刷品和小礼品、店内广告进行促销是必不可少的
3	食品安全	食品安全是指端午节期间黄鳝、黄鱼、黄瓜、蛋黄（咸鸭蛋）及黄酒等"五黄"食品需求量会显著增加。为避免因食用时令食品发生的食品安全问题，应该在采购、加工、烹调、出售各个环节控制好食品卫生，严把食品质量关
4	低碳美食	低碳美食是指在加大膳食平衡、低碳环保理念的宣传方面，加强素食研发创新，积极开展鼓励素食消费的有关活动；通过图片、影像等资料介绍平衡膳食、低碳生活的知识，强化饮食健康和环境保护意识。培养消费者合理科学饮食习惯，倡导"均衡饮食、重质适量、剩菜打包、减少垃圾"的意识
5	多元化发展	多元化发展是指端午节并不是中国特有的节日，日本、缅甸、越南等国家都有各式各样的粽子。中国和周边国家饮食文化的不断融合，技术交流的频繁将饮食推向了一个新的起点

七、七夕情人节促销

七夕情人节是中国人的情人节。七夕情人节已经被各界商家或媒体宣传得越来越隆重。因此，作为餐厅，当然也要做好七夕情人节的促销工作。

七夕，许多餐厅纷纷出手，端出"寓意菜"。如全聚德以鸭肉搭配海鲜组合成七夕超值套餐，酒楼根据七夕穿针引线"乞巧"的民俗讲究，推出了包括蒜茸穿心莲、五彩金针菇、湘彩腰果虾球等菜肴在内的七夕乞巧套餐，寓意祈福一年"心灵手巧"，以"巧心"、"巧手"，在工作和爱情上得偿所愿；男孩子可以此讨得女孩子的欢心，或是表达自己的祝福和期望。有的则名菜讨了个吉祥名，糖溜卷果取名"甜甜蜜蜜"、鲍鱼菜心取名"心心相印"。

八、中秋节促销

农历八月十五是我国传统的中秋节，也是我国仅次于春节的第二大传统节日。八月十五恰在秋季的中间，故谓之中秋节。我国古历法把处在秋季中间的八月，称谓"仲秋",所以中秋节又叫"仲秋节"。中秋节来临前,结合餐厅的实际情况和中国传统的民族风俗,开展餐厅销售服务工作,达到经济效益与社会效益双丰收。

家庭用餐、亲朋好友聚会是中秋节主要客源构成。只要抓住了这一部分顾客群体,中秋节餐饮促销活动才算是成功的。

(一)提高"文化"内涵

仔细观察会发现多数餐厅促销无非是打折赠菜,或是赠送餐券、礼品,这些已经没有多大新意了。餐厅想要拉动消费者眼球,必须另寻突破口,利用中秋佳节打一场"文化战"。

餐厅在促销时不能再以单纯的概念炒作了,而要做出品牌,如品名宴,就一定要在菜品上下工夫,有条件的餐厅可以利用自身优势,将饭桌搬出大厅,搬向庭院、溪边、山脚下,让丝竹声、秋虫声萦耳,让凉风习习拂过,也可推一些有文化内涵的菜品……

(二)兼顾特色、价格、创新

现在大部分消费者处在风味特色为主、价格为主、追求新颖的阶段,所以中秋节要兼顾这三大特色,如图2-10所示。

特色一	餐厅要在菜品特色和风味上下工夫,要探索和推出假日特色菜品与套餐,满足假日促销主体需求。中秋节可以将中秋文化融入到菜品创新中去,挖掘不同地方中秋特色菜、风味小吃等
特色二	餐厅要在价格上下工夫,根据面对的不同活动顾客主体,采取相应措施,如中秋蟹宴敞开吃、特价蟹宴等
特色三	餐厅要满足顾客猎奇求知心理,可以在做活动时,设计一些顾客意想不到的事,来满足顾客心理需求。可以教顾客做月饼、美食DIY、时令美食大闸蟹跟我学等活动

图2-10 特色价格创新

(三)表演活动故事

消费者更加注重餐饮附加价值,开始注重由"吃"到"玩",两者相结合,迎合消费者心理的做法。具有代表性的中秋节传说,如嫦娥奔月、吴刚伐桂、玉兔捣药等可以转化为情景故事,让顾客参与到其中,体会传统,品味文化。

根据顾客需求,顾客吃着节日味十足饭菜,看着节日味十足演出,置身于节日味十足的环境中,做到了既烘托氛围,又宣传了企业自身文化。

（四）联合促销策略

联合促销策略，如表2-17所示。

表2-17 联合促销策略

序号	促销策略	具体说明
1	与旅游公司联合促销	（1）与当地一家旅行社达成协议：餐厅顾客跟团旅游，人均一次费用为××元，如有亲属或朋友共同参加旅游，可享受会员价格。 （2）顾客如果是商务宴请，当主人把旅游票赠给主宾时，双方都会感觉有面子。 （3）如果是家庭宴会，送上一张旅游票会让全家人多了一个旅游项目
2	同城餐厅联合促销	同城餐厅联合促销是指可以联合几家相同档次、不同风味、不同业态餐厅，进行同价、同折扣优惠活动，选择联合促销餐厅，最好分布在公园、旅游景点附近，方便游客游玩过后用餐
3	联合团购促销	联合团购促销是指餐厅与团购网站联合做促销活动

九、重阳节促销

要做好重阳节促销，餐饮企业管理者一定要对该节日有一个准确的认识。农历九月九日，为传统的重阳节。《易经》中把"六"定为阴数，把"九"定为阳数，九月九日，日月并阳，两九相重，因此又叫重阳，也叫重九。传统与现代巧妙地结合，成为尊老、敬老、爱老、助老的老年人的节日。

庆祝重阳节活动，一般包括出游赏景、登高远眺、观赏菊花、遍插茱萸、吃重阳糕、饮菊花酒等活动。餐厅可以采取如表2-18所示的方式来开展促销。

表2-18 重阳节促销方式

序号	促销方式	具体说明
1	老人到店就餐享受多重礼遇	老人到店就餐享受多重礼遇是指重阳节当天，将为到店就餐的老年人提供独享礼遇。有的餐厅为60岁以上老人，以6.6折价格提供一道传统风味菜；向70岁以上老人赠送特色甜点小鸭酥。为到店用餐老人优先安排餐位，赠送店里特制重阳果，赠送菊花茶和重阳糕
2	福糕、寿桃、重阳宴提前开订	福糕、寿桃、重阳宴提前开订是指餐厅可以推出适合四五人食用的小型家庭重阳宴，为预订重阳宴的顾客专门准备了寿桃。为提前预订重阳节包桌顾客，免费赠送麻婆豆腐1份。重阳节当天，消费满一定金额，还可以获赠重阳饼1份
3	老人席风味特色各有千秋	老人席风味特色各有千秋是指餐厅要针对老年人口味和特点，推出了不同风味老年宴席，供顾客选择。老人席常见特色包括年糕、寿桃，注意荤素搭配、膳食营养合理，价格适中。做寿宴顾客，还可获赠店家用"一根面"特制寿面。所有来品尝老人席顾客，还可免费品尝豆汁1碗。餐厅可以粗粮细做开发老人席，推动健康消费

十、国庆节促销

国庆节7天长假是餐饮行业销售黄金时节,每年国庆节长假餐厅都会举办各式各样的促销活动,吸引消费者。餐厅促销宣传需要走多样化道路。

(一)店面吸引顾客促销

餐厅要吸引顾客来消费,首先要注意装修、装饰问题。整洁、整齐、统一标准,力求让顾客感到身心愉悦、宾至如归。

(二)兑换积分送菜促销

积分送菜往往是餐厅拉拢老顾客所使用的方法,可以根据自己的实际情况自制优惠票、积分卡,消费者每次消费后可免费赠送一张,积累几张可以为兑换相应的菜品等。

(三)团购体验促销

餐厅要善于寻找和开发适合自己的促销方法和工具,并且不断地推陈出新。团购作为以低价形式的体验促销在餐饮行业盛行,虽然存在不少问题,但是还是被众多消费者喜爱。

(四)微博口碑促销

微博是促销活动聚集人气的工具之一。微博这种天生优质聚集人气工具、宣传工具,可谓是物美价廉。但是微博成败在于整体策划,只要选好了主角,然后让主角在微博舞台上唱戏,听众自然会聚精会神的听戏。

随着微博的火热,企业对微博促销越来越重视,在一个餐厅中有餐厅、后厨、采购、人力资源等很多部门组成。微博宣传餐厅成本低、覆盖面广,可以让消费者更深入了解餐厅的高度、层次、水平、特点、经营状况、口碑等。

十一、圣诞节促销

12月25日为圣诞节,可在每年12月15~30日做圣诞促销活动。虽然圣诞节不是中国的节日,可是随着西方文化的进入,圣诞节也成为了中国最受欢迎的节日。许多餐厅也会纷纷锁定节庆用餐潮,各自推出圣诞促销活动。

圣诞节毕竟是外国人的节日,外资企业又喜欢在圣诞节期间举办年终宴会或圣诞晚会宴请员工,此活动大部分都针对外资公司进行促销。至于本土企业,则采用团拜专门宴请员工。由于团拜与圣诞节促销活动时间有冲突,因此团拜期间宴会厅常出现供不应求的盛况。

餐厅在圣诞节期间促销，可以推出圣诞节礼盒、圣诞节套餐、火鸡大餐、经典圣诞节点心等。

十二、元旦节促销

元旦又被称为"新年"，指每年公历的1月1日，是世界大多数国家或地区法定节日。

元旦的"元"是开始、最初的意思；而"旦"表示太阳刚刚出地平线之际，也就是一日的开始。故"元旦"就是指一年之初、一年的第一天。

餐厅可以借助元旦3天假期机会推出新品，以"辞旧迎新饭"作为重头戏。也可以推出以滋补类、营养保健类菜品作为主打菜。推出新年海鲜自助大餐，将有乐队伴宴和惊喜新年大礼，在消费的同时还免费享受啤酒、饮料。

第三章
食材的采购、验收与储存

采购是餐厅为客人提供菜品的重要保证,是餐厅运营的起点,只有原料的质量好,才能保证菜肴佳美。原料采购的数量、质量和价格不合理,会使餐饮成本大大提高。同时,采购的食品运到后,必须对食品的质、量、价格、等级、数量进行核定入库,并且高效地储存,才能保证餐厅菜品的及时供应。

1. 了解如何认识商标标志。
2. 掌握食材选购管理、食材验收管理和食材储存发放管理的方法。

 认识商标标志

一、注册商标

（一）商标

商标（英文 Trade Mark）是指生产者、经营者为使自己的商品或服务与他人的商品或服务相区别，而使用在商品及其包装上或服务标记上的由文字、图形、字母、数字、三维标志和颜色组合，以及上述要素的组合所构成的一种可视性标志。

（二）商标使用符号

商标使用符号是指使用在商标上的符号，通常有R，即注册符（Register），指已经商标局核准注册的商标。

（三）注册标记位置

注册标记一定要打在商标的右上角或右下角，《中华人民共和国商标法实施条例》的相关规定："使用注册商标，可以在商品、商品包装、说明书或者其他附着物上标明'注册商标'或者'注册标记'。注册标记包括（注外加○）和（R外加○）。使用注册标记，应当标注在商标的右上角或者右下角"。

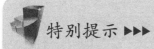 特别提示 ▶▶▶

在选购食材时一定要注意查看商品包装上是否印有代表注册商标的"R"符号。

二、食品标志

根据《食品生产加工企业质量安全监督管理办法》规定,实施食品质量安全市场准入制度管理的食品,首先必须按规定程序获取《食品生产许可证》,其次产品出厂必须经检验合格并加印(贴)食品市场准入标志。没有食品市场准入标志的,不得出厂销售。

(一)食品市场准入标志

(1)食品市场准入标志由"质量安全"(Quality Safety)的英文首字母"Q"、"S"和"质量安全"中文字样组成。

(2)标志主色调为蓝色,字母"Q"与"质量安全"四个中文字样为蓝色,字母"S"为白色。

(3)企业在使用食品市场准入标志时,可以根据需要按比例自行缩放,但不能变形、变色。

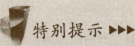

特别提示 ▶▶▶

检查食品有无该标志,若无,则不要购买;检查标志颜色是否正确,谨防假冒。

(二)《食品生产许可证》编号

(1)编号由英文字母QS加12位阿拉伯数字组成。

(2)QS为质量安全的英文缩写,编号前4位为受理机关编号,中间4位为产品类编号,后4位为获证企业序号。

(3)当食品最小销售单元小包装的最大表面的面积小于10平方厘米时,可以不加印(贴)《食品生产许可证》编号,但在其大包装上必须加印(贴)《食品生产许可证》编号,QS标志如图3-1所示。

图3-1 QS标志

（三）绿色食品标志

（1）绿色食品标志（见图3-2）是由中国绿色食品发展中心在国家工商行政管理局商标局正式注册的质量证明商标。

（2）绿色食品标志作为一种产品质量证明商标，其商标专用权受《中华人民共和国商标法》保护。

（3）标志使用是食品通过中国绿色食品发展中心认证，许可企业依法使用。

图3-2　绿色食品标志

（四）绿色饮品企业环境质量合格标志

根据《"绿色饮品企业环境质量合格"证明商标标志使用管理办法》的规定，该标志证明的商品有以下种类（绿色饮品标志见图3-3）。

（1）软饮料类。矿泉水、可乐、果珍（晶）、植物蛋白饮料（杏仁乳、豆奶等）、茶饮料、果汁饮料、奶茶（非奶为主）及其他无酒精饮料。

（2）含酒精饮料类。葡萄酒、白酒、果酒、啤酒、餐后饮用酒、黄酒、鸡尾酒等。

（3）保健饮品类。非医用营养液、非医用营养胶囊、非医用营养片、非医用营养粉。

图3-3　绿色饮品标志

（五）无公害农产品标志

（1）无公害农产品标志（见图3-4），其颜色由绿色和橙色组成。该标志说明通过无公害检测的农产品，消费者完全可以放心购买、安心食用。

图3-4 无公害农产品标志

（2）根据《无公害农产品标志管理办法》规定，获得无公害农产品认证证书的单位和个人，可以在证书规定的产品或者其包装上加施无公害农产品标志，用以证明产品符合无公害农产品标准。

（六）原产地域产品标志

原产地域产品标志（见图3-5）的作用是保证原产地域产品的质量和特色。原产地域产品专用标志的轮廓为椭圆形，灰色外圈，绿色底色，椭圆中央为红色的中华人民共和国地图，椭圆形下部为灰色的万里长城。

图3-5 原产地域产品标志

（七）有机食品认证标志

有机食品认证标志（见图3-6），其认证标志由两个同心圆、图案以及中英文文字组成，整个图案采用绿色。购买时若商家声称其产品是有机食品，而且包装上有该标志。

图3-6 有机食品认证标志

（八）食品包装CQC标志

食品包装CQC标志认证（见图3-7）是中国质量认证中心（英文简称CQC）实施的以国家标准为依据的第三方认证，是一种强制性认证。食品包装上有CQC标志则表明该包装是安全、卫生的，不会污染包装内食品。

图3-7　CQC标志认证

第二节　食材选购管理

一、选购食品走出新鲜误区

（一）新茶

最新鲜的茶叶其营养成分不一定最好。因为新茶是指采摘下来不足一个月的茶叶，这些茶叶因为没有经过一段时间的放置，有些对身体有不良影响的物质，如果长时间喝新茶，有可能出现腹泻、腹胀等不舒服的反应。

 特别提示 ▶▶▶

太新鲜的茶叶对一些患有胃酸缺乏的人或者有慢性胃溃疡的老年患者产生不适。新茶会刺激胃黏膜，产生肠胃不适，甚至会加重病情。

（二）新鲜蔬菜

美国缅因州大学的食品学教授洛德·勃什维尔发现：西红柿、马铃薯和菜花经过一周的存放后，所含有的维生素C有所下降；而甘蓝、甜瓜、青椒和菠菜存放一周后，其维生素C的含量基本无变化。经过冷藏保存的卷心菜甚至比新鲜卷心菜含有更丰富的维生素C。

特别提示 ▶▶▶

为防治病虫害，经常施用各种农药，有时甚至在采摘的前一两天还往蔬菜上喷洒农药的。最好略做存放，使残留的有害物质逐渐分解后再吃，对于那些容易衰败的蔬菜，多清洗几次。

（三）新鲜野菜

许多餐厅都推出各种新鲜野菜，也得到顾客青睐。但是，现在不少天然野菜大多生长在垃圾堆或者被污染的河道附近，很难清洗干净。如果食用了有污染的野菜，反而对身体有害。

（四）鲜黄花菜

鲜黄花菜含有秋水仙碱，要小心中毒。秋水仙碱本身是无毒的，但进入人体后被氧化成氧化二秋水仙碱，则含有剧毒，会对肠胃及呼吸系统产生强烈的刺激，表现为嗓子发干、恶心、呕吐、腹痛、腹泻、胃有烧灼感，严重的可产生血便、血尿或尿闭等症状。常食用的干黄花菜不含有秋水仙碱毒素，因此无毒。

（五）鲜木耳

鲜木耳中含有一种光感物质，人食用后，会随血液循环分布到人体表皮细胞中，受太阳照射后，会引发日光性皮炎。这种有毒光感物质还易被咽喉黏膜吸收，导致咽喉水肿。

二、挑选真正安全食品

有关食品安全的事件，一定程度上影响了餐饮行业。因此，采购员在挑选食品时要更加注意挑到安全的食品。

（一）拒绝"染"出来的食品

1.生姜

（1）"毒生姜"一般要先洗后熏。熏过的姜不仅干净，而且颜色浅，水嫩嫩的，发亮，皮薄，轻轻一搓就掉了。

（2）正常的姜则颜色发暗、发干。

2.豆芽

豆芽细长有须的更天然。用尿素等违法添加剂泡发的豆芽，一般又短又粗、没有根须。由于水分含量大，看上去非常饱满、亮晶晶的。用清水泡发的豆芽一般是细长、有根须的，颜色发暗，豆子的芽胚发乌，水分含量较低。

3. 芝麻

（1）染过色的又黑又亮、一尘不染；没染色的颜色深浅不一，还掺有个别的白芝麻。

（2）味道，没染色的有股芝麻的香味，染过的不仅不香，还可能有股墨臭味。

（3）用餐巾纸蘸点水一搓，正常芝麻不会掉色，如果纸马上变黑了，肯定是染色芝麻。

（二）发现"变脸"食物

1. 牛肉

最好不要到小摊贩、农贸市场买牛肉，大超市的牛肉进货渠道稳定，比较有保障。买肉时要看横切面，一般猪肉的纤维又细又松，牛肉的纤维又粗又紧；猪肉脂肪含量高，牛肉的脂肪比较少。

特别提示 ▶▶▶

"牛肉膏"不是不能用，按规定限量用在牛肉上可以，但用于将猪肉变成牛肉，则属于典型的欺诈行为。

2. 食醋

一般来说，老陈醋的颜色深、发黑，米醋的颜色淡，发棕，"化学醋"的颜色更淡，而且味道非常酸。

（三）辨别黑心"有毒"食品

生鲜鱼的眼睛应该是清澈而且稍微凸起的、腮鲜红没有污垢、鱼身和鱼肉应该有韧性、有光泽。

1. 刀鱼

如果外面刷了银粉，会有股刺鼻的油味。刀鱼的皮非常薄，用手轻轻一黏，就能黏下来。而刷了银粉的死刀鱼，往往变质后皮已经掉了，这层银粉是不管怎么黏都黏不下来的。

2. 黄花鱼

用餐巾纸一擦，如果纸上发黄，则肯定是染过色的黄鱼。

相关链接 ▶▶▶

怎样辨别污染鱼

含有各种化学毒物的工业废水大量排入江河湖海，使生活在这些水域里的鱼类发生中毒，多种化学毒物长期汇集在鱼鳃、肌肉和脂肪里，致使鱼体带毒。人如果吃了这些有毒的鱼，也将会中毒，甚至致畸、致癌。

采购员到市场购买鱼时，要特别注意鉴别。其鉴别方法如下。

1.看鱼形。污染严重的鱼，形态不整齐，头大尾小脊椎弯曲甚至出现畸形，还有的皮肤发黄，尾部发青。

2.看鱼眼。带毒的鱼眼睛浑浊，失去正常的光泽，有的甚至向外鼓出。

3.看鱼鳃。鳃是鱼的呼吸器官，相当于人的肺。大量的毒物可能蓄积在这里，有毒的鱼鳃不光滑，较粗糙，呈暗红色。

4.闻鱼味。正常的鱼有明显的腥味，污染了的鱼则气味异常。根据各种毒物的不同，会散发出大蒜气味、氨味、煤油味、火药味等不正常的气味，含酚量高的鱼鳃还可能被点燃。

三、绿色食品选购

（一）绿色食品

绿色食品是无污染、无公害、安全营养型食品的统称，而并非指绿颜色的食品。绿色食品同人类生命质量息息相关，而"绿色"正是生命和生存环境充满活力的象征，故将此类食品定名为"绿色食品"。

绿色食品分为A级绿色食品和AA级绿色食品。A级绿色食品是限量使用限定的化学合成生产资料。AA级绿色食品在生产过程中不使用化学合成的肥料、农药、兽药、饲料添加剂、食品添加剂和其他有害于环境和身体健康的物质。

（二）别被"绿色"俩字忽悠

一些不法商家开始在包装或宣传上打起了绿色食品的"擦边球"，企图以此蒙蔽误导消费者，非法牟利。

 特别提示 ▶▶▶

"纯天然"并不代表"绿色"，也不代表"绝对安全"，看到商品外包装上有"纯天然"商标时，要多个心眼。

（三）选购"五看"

选购绿色食品时"五看"，具体如表3-1所示。

表 3-1 选购"五看"

序号	类别	具体要求
1	级标	级标是指A级和AA级同属绿色食品，除这两个级别的标识外，其他均为冒牌货
2	标志	标志是指绿色食品的标志和标袋上印有"经中国绿色食品发展中心许可使用绿色食品标志"字样
3	标志上标准字体的颜色	（1）A级绿色食品的标志与标准字体为白色，底色为绿色，防伪标签底色也是绿色，标志编号以单数结尾。 （2）AA级使用的绿色标志与标准字体为绿色，底色为白色，防伪标签底色为蓝色，标志编号的结尾是双数
4	防伪标志	绿色食品都有防伪标志，在荧光下能显现该产品的标准文号和绿色食品发展中心负责人的签名
5	标签	（1）绿色食品的标签符合国家食品标签通用标准，如食品名称、厂名、批号、生产日期、保质期等。 （2）检验绿色食品标志是否有效，除了看标志自身是否在有效期，还可以进入绿色食品网查询标志的真伪

四、食材选购省钱窍门

餐饮店购买食材的费用一个重要的支出部分，"省的就是赚的"。无论是多大规模的餐饮店，都必须重视食材采购。尽量用最少的钱，买最多的食材。

（一）适时外地采购

餐饮店大量食材是以本地购买为主，但是有的食材可以选择到外地采购。外地采购成本不一定就比本地高，特别是对于店里需求量大，同时又不是本地所主产的食材。比如海鲜、干货、调料、酒水等，由于不同的进货途径，各地的价格差异较大。

如果离郊区不是很远，店里的许多蔬菜可以直接到菜农家里购买。一边是城市里的"高价菜"，一边是"菜贱伤农"，这足以说明一点，那就是菜农的菜其实很便宜，只不过是因为中间的各个环节而导致菜价上升。因此，如果条件允许，可以自行去进行采购。

（二）什么时候价格最便宜

在常规思维中，可能认为下午快要收摊时的价格比较便宜。当然，对于一般家庭购买可能如此。但是，如果是餐饮店，那么就不一定了。餐饮店所需量大，一般早上一手批发的鸡、鱼、肉、蛋、蔬菜等价格较便宜，上午价格最高，下午价格比上午又稍低一些。

（三）选择批发市场

对于量大的食材，可以去大型批发市场进行采购。如果去一般的菜市场买，其中人家摊贩肯定是要赚钱的，价格肯定比批发市场贵。因此，采购员要了解餐饮店附近最大的一家批发市场是哪里，可以在那里买到更加便宜的食材。

（四）学会讨价还价

价格是可以与卖家进行协商的，不要说人家开口是多少就是多少。特别是在批发市场，卖家相当集中。采购员可以到每家店去询问价格，然后选择价格最低的一家。

特别提示 ▶▶▶

价格低，但是一定要商家保证质量，不能说因为价低，质量也低。那么将会是得不偿失。

（五）选择固定供应商

为了确保食品的质量和采购的稳定性，可固定一家店进行购买，但要灵活不可绝对化。如果固定点的质量、价格不如其他点，那么就不去固定点采购，这样才能严把采购的质量和价格关。

（六）有效利用送货

现在许多食材商家都是会送货上门的，有的食材可能甚至是厂家直接送货上门。一般送货上门可以节省许多来回费用，但是要注意挑选值得信赖的供货商家。同时要随时了解市场行情，了解食材价格。不要出现已经降价却还在买着高价的食材。

第三节　食材验收管理

一、验收工作目标

（1）确保交货的数量符合订货数量，即除了所有的进货必须确实过磅或点数外，与订货人员所下的订单是否相符，也是非常重要的。如果有差异，则必须立即反映给相关作业人员，进行追踪或作必要的处置。

（2）确保交货的品质与采购签订的条件、餐厅认定的品质规格是一致的，严格品质管制除了能确保品质外，对供应商也是一项约束，同时可增强采购人员未来与供应商谈判的筹码。

（3）确认进货单据上的单价与采购人员所议定的价格相同。

二、验收职责

验收是食用材料进入前必经的过程，收料工作是否迅速与顺利，对食品烹饪加工的产销效率影响极大，餐饮店长宜指定专人办理，明确验收的职责。

（1）负责食品原料进货验收工作。

（2）核对食品及饮料的进入。

① 如条件不合，依约办理。

② 交料不符，即通知供应商。

③ 品质不符，退回或减价。

④ 价格不合，更正发票。

⑤ 收料多出，退回或暂收。

⑥ 收料短少，补送或更正。

（3）核对数目的准则如过秤、计件等。

（4）填写验收报告单。

三、验收程序

验收工作非常重要，必须注意各单项进货价格，并证实是否为所采购的物料，再视其品质规格与份数是否正确，因而验收是采购与库储存料及厨房烹调之间的桥梁。

物料的购得如未经仔细、迅速、确实的检验点收，必然形成混乱错误的弊端，势必影响烹饪制作的食品，甚至影响前场的销售。

（一）验收前的准备

收货品管人员在工作之前须先确实了解收货品项的采购规格、交货数量与到货时间，同时准备合格的验收工具，来点收交货的数量与品质。

（二）检查品质规格

厂商到货时，验收人员依订货单确认到货的品质规格确为所需的货品。品管验收的检查方式，可分全数检查（重要品项的物料）或抽样检查（次要品项的物料），要注意的是，生鲜或冷冻食品的检查须小心且快速进行，以避免因检查费时而发生耗损，反而得不偿失。

（三）数量检查

当品质规格经确定后，依订货需求数量对进货数量加以点收，如无误，则填写单据后，即可进行入库或交予使用单位。验收工作对采购、订货与使用单位来说，扮演稽核把关的角色，依照正确的规定与程序，执行验收工作，可使整个物料管理流程完美无缺，而达到最佳的成本控制效益。

四、验收数量不符处理

数量不符可能是太多了或不足，当太多时，则多出的数量应拒收，请送货人员载回，单据上填写实际收货数量；如果货量不足，则应即刻通知订货、采购、仓管及使用单位各相关人员作必要的处置。

另外须注意的是，一旦发生验收数量短少时，要确实做到一笔订货单、一次收货动作，再补货时，则须视为另一笔新订单，如此才能确保账面与实际物料的正确性，减少人为的疏失与弊端。

五、验收品质不符处理

当品质不符时，非食品类可采取退货方式处理，如果是不适合久贮的物品，可与送货人员确认后请其带回，因为品质不符退回原供应商，而产生数量的不足，可请订货或采购人员重新补订货。

六、坏品及退货处理

（一）坏品处理规定

食材或用品由于品质不良、储存不当、制备过程错误或其他因素，造成腐败、过期、毁损等，致产生坏品，应由各使用单位依事实随时填报《物品耗损报告表》，并由所属单位主管负责查证并签名，购入时价由会计组查核填写，并作相关账务处理。

（二）退货处理

餐饮业由于其采购及验收的程序严谨，在验收过程当中，一发现不当或瑕疵品即予拒收，所以退货的情形不多见。

不过如果因为储存管理不良或销售预估错误，造成某类食材数量太多或即将到期，餐厅大都会以推出特餐或改变制备方式来促销。如牛排销路不佳，厨师便可将其蒸熟剁碎做成牛绒浓汤，随餐附与客人，或加强促销牛排特餐，以减低牛排逾期报废的耗损。

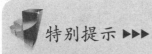

特别提示 ▶▶▶

餐厅对于退货的对策，最好是防患于未然，强化采购、验收、储存及损耗管理，杜绝坏品、不良品的产生，退货自然无由发生。

第四节 食材储存发放管理

一、食品储存管理

所有食品经验收部门验收后，应立即将其划分为易腐烂食品和不易腐烂食品两类，分开储存于冷冻或冷藏室内。大部分易腐烂食品通常直接送交厨房自行冷藏，或由其当天使用。

餐厅储存食品时应注意以下几点。

（1）每天发放的食品应当靠近仓库门附近。

（2）所有食品均应分类放置，例如罐装食品、干货等应分开堆置。

（3）肉、鱼、牛奶等易腐败的食物，不要混在一起摆置，隔离冷冻不得超过必要的时间。

（4）煮熟的食品或高温的食品须放置冷却后，方能冷藏。

（5）水分多或味道浓的食品，须用塑胶袋捆包或容器盖好。

（6）食品存取速度须快，避免冷气外泄。

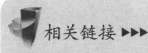

相关链接 ▶▶▶

各类食材储存法

一、薯类食品

（1）放在密闭、干燥容器内，置于阴凉处。

（2）勿存放太久或潮湿的地方，以免虫害及发霉。

（3）生薯类如同水果蔬菜，处理整洁后用纸袋或多孔塑胶袋套好放在阴凉处。

二、油脂类

（1）勿让阳光照射，勿放在火炉边，不用时罐盖盖好，置于阴凉处，不要储存太久，最忌高温与氧化。

（2）用过的油须过滤，不可倒入新油中；颜色变黑，质地黏稠，混浊不清而有气泡的，不可再用。

三、蔬菜类

（1）除去败叶尘土及污物，保持干净，用纸袋或多孔的塑胶袋套好，放在冰箱下层或阴凉处，趁新鲜食用，储存愈久，营养损失愈多。

（2）冷冻蔬菜可按包装上的说明使用，不用时保存在冰冻库，已解冻的不再冷冻。

（3）在冷藏室下层柜中整棵未清洗过的，可放5～7天；清洗过沥干后，可放3～5天。

四、腌制食品类

（1）开封后，如发现变色变味或组织改变的，立即停止使用。

（2）先购入的置于上层，以便于取用，又避免虫蚁、蟑螂、老鼠咬咀。

（3）储放在干燥阴凉通风处或冰箱内，但不要储存太久，并尽快用完。

五、水果类

（1）如同蔬菜类，先除去尘土及外皮污物，保持干净，用纸袋或多孔的塑胶袋套好，放在冰箱下层或阴凉处，趁新鲜食用，储存愈久，营养损失愈多。

（2）去果皮或切开后，应立即食用，若发现品质不良，即停止采用。

（3）水果打汁，维生素容易被氧化，应尽快饮用。

六、鱼肉类

1．储存方法

（1）鱼。除去鳞鳃内脏，冲洗清洁，沥干水分，以清洁塑胶袋套好，放入冷藏库（箱）冻结层内，但不宜储放太久。

（2）肉。肉和内脏应清洗，沥干水分，装于清洁塑胶袋内，放在冻结层内，但也不要储放太久。若要碎肉，应将整块肉清洗沥干后再绞，视需要分装于清洁塑胶袋内，放在冻结层。假若置于冷藏层，时间最好不要超过24小时；解冻过的食品，不宜再冻结储存。

2．储存时间

肉类储存在冷冻室与冷藏室的储存时限如下。

（1）牛肉类，在冷藏室：新鲜肉品如内脏只可放1天，绞肉1～2天，肉排2～3日，大块肉2～4日；在冷冻室：内脏可储存1～2个月，绞肉2～3个月，肉排6～9个月，大块肉6～12个月。

（2）猪肉类，在冷藏室：新鲜猪肉可放2～3天，绞肉1～2天，大块肉2～4天；在冷冻室，绞肉可放1～2个月，肉排2～3个月，大块肉3～6个月。

（3）鸡鸭禽类，在冷藏室：鸡鸭肉在冷藏室可储存2～3天；在冷冻室：可存放1年。鸡鸭肝可冷藏1～2天；冷冻3个月。

七、调制食品

（1）储放在阴凉干燥处或冰箱内，不宜储放太久，先购者先用。

（2）拆封后尽快用完，若发现品质不良时，即停止使用。

（3）番茄酱未开封的不放冰箱，可保存1年，开封后应放在冷藏室；沙拉酱未开封的不放冰箱，可存放2～3个月，开封后最好放冰箱冷藏；花生酱放冰箱可延长保存期限。

八、豆、乳品、蛋储存法

（1）豆类。干豆类略为清理保存，青豆类应漂洗后沥干，放在清洁干燥容器内。豆腐、豆干类用冷开水清洗后沥干，放入冰箱下层冷藏，并应尽快用完。

（2）乳品。瓶装乳最好一次用完，未开瓶的鲜奶若不立即饮用，应放在5摄氏度以下冰箱贮藏。未用完的罐装奶，应自罐中倒入有盖的玻璃杯内，再放入冰箱，并尽快饮用。圆形会滚动的罐装或瓶装牛奶，最好不要放在冰箱门架上，因为门的开关摇动及温度的变动，会影响牛奶使之变质。乳粉以干净的勺子取用，用后紧密盖好，仍要尽快使用。奶油可冷藏1～2周，冷冻2个月。

（3）蛋。擦拭外壳污物，钝端向上置于在冰箱蛋架上。新鲜鸡蛋可冷藏4～5周，煮过的蛋1周，不可放入冷冻室。

（4）拆封后，凡发现有品质不良时，即停使用。豆、蛋和乳制品都含有大量蛋白质，极易腐败，因此应尽快使用。

九、酱油储存法

（1）置放阴凉处所，勿受热、光照射。

（2）开封使用后，应将瓶盖盖好，以防虫鼠或异物进入，并应尽快用完。

（3）不要储存太久，若发现变质，即停使用。

十、一般饮料储存方法

一般饮料包括汽水、可乐、果汁、咖啡、茶等，储存方法如下。

（1）储放在阴凉干燥处或冰箱内，不要受潮及阳光照射。

（2）不要储存太多太久，按照保存期限，尽快轮转使用。

（3）拆封后尽快用完，若发现品质不良，即停止使用。

（4）饮料打开后，尽快一次用完，未能用完时，应予加盖，存于冰箱中，以减少氧化损失。

十一、酒类储存方法

1. 一般储存要领

因为酒类极易被空气与细菌侵入，而导致变质，所以买进的酒应适当存放，这可提高与改善酒本身的价值。然而一旦放置不良或保存不当，则变质概率将大增。

凡酒类储存的场所，需注意以下几点。

（1）位置。应设各种不同的酒架，常用的酒如啤酒放置于外侧，贵重的酒置于内侧。

（2）温度。所有的酒保持在室温15摄氏度的凉爽干燥处。

（3）光线。以微弱地能见度为宜。

（4）不可与特殊气味物并存，以免破坏酒的味道。

（5）尽量避免震荡，致丧失原味，所以密封箱勿常搬动。

（6）放置阴凉处，勿使阳光照射到。

2．各种酒类的储存方法

（1）啤酒为唯一愈新鲜愈好的酒类，购入后不可久藏，在室内约可保持3个月不变质。保管最佳温度为6～10摄氏度，10～13摄氏度稍嫌太热，13～16摄氏度会危害酒质，引起另一次的发酵，16摄氏度以上则啤酒会变质。但过冷亦不行，2摄氏度以下则会使啤酒混浊不清。并应切忌冷热剧烈变化，如啤酒存放冰箱后取出放置一段时间，再放入冰箱，如此反复冷热，易发生混浊或沉淀现象。

（2）葡萄酒中的白葡萄酒由于都为冷饮，故放在下层橱架。置放以永不竖立，应该是平放，或以瓶口向下成15度斜角，因为葡萄酒瓶均用软木塞，用意在使软木塞为酒浸润，永远膨胀，以免空气侵入。至于10摄氏度的温度，最能长期保存葡萄酒的品质。

（3）其他酒类则不必卧置，一方面是较为方便，另一方面是因空气对它没有太多作用，故不怕其内侵。

虽然酒类的储存期限长短差异极大，有的是愈陈愈香愈珍贵，有的却是耐不住久放。酒对于一般餐厅来说，只不过扮演餐膳中的饮品罢了，并非主要产品，但仍得根据食品卫生法规定，注意其标示制造日期或保存期限，一般保存期限以出厂日起算，生啤酒7天、啤酒半年、水果酒类无期限，其他酒类以1年为宜。

二、食品原料发放管理

食品原料发放管理和目的，一是保证厨房用料得到及时、充分的供应；二是控制厨房用料数量；三是正确记录厨房用料成本。

（一）定时发放

为了让仓管员有充分的时间整理仓库，检查各种原料的情况，不至于成天忙于发原料，耽误其他必要的工作，餐厅应作出领料时间的规定，如上午8～10时，下午2～4时。仓库不应一天24小时都开放，更不应任何时间都可以领料，如果这样，原料发放难免失去控制。

同时，只要有可能，应该规定领料部门提前一天送交领料单，不能让领料人员立等取料。这样，仓管员便有充分时间准备原料，避免出差错，而且还能促使厨房作出周密的用料计划。

（二）原料物资领用单使用制度

为了记录每一次发放的原料物资数量及其价值，以正确计算食品成本，仓库原料发放必须坚持凭领用单（领料单）发放的原则。领用单应由厨房领料人员填写，由厨师长核准签字，然后送仓库领料。仓管员凭单发料后应在领用单上签字。原料物资领用单须一式三份，一联随原料物资交回领料部门，一联由仓库转财务部，一联作仓库留存。正确如实记录原料使用情况。

餐厅厨房经常需要提前准备数日以后所需的食物，例如一次大型宴会的食物往往需要数天甚至一周的准备时间，因此，如果有原料不在领取日使用，而在此后某天才使用，则必须在原料物资领用单上注明该原料消耗日期，以便把该原料的价值记入其使用的食品成本。

（三）正确计价

原料发放完毕，仓管员必须逐一为原料领用单计价。原料的价格，在进料时都已注明在原料的包装上，如果是肉类，则在双联标签的存根上。如果餐厅没有采取这种方法，则常以原料的最近价格进行领用单原料计价。计价完毕，连同双联标签存根一起，把所有领用单送交食品成本控制员，后者即可以此计算当天的食品成本。

（四）内部原料调拨处理

大型酒楼往往设有多处餐厅、酒吧，因而通常会有多个厨房。餐厅之间、酒吧之间，餐厅与酒吧之间不免发生食品原料的互相调拨转让，而厨房之间的原料物资调拨则更为经常。为了使各自的成本核算达到应有的准确性，餐厅内部原料物资调拨应坚持使用调拨单（见表3-2），以记录所有的调拨往来。调拨单应一式四份，除原料调出、调入部门各需留存一份外，一份应及时送交财务部，一份由仓库记账，以使各部门的营业结果得到正确的反映。

三、账卡管理作业

餐厅应建立"凡物必有账"的制度，要求员工迅速而确实地按规定填报，以发挥表报功效，减少消耗与浪费，而达成本控制、增加利润的目的。

（1）物料验收时，有验收报告表。

（2）发料时，出库必须有填写正确的出库领料单才能放行，如表3-3所示。

表 3-2 餐厅内部原料物资调拨单

调入部门：　　　　　　　　　　　　　　　　　　调出部门：
日期：　　　　　　　　　　　　　　　　　　　　　No.

品名	规格	单位	请领数	实发数	金额	备注
合计						

表 3-3 出库领料单

部门：　　　　　　　　　　　　　　　　　　　　日期：

料号	数量	单位	品名	保管组查注	登记	备注
请领	核转		核准	经发		签收

（3）物料在各单位间移转时，也应使用移转单，转货并转账，给会计部门计算各单位实际发生的成本与利润。

四、料的存管

食材的配发，是根据《出库领料单》，但领料单上所填报数量的多少，却有赖标准食谱及标准用量的制订。因此标准食谱不但有利于采购定量，对于存货管理亦具功效。

（一）食品的存管

（1）收集并核对所有的交货通知单、发票、退货单以及收货报告。
（2）核对所有文书中出现的数目字。
（3）核对获准的正确折扣。
（4）核对交货通知单并将其放入卡片账簿。
（5）管制周期性的存货。
（6）定期清查装货的空箱或容器，并列账以便回收。
（7）定期清点库存的食品及厨房中的食物，并与存货清单互作比对。

(8) 制作盘存（清点存货）报告及盘存差异报告。

(9) 保存现时的食物管制报告。

（二）饮料的存管

(1) 表单核对。核对并结算交货通知单、退货通知单、发票以及收货报告表。

(2) 数字校对。核对所有书面作业上的数目字。

(3) 折扣核对。核对已被容许的正确折扣。

(4) 账册登录。交货通知单等文件核对后，分别登记于存货账中。

(5) 保持永久而连续性的饮料存货账。

(6) 保持退瓶回收费用账。

(7) 制作可以退费的容器清单，包括空瓶、酒坛、板条箱等。

(8) 制作期间性的存货清单，以供定期和永久而连续性的饮料存货账相互比较，并供饮料管制报告之用。

(9) 制作存货清点报告，其内容为货品的种类及价值、存货发出的流动率等等。

(10) 每天都要制作一份饮料管制报告，详列当天的营业量和营业额。

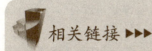

相关链接 ▶▶▶

物的存管也不容忽视

物品依其耗损频率可分消耗品及非消耗品，两者存管的差异很大，在此分别叙述。

1. 消耗品的存管

消耗品一般体积较小、耐用度低、容易耗损，凡餐厅所用的烹调器具、各式餐具、布巾类、清洁用品、文具等，都属于经常性消耗品。

（1）消耗品的备品补充，应制订单位使用备补标准量，依物品性质如文具、清洁用品，按实际情形补充；如炊膳用具备品补充，须缴旧换新；如布巾类大多设定3套，1套使用中，1套换洗中，1套在库存，如此更替使用，汰旧换新，淘汰的布巾缴库改作拖把或抹布以备再利用。

（2）餐具类或布巾类应设有损耗率的规定，金属餐具一般为1%，陶瓷器为3%，玻璃器为5%，布巾类为3%。所定比率可依情况往下调整，以减少损耗，提高存管效果。

（3）耗损报销手续，先要报请主管核准，缴回旧品换发新品，如超过损耗率者，使用单位或使用负责人，负责赔偿，才能杜绝物品数量流失。

（4）为防止列管物品损失，餐饮企业管理者一定要加强监督，门柜加锁防盗,保安管制携出,领物出库凭申请单核发,以建立完善的存管制度。凡物列管有账卡,损耗报销有根据,才能养成员工爱护公司财产、保养重于修护、修护重于购置的心态,使财物发生最大的效用。

(5)使用单位负责人职位调动或离职,应办理移交手续,造具移交清册,以示交接责任分明。

2.非消耗品的存管

非消耗性物品是指体积较大、坚固耐用度高者,如金属物品、木器家具、电子机具等。

(1)非消耗品因不易损毁,都归属使用单位负责管理,如厨房中的炊膳笼、锅、电子烹饪机具、冰箱等,应由总厨师负责保管使用。餐厅中的家具如餐桌、椅、沙发、橱柜、装饰物品等,应由服务员负责保管使用。电气设备、空气调节冷暖气机、音响、照明及舞台设备等,应指定专门技术人员专责保管使用。凡物均有专人负责管理。

(2)非消耗物品虽分属各单位保管使用,但仍应列入"财产"管理系统,统一登录在"财产管理账卡"上,予以编号列管,该保管卡格式含类别、编号、品名、单位、数量、单位、总价、购置年月日、配置地点、使用保管单位负责人,一式两份,由使用单位负责人签字盖章后,一份存使用单位,一份存库列管,作为物账与盘点的根据。

(3)非消耗性物品列管使用限期,一般设定为3年,第1年可能外观受损,第2年机具使用程度性的磨损,所以应注重维护保养,平时由使用单位负责洗、擦及整理;定期的每月或每季举行由专门技术人员的保养修缮。第3年可考虑财产折旧,编列预算,更新设备。

(4)家具、机具切忌外借,在餐厅如有发生桌椅丢失,这可能是因外借未能及时收回或归还的失误。所以,即使外烩使用家具,也应办理家具外借手续,以免散失。

五、盘点

(一)盘点作用

盘点是仓管人员及使用单位在物料管理上重要的一项工作,因盘点后的数据可提供给店长在库存管理上很大的参考价值。盘点具有下列三项主要的作用。

(1)财务部门记账的依据,盘点本为会计作业中的一项工作,它有记账与稽核的双重功能。

(2)存货差异与产能控制的依据,对营业单位要了解营运后各项产品或物料的应产率是多少,精确的盘点是必要的。

（3）订货与采购的依据，当采购人员要采购货品或订货时，该项物品过去的耗用情形及现有的库存资料是必要的参考资料之一，而此资料也必须经由盘点之后的数据计算而来。

（二）盘点规定

1.盘点工作要求

盘存清点，等于是健康检查，由此才能知道今后的管理对策。所以对盘点工作要求，一要彻底、确实、迅速，二要追求与分析发生错误的原因。因此，在执行上要求注意的事项如下。

（1）物料的编号名称要求与账册相符。

（2）物料的单位与数量要作确实的清点。

（3）物料的品质要求按性质妥善的保护。

（4）物料的规格与存放地位置与账面所注确实相符。

（5）物料存量勿超过最高存量或最低存量的基准。

2.盘点表单

进出物料账目要确实，报表凭证要迅速。因此，有簿记登录货卡及收发日报表，其内容包括收发物料编号、名称、规范、单位、收发数量等。月结盘存明细表的内容为上期结存量、本期收入量、本期发出量、本期结存的数量、单价、金额等，如表3-4所示。

表3-4　货品盘存明细表

年　　月　　日至　　年　　月　　日止　　　　　　　第　号　第　页

品名	单位	上期结存数量	本期购入数量	本期发出数量	本期结存											备注
					数量	单价				金额							
						百	十	元	角	分	万	千	百	十	元	角	分	

3.在会计部门监督下进行

盘点作业必须在会计部门的监督下进行，每个月底，会计部门应清点实际存货并核对存货清单，同时制作一份超额与缺额存货单送交经理部门。任何货品在储藏室内存放超过90天即视为逾期存货，储藏室主管应每月制作一份逾期存货清单送交主厨及店长，以便他们设法耗用这类滞销的货品，以免长期存放所造成的腐败或损失。

第四章
厨房作业管理

厨房是餐厅的核心,是生产的重地,它直接决定餐厅的兴衰,因此,必须有细致的管理章程、过硬的管理队伍,管理要实现统一标准、规格、程序,以提高工作效率,降低生产成本,并确保菜肴标准、质量,提高服务速度。

1. 了解厨房岗位人员配备的情况,掌握厨房生产流程控制的方法。
2. 了解菜品开发与创新的原则。

 厨房岗位人员配备

厨房岗位人员配备,应综合考虑本餐饮企业的规模、等级和经营特色,以及厨房的布局状况和组织机构设置情况等因素来确定。人员配备是否恰当、合适,不仅直接影响劳动力成本的大小、厨师队伍士气的高低,而且对厨房生产效率、出品质量以及生产管理的成败有着不可忽视的影响。

一、确定厨房人员数量

因餐饮企业规模不同、星级档次不同、菜肴的规格和要求不同,厨房人员的数量也会不同。

(一)考虑因素

管理者在确定人员数量时,应综合考虑以下因素。
(1)厨房生产规模的大小,相应餐厅经营服务范围的大小,餐位的多少。
(2)厨房的布局和设备情况,布局紧凑、流畅,设备先进、功能全面,还是与之相差甚远。
(3)菜单经营品种的多少、制作难易程度以及菜肴的标准和要求的高低。
(4)员工技术水准状况。
(5)餐厅营业时间的长短。

(二)确定厨房人员数量的方法

确定厨房人员数量,较多采用的是按比例确定的方法,即按照餐位数和厨房各工种员工之间的比例确定。档次较高的酒店,一般13～15个餐位配1名烹饪生产人员;规模小或规格更高的特色餐饮部门,7～8个餐位配1名生产人员。

粤菜厨房内部员工配备比例一般为1个炉头配备7个生产人员。如2个炉头,则配2个炉灶厨师,2个打荷,1个上杂,2个砧板,1个水台、大案(面点),1个洗碗,1个摘菜、煮饭,2个走楼梯(跑菜),2个插班。如果炉头数在6个以上,

可设专职大案。

其他菜系的厨房，炉灶与其他岗位人员（含加工、切配、打荷等）的比例是 1∶4，点心与冷菜工种人员的比例为 1∶1。

 特别提示 ▶▶▶

确定厨房生产人员数量，还可以根据厨房规模，设置厨房各工种岗位，将厨房所有工作任务分各岗位进行描述，进而确定各工种岗位完成其相应任务所需要的人手，汇总厨房用工数量。

二、厨师长的选配

厨师长是烹饪生产的主要管理者，是厨房各项方针政策的决定者。因此，厨师长选配的好坏，直接关系到厨房生产运转和管理的成败，直接影响到厨房生产质量的优劣和厨房生产效益的高低。

厨师长的选配，首先要明确对厨师长的素质要求，然后再选择合适人员，全面履行其职责。

（一）厨师长的基本素质

（1）必须具备良好的品德，严于律己，有较强的事业心，忠于企业，热爱本职工作。

（2）有良好的体质和心理素质，对业务精益求精，善于人际沟通，工作原则性强，并能灵活解决实际问题。

（3）有开拓创新精神，具有竞争和夺标意识，聪明好学，有创新菜肴、把握和引领潮流的勇气和能力。

（二）厨师长应具备的专业知识

（1）菜系、菜点知识。熟悉不同菜系的风味特点；熟知特色原料、调料的性能、质量要求及加工使用方法。

（2）烹饪工艺知识。熟悉现代烹饪设备性能；熟知菜肴（点心）的制作工艺、操作关键及成品的质量特点；勇于突破自我，有研制、开发受客人欢迎的菜肴新品的能力。

（3）懂得食品营养的搭配组合，掌握食物中毒的预防和食品卫生知识。

（4）懂得色彩搭配及食物造型艺术，掌握一定的实用美学知识。

（5）具有中等文化知识基础，了解不同地区客人的风俗习惯、宗教信仰、民族礼仪和饮食禁忌，具有一定的口头和书面组织、表达能力。

（6）熟知成本核算和控制方法，具有查看和分析有关财务报表的能力。

（三）厨师长的管理能力

厨师长应具备如表4-1所示的管理能力。

表4-1　厨师长的管理能力

序号	管理能力	具体说明
1	计划和组织能力	计划和组织能力是指善于制订厨房各项工作计划，并利用生产组织系统，调动集体的智慧和力量，实现各项工作目标
2	激励能力	激励能力是指有号召力，并能区别不同层次、类型的员工进行有效的激励，形成团队合作的风气
3	发现、解决问题的能力	发现、解决问题的能力是指善于在错综复杂的矛盾中发现并抓住主要矛盾，对突发事件有果断、从容的应变和处理能力
4	协调、沟通能力	协调、沟通能力是指善于发挥信息传递渠道的作用，主动与原料采购、产品销售等部门搞好协调配合关系
5	培训能力	培训能力是指善于发现工作中的薄弱环节，安排培训，提高厨房员工的整体素质

三、生产岗位人员安排

厨房生产岗位对员工的任职要求是不一样的，应充分利用人力资源部门提供的员工背景材料、综合素质以及岗前培训情况，将员工分配、安排在各自合适的岗位。厨房管理者安排生产人员时，需注意以下两点。

（一）量才使用，因岗设人

厨房管理者在对岗位人员进行选配时，首先考虑各岗位人员的素质要求，即岗位任职条件。选择上岗的员工要能胜任、履行其岗位职责，同时要在认真细致地了解员工的特长、爱好的基础上，尽可能照顾员工的意愿，让其有发挥聪明才智、施展才华的机会。要力戒照顾关系、情面因人设岗，否则，将会给厨房生产和管理留下隐患。

（二）不断优化岗位组合

厨房生产人员分到岗位后，并非一成不变的。在生产过程中，可能会发现一些学非所用、用非所长的员工，或者会暴露一些班组群体搭配欠佳、团队协作精神缺乏等现象。这样不仅会影响员工工作情绪和效率，久而久之，还可能产生不良风气，妨碍管理。因此，优化厨房岗位组合是必需的，但在优化岗位组合的同时，必须兼顾各岗位，尤其是主要技术岗位工作的相对稳定性和连贯性。

第二节 厨房生产流程控制

厨房生产流程包括加工、配制和烹调三个程序。三个程序将分为不同班组或岗位，这其间有许多环节，要使每个环节紧密联系又明显划分，就要对厨房生产流程加以控制。

厨房生产控制是对生产质量、产品成本、制作规范，在三个流程中加以检查指导，随时消除一切生产性误差，保证达到预期的成本标准，消除一切生产性浪费，保证员工都按制作规范操作，形成最佳的生产秩序和流程。

一、理顺生产流程

厨房的生产流程主要包括加工、配制、烹饪三个方面。
（1）原材料加工可分为粗加工（动物宰杀等）、细加工、干货涨发等。
（2）用料配制可分为热菜配制、冷菜配制。
（3）菜肴烹调可分为热菜制作、冷菜制作、打荷制作、面点制作。

二、建立生产标准

（一）建立标准

建立标准就是对生产质量、产品成本、制作规格进行具体化，并用于检查、指导生产的全过程，随时消除一切生产性误差，确保食品质量，达到控制管理的目的，如表4-2所示。

表4-2 建立标准

序号	类别	具体说明
1	加工标准	加工标准是指制订对原料用料的数量、质量标准、涨透的程度等；制订出原料净标准、刀工处理标准、干货涨发标准
2	配制标准	配制标准是指制订对菜肴制作用料品种、数量标准及按人所需营养成分进行原料配制
3	烹调标准	烹调标准是指对加工、配制好的半成品规定调味品的比例，以达到色、香、味、形俱佳
4	标准菜肴	标准菜肴是指制订统一标准，统一制作程序，统一器材规格和装盘形式，标明质量要求、用餐人数、成本、利率和售价

（二）产品制作标准化

餐厅应对产品的三个制作流程实施标准化，包括加工标准、配制标准、烹调标准，如图4-1所示。

加工标准	加工标准主要是指对原料的加工规定及用量要求、成型规格、质量标准等
配制标准	配制标准是指对具体菜肴配制规定用量、品种和数量
烹调标准	烹调标准是指对加热成菜规定调味汁比例、盛器规格和装盘形式

图4-1　产品制作标准化

三、现场制作过程控制

在制订控制标准后，要达到各项操作标准，就一定要由训练有素、通晓标准的制作人员在日常的工作中有目标地去制作。餐饮企业管理者应经常按标准严格要求，保证菜肴符合质量标准，因此制作控制就成为经常性的监督和管理内容之一。

（一）加工过程的控制

加工过程包括原料的初加工和细加工，初加工是指对原料的初步整理和洗涤，而细加工是指对原料的切制成型。

1. 控制净出率

原料的净出率即原料的利用率。在这个过程中，应对原料的净出率以及质量加以严格控制。规定各种净出率指标，并把它作为厨师工作职责的一部分，尤其要把贵重原料的加工作为检查和控制的重点。其具体措施如下。

（1）对原料和成品损失要采取有效的改正措施。

（2）经常检查下脚料和垃圾桶，看是否还有可用部分未被利用，使员工对净出率高度重视。

2. 控制原料成型规格

加工质量是直接关系菜肴色、香、味、形的关键，因此要严格控制原料的成型规格。

（1）凡不符合要求的不能进入下道工序。

（2）加工人员的分工要细，一则利于分清责任；二则可以提高厨师的熟练程度，有效地保证加工质量。

（3）尽量使用机械进行切割，以保证成型规格的标准化。

（4）加工数量应以销售预测为依据，以满足需求为前提，留有适量的储存周转量。

(5)避免加工过量而造成浪费，并根据剩余量不断调整每次的加工量。

(二)配菜过程的控制

1.配菜控制要经常进行核实

餐饮企业管理者应检查配菜厨师在配菜中是否执行了配制标准，是否使用了称量、计数等控制工具。

2.凭单配菜

配菜厨师只有接到餐厅客人的单，或者有关的正式通知单才可配制，保证配制的每份菜肴都有凭据。

3.要严格避免配制中的失误

要避免重算、遗漏、错配等失误，尽量使失误率降到最低限度。因此，要查核凭单，这是控制配菜失误的一种有效方法。

(三)烹调过程的控制

1.监控炉灶厨师的操作规范

烹调过程是确定菜肴色泽、质地、口味、形状的关键，因此应从烹调厨师的操作规范、制作数量、出菜速度、成菜温度、剩余食品等五个方面加强监控。必须督导炉灶厨师严格遵守操作规范，任何只图方便，违反规定的做法和影响菜肴质量的做法一经发现都应立即制止。

2.经常督导烹调的出产

应严格控制每次烹调的出产，这是保证菜肴质量的基本条件，在开餐时要对出菜的速度、出品菜肴的温度、装盘规格保持经常性的督导，阻止一切不合格的菜肴出品。

第三节 菜品质量控制

一、建立自觉有效的质量监督体系

1.强化"内部客人"意识

"内部客人"意识是指员工与员工之间是客户关系，每下一个生产岗位就是上一个生产岗位的客户，或者说是每上一个生产岗位就是下一个生产岗位的供应商。

比如初加工厨师所加工的原料不符合规定的质量标准，那么切配岗位的厨师不会接受，其他岗位之间可以依此类推。采用此种方法，可以有效控制每一个生产环节，将不合格"产品"消除，从而保证菜品的质量。

2.建立质量经济责任制

将菜品质量的好坏、优劣与厨师的报酬直接联系到一起,以加强厨师菜品加工过程中的责任心。有的餐厅规定,如果有被客人退回的不合格菜品,当事人不但要按照该菜肴的销价买单,还要接受等量款额的处罚,并且记入考核成绩。

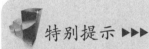

一个厨房不可能配备太多的质量管理人员,保证每个环节都能检查到,所以建立一套自觉的质量监督系统,是最为有效的质量管理方法。

二、发挥质量检查部门的作用

(一)确定监督检查的项目和检查标准

餐饮企业管理者应制订一套质量监督检查标准,科学合理地选取监督检查点(操作环节),确定每个检查点的质量内容和质量标准,以此可以避免检查的随意性,保证监督检查过程有据可依。

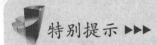

质量检查要以客人的需求为本,不能局限于既定的标准,这样才能将菜品的质量监督检查建立在以客人满意为基础。

(二)做好工作记录表格

评价已经生产销售过的菜点质量优劣,要根据上下班次的交接、不合格品的出现、食材的出成和使用情况,宴席从开始到结束的上菜过程和时间等。

(三)有效监督

采用常规性检查与非常规性检查相结合。常规性检查要做到多层面、多角度、全方位、全过程的检查,非常规性检查要经常化,比如客户回访、聘请客人暗访、对新老客户进行调查、征询客人意见等。

(四)分析原因,制定纠正措施

在发现质量问题后要积极协助厨房认真分析出现质量问题的原因,并对解决质量问题制订相应的纠正措施,监督厨房工作人员按照纠正措施实施,以便使质量问题得到真正解决,避免类似的质量问题再次发生。

三、菜点质量控制方法

厨房产品质量受多种因素影响,其变动较大。餐饮企业管理者要确保各类出品质量的可靠和稳定,要采取各种措施和有效的控制方法来保证厨房产品品质符合要求。

(一)阶段控制法

1.原料阶段控制

(1)要严格按规格采购各类菜肴原料。

(2)全面细致验收,保证进货质量。

(3)加强储存原料管理,防止原料因保管不当而降低其质量标准。

2.菜点生产阶段的控制

菜点生产阶段主要应控制申领原料的数量和质量,菜点加工、配份和烹调的质量,具体如表4-3所示。

表4-3 菜点生产阶段的控制

序号	阶段	具体内容
1	菜点加工	(1)严格计划领料,并检查各类原料的质量,确认可靠才可加工生产。 (2)对各类原料的加工和切割,一定要根据烹调的需要,制订原料加工规格标准,保证加工质量。 (3)对各类浆、糊的调制建立标准,避免因人而异的盲目操作
2	配份	(1)准备一定数量的配菜小料即料头。对大量使用的菜肴主、配料的控制,则要求配份人员严格按菜肴配份标准,称量取用各类原料,以保证菜肴风味。 (2)随着菜肴的翻新和菜肴成本的变化,及时调整用量,修订配份标准,并督导执行
3	烹调	(1)开餐经营前,将经常使用的主要味型的调味汁,批量集中兑制,以便开餐烹调时各炉头随时取用,以减少因人而异常出的偏差,保证出品口味质量的一致性。 (2)根据经营情况确定常用的主要味汁,并加以定量化

3.菜点消费阶段的控制

(1)备餐要为菜肴配齐相应的调料、食用和卫生器具及用品。一道菜肴配一到两个味碟,一般由厨房配制,按每个人头配制,多在备餐时配制。对备餐也应建立一些规定和标准,督导服务,方便客人。

(2)服务员上菜服务,要及时规范,主动报菜名。对食用方法独特的菜肴,应对客人作适当介绍或提示。

(二)岗位职责控制法

利用岗位分工,强化岗位职能,并施以检查督促,对厨房产品的质量也有较好的控制效果。

1. 所有工作均应有所落实

（1）厨房所有工作应明确划分，合理安排，毫无遗漏地分配至各加工生产岗位。

（2）厨房各岗位应强调分工协作，每个岗位所承担的工作任务应该是本岗位比较便利完成的，厨房岗位职责明确后，要强化各司其职、各尽其能的意识。

（3）员工在各自的岗位上保质保量及时完成各项任务，其菜品质量控制便有了保障。

2. 岗位责任应有主次

（1）将一些价格昂贵、原料高档，或针对高规格、重要身份客人的菜肴的制作，以及技术难度较大的工作列入头炉、头砧等重要岗位职责内容，在充分发挥厨师技术潜能的同时，进一步明确责任。

（2）对厨房菜肴口味，以及对生产面上构成较大影响的工作，也应规定给各工种的重要岗位完成。如配兑调味汁、调制点心馅料、涨发高档干货原料等。

（3）员工要认真对待每一项工作，主动接受督导，积极配合、协助完成厨房生产的各项任务。

（三）重点控制法

1. 重点岗位、环节控制

（1）对厨房生产运转进行全面细致的检查和考核。

（2）对厨房生产和菜点质量的检查，可采取餐饮企业管理者自查的方式，凭借客人意见征求表或向就餐客人征询意见等方法。

（3）聘请有关行家、专家、同行检查，进而通过分析，找出影响菜品质量问题的主要症结所在，并对此加以重点控制，改进工作从而提高菜点质量。

2. 重点客情、重要任务控制

（1）从菜单制订开始就要有针对性，就要强调有针对性地在原料的选用到菜点的出品的全过程中，重点注意全过程的安全、卫生和质量可靠。

（2）餐饮企业管理者要加强每个岗位环节的生产督导和质量检查控制，尽可能安排技术好、心理素质好的厨师为其制作。

（3）对于每一道菜点，尽可能做到设计构思新颖独特之外，安排专人跟踪负责，切不可与其他菜点交叉混放，以确保制作和出品万无一失。

（4）在客人用餐后，还应主动征询意见，积累资料，以方便今后的工作。

3. 重大活动控制

（1）从菜单制订着手，充分考虑各种因素，开列一份（或若干）具有一定特色风味的菜单。

（2）精心组织各类原料，合理使用各种原料，适当调整安排厨房人手，计划使用时间和厨房设备，妥善及时地提供各类出品。

（3）厨房生产管理人员、主要技术骨干均应亲临第一线，从事主要岗位的烹饪制作，严格把好各阶段产品质量关。

（4）有重大活动时，前后台配合十分重要，走菜与停菜要随时沟通，有效掌握出品节奏。

（5）厨房内应由餐饮企业管理者指挥负责，统一调度，确保出品次序。

（6）重大活动期间，加强厨房内的安全、卫生控制检查，防止意外事故发生。

四、有效控制异物

（一）菜品异物类型及原因分析

客人在进餐时，偶尔会在菜品中发现异物，一般属于严重的菜点质量问题，菜肴中异物的混入往往给就餐的客人带来很大的不满，甚至会向餐厅提出强烈的投诉，如果处理不当，就会严重影响企业原来的良好形象和声誉。

常见的异物主要有以下几种。

（1）金属类异物。清洁丝、螺丝钉、书钉等。

（2）头发、纸屑、烟蒂等。

（3）头发、羊毛、猪毛等动物毛。

（4）布条、线头、胶布、创可贴。

（5）杂草、木屑、竹刷棍等。

（6）碎玻璃渣、瓷片。

（7）骨头渣、鱼骨刺、鱼鳞。

（8）砂粒、石渣、泥土等。

（9）小型动物。苍蝇、蚊虫、飞虫、蜘蛛。

菜品中混入杂物、异物、首先造成菜品被有害物质的污染，尽管有的异物可能不等于有害细菌，但给客人的感觉是反感的，有些异物在进餐中如果不小心的话，可以给客人造成直接肉体伤害，如碎玻璃渣、钢丝、铁钉等。

（二）有效的控制措施

1. 提高全体人员卫生质量意识

强化菜品加工人员、传菜人员、服务人员（分餐人员）的个人卫生的管理，具体措施如下。

（1）所有与菜品接触的员工必须将头发梳理整齐，男员工不许留胡子。

（2）厨房员工上班必须戴帽，服务人员必须将头发梳理整齐等预防措施，避免头发落入菜中。

2. 严格作业时的操作规程和卫生标准

（1）原料初加工的过程，必须将杂物剔出干净，尤其是蔬菜类的择选加工。

（2）切割好的原料放置专用盒中，并加盖防护，避免落入异物。

（3）抹布的使用要特别注意，避免线头等混入菜料中。

（4）传菜过程中必盖。

（5）洗涤器皿时，使用清洁丝时一定要严格管理，避免将断下的钢丝混入菜中。

（6）后勤人员保养维护烹饪设备时要严禁将螺丝钉、电线头、玻璃碴等乱扔乱放。

3. 加强对厨房、餐厅废弃物的管理

加强对厨房、餐厅内废弃物的管理，严禁员工随地乱扔、乱放、乱丢废弃不使用的零散物品、下脚料及废弃物等，也是防止异物、杂物混入菜品卫生管理的重要内容之一。

（1）所有废弃物必须使用专门设备存放，并且要加盖防护。

（2）有专人按时对垃圾桶的清理。

（3）餐厅内应设专门的隐藏式废弃物桶，严禁服务人员将废纸巾、牙签、烟头等，乱扔乱倒，尤其要禁止将餐厅内的废物与餐饮具混放在一起。

4. 加强对菜品卫生质量的监督检查

平常菜品中的异物都是由于对菜品的加工、传递过程中缺少严格的监督与检查造成的。因此必须加强各个环节对菜品卫生质量的监督与检查。

（1）建立专门的质检部门，并设专职，菜品卫生质量检查员。

（2）从初加工、切配、打荷、烹制、划菜、传菜、上菜、分餐等环节的岗位员工，必须对原料或菜品成品认真检查，杜绝一切可能混入菜品中的杂物。

（3）每下一工序或环节对上一工序或环节的卫生质量进行监督，发现卫生问题，立即退回重新加工处理。

（4）卫生质量经济责任制，对菜品中发现的异物、杂物的混入事件进行严肃处理与处罚，以引起全体员工的重视。

第四节　菜品开发与创新

一、菜品开发与创新的基本原则

菜点开发与创新的基本原则，具体如表4-4所示。

表4-4 菜点开发与创新的基本原则

序号	原则	具体说明
1	食用为首	食用为首是指创新菜首先应具有食用的特性，只有使顾客感到好吃，有食用价值，而且感到越吃越想吃的菜，才会有生命力
2	注重营养	注重营养是指创新菜必须是卫生的、有营养的。行政总厨在设计创新菜品时，应充分利用营养配餐的原则，把设计创新成功的健康菜品作为吸引顾客的手段
3	关注市场	关注市场是指准确分析、预测未来饮食潮流，做好开发工作，时刻研究消费者的价值观念、消费观念的变化趋势，去设计、创造、引导消费
4	适应大众	适应大众是指坚持以大众化原料为基础，创新菜的推广，要立足于一些易取原料，要价廉物美，广大老百姓能够接受
5	易于操作	易于操作是指烹制简易，尽量减少工时耗费。从管理的角度来看，过于繁复的工序也不适应现代经营的需要，费工费时做不出活来，满足不了顾客时效性的要求
6	反对浮躁	反对浮躁是指要遵循烹饪规律，烹调原理，主次必须明确，不要把功夫和精力放在装潢和包装上
7	引导消费	引导消费是指尽量降低成本，减少不必要的浪费，就可以提高经济效益，既要考虑生产，又要考虑消费，对企业、顾客都有益
8	质量稳定	质量稳定是指所用的菜具是否标准，采购的原料是否保持一致，制作的流程是否规范化，出品的时间是否严格控制，同一菜品的出品在色泽味上是否统一，盛器的使用是否严格如一

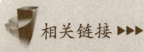

开发创造菜品卖点，提高利润

开发创造菜品卖点是开发新菜品的一种方式，菜品创新不仅仅指的是菜品本身，也可以是菜品的装饰、名称等。

（一）有效利用原料

尽可能地用一种原料开发出多个品种菜品。通常情况下，100道菜品用100种主料；进行适当开发后，100种菜品采用80种原料，可以节省原料品种占用量，从而节约成本。

餐饮企业购买的整块原料，如肉、鱼和家禽，经过加工、切配后，原料分为几个档次，有的部位不能利用只能扔掉，有的可另作处理，有的可作次级食材；有的原料如鸡、兔等平时用整只做一道菜，如果肢解多个部位做不同菜品，就可以增加菜品品种，提高利润。

（二）菜品精细化

用简单的原料做出不简单的菜品，在不增加原料成本的前提下增加利润。

粗粮精工细作,用精致的器皿盛置,卖相很好,原料成本低,卖价却不低。

(三)主料替换

可以将价格相对较高的主料用其他价格相对便宜的辅料替换,既丰富了菜品营养,还降低成本。尽量少用整只鸡、整条鱼来做菜,可加入新鲜的蔬菜、蘑菇等低价原料。

(四)使用药材

药材入菜,是最近比较流行的烹饪方法,"药膳"出现在很多餐厅,"食疗"也开始大受欢迎。把药材当原料加入菜品中,既让菜品有了药用价值,迎合了顾客需求,也会因为小投入获得大回报。

(五)改造老菜

把过去已有的菜品,结合饮食需求,进行改造翻新是一种创新的办法。如传统菜回锅肉,可以将盐菜、侧耳根、泡酸菜、油炸的锅魁、年糕、豆腐干等作为辅料加入炒制,不仅花样翻新,品味也大不一样。

(六)注重装饰

巧妙借用其他菜品的一些特点,运用到新菜中来;或采用创新器皿,使菜品更上档次。一般都用碟、盘、碗来盛装菜品,根据菜品的文化内涵的需要,采用鱼装船、虾装篓、果装篮、鸡装苞、饭装竹、丁装瓦、点心装叶片等,给人一种新奇感,使菜品更具有文化品位。

二、菜品开发与创新的开发步骤

新菜品的开发步骤,具体如图4-2所示。

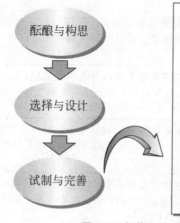

图4-2 新菜品的开发步骤

新菜品在某一个方面考虑不周全,都会带来菜品的质量问题。

（一）酝酿与构思

所有新菜品的产生都是通过酝酿与构想创意而开始的。新创意主要来源于广大顾客需求和烹饪技术的不断积累。

（二）选择与设计

餐厅厨师长在选择与设计创新菜点时，首先考虑的是选择什么样的突破口。

（1）原料要求如何？

（2）准备调制什么味型？

（3）使用什么烹调方法？

（4）运用什么面团品种？

（5）配置何种馅心？

（6）造型的风格特色怎样？

（7）器具、装盘有哪些要求等等。

为了便于资料归档，行政总厨要提供详细的创新菜点备案资料。

（三）试制与完善

试制与完善具体内容，如表4-5所示。

表4-5　试制与完善

序号	类别	具体说明
1	菜点名称	菜点名称既能反映菜品特点，又具有某种意义。创新菜点命名的总体要求是：名实相符、便于记忆、启发联想、促进传播
2	营养卫生	营养卫生是指做到食物原料之间的搭配合理，菜点的营养构成比例要合理。在加工和成菜中始终要保持清洁程度，包括原料处理是否干净，盛菜器皿、菜点是否卫生等
3	外观色泽	外观色泽是指菜点色泽是否悦目、和谐，是菜点成功与否的重要一项。外观色泽是指创新菜点显示的颜色和光泽，它可包括自然、配色、汤色、原料色等
4	嗅之香气	嗅之香气是指创新菜点对香气的要求不能忽视，嗅觉所感受的气味，会影响顾客的饮食心理和食欲。因此，嗅之香气是辨别食物、认识食物的主观条件
5	品味感觉	味感是指菜点所显示的滋味，包括菜点原料味、芡汁味、佐汁味等，它是评判菜点最重要的一项。味道的好坏，是顾客评价创新菜点的最重要的标准
6	成品造型	成品造型是指菜点的造型要求形象优美自然；选料讲究，主辅料配比合理，特殊装饰品要与菜品协调一致，并符合卫生要求，装饰时生、熟要分开，其汁水不能影响主菜
7	菜品质感	菜品质感是指从食品原料、加工、熟制等全过程中精心安排，合理操作，并要具备一定的制作技艺，才能达到预期的目的和要求

续表

序号	类别	具体说明
8	分量把握	分量把握是指菜点制成后，看一看菜点原料构成的数量，包括菜点主配料的搭配比例与数量，料头与芡汁的多寡等。原料过多，整个盘面臃肿、不清爽；原料不足，或个数较少，整个盘面干瘪，有欺骗顾客之嫌
9	盘饰包装	盘饰包装是指要对创新菜点进行必要、简单明了、恰如其分的装饰。装饰要求寓意内容优美健康，盘饰与造型协调，富有美感。不能过分装饰、以副压主、本末倒置
10	市场试销	市场试销是指通过试销得到反馈信息，供制作者参考、分析和不断完善。赞扬固然可以增强管理者与制作者的信心，但批评更能帮助制作者克服缺点

三、建立创新机制模式

（一）指标模式

行政总厨把菜品创新的总任务分解成若干的小指挥，分配给每个分厨房或班组，分厨房或班组再把指标分配给每个厨师，规定在一定时间内完成菜品的创新任务。厨房菜品创新的总任务则根据餐饮企业对菜品更换更新的计划而定。

（二）激励模式

（1）晋升职级激励，把菜品创新与晋升职级联系起来，首先为每个员工建立"职业生涯"发展档案，具备一定的条件后就有晋升职级的机会。厨房员工晋升职级的重要条件之一是要有创新菜品，数量越多，晋升的机会就越多，工资待遇也就越高。

（2）成果奖励激励，直接把厨师的创新菜品作为科技成果，获得使用后，就给予菜品创新人一定的奖励，奖励一般可以分为两部分：一是只要符合创新菜条件的菜品，并在餐饮企业推出销售，就一次性给予数量不等的奖励，作为企业购买科技成果给予员工的补偿。二是对于一些销售效果特别突出，甚至为餐饮企业创造了巨大的经济效益，并赢得了较好的社会效益的菜品，根据该菜品创造的营业额给予一定的提成奖励。

（3）公派学习，旅游激励，把厨师创新菜的成果与各种额外的福利项目联系起来，如对于那些创新菜成果突出的厨师，除了给予一定的奖励外，还优先安排公费到外地学习，参加各种类型的培训班，以提高厨师创新的积极性。

第五章
楼面作业管理

楼面的作业主要包括菜品销售和顾客服务,这两项工作做好了,餐厅的营业状况必能一直保持良好,为餐厅的营运奠定良好的基础。

学习目标

1. 了解怎样做好菜品销售和顾客服务。
2. 掌握楼面服务质量改进的方法。

第一节 做好菜品销售

客人进入一家餐厅，无论是怎样的山珍海味，如果拖了大半天才慢慢上菜，或者是端来的菜式与过去有所差异，或是同样的菜式分量却不一样，都将引起客人的反感，而不再上门。因此谈到商品这一层面，速度、均一和美味缺一不可。

一、迅速上菜

餐厅要能做到迅速上菜，满足客人所点菜的需求，不外两个环节，即厨房系统与厨房营运方式。

厨房的重要性正如人的心脏，只有从动线、面积、设备、人力、机能等各方面详加考虑，才有办法面对店面的客人，达成营运的目标。如果厨房系统规划得不完善，先天上就造成了营运的失调，自然无法迅速上菜了。

厨房系统配置妥当后，接下来必须费心于厨房营运。从开门营业到中午之前的进货准备，白天的客满高峰时段，夜间的进货补充，夜间的客满高峰时段，然后打烊，在这一整天的营运流程中，如何将厨房按照计划准备，将会影响到上菜的时效。

特别提示 ▶▶▶

要掌握厨房的营运，避免延迟上菜时间，首先必须确实把握销售统计及每一商品每日销售状况，以做到正确进货，才不至于缺货，再则就是对厨房设备操作的熟练与否了。

二、均一菜色

西式快餐是最凸显的例子，除了因具有方便性与流行性而生意兴隆外，还在于其均一性较一般餐饮好得多,不管在任何地方、任何时间,都具有完全相同的味道、品质,甚至连大小也一样。

为了保持商品的均一性,必定要像快餐连锁店一样,寻觅食材的根源,掌握食材本身的性质,并完全了解烹调机器的性能,以合乎科学化的姿态,去面对烹调的工作。

三、美味可口

"美味"一词包含了前味、中味、后味。向来是餐厅一直在追求菜肴本身的美味,但这只不过是美味其中的一部分而已,因为在提供餐饮食品时,常常是客人还未将餐品送入口中,成败就已经决定了。

供应生啤酒之前,冰杯的做法,烧烤肉店在客人前烧烤的吱吱声及稍弥漫的熏烟,都是使客人有所期盼的美味做法,具有真实感。另外,在鲜艳的桌巾上,感性的器皿中,所盛装丰富食物的色彩感觉,都能促成尽善尽美的境界。

假如说尽心提供出菜的方法是"前味",而成功的烹调技巧是"中味"的话,那么服务的水准与店内营造的气氛就是"后味"了。任何菜肴的味道都有三次的机会来决定胜负,因此求取前、中、后三味一体的完美,迅速地供应并保持均一的做法,才能真正求得商品力的提升。

第二节　做好顾客服务

过去只是让顾客吃饱的时代已经不再,如今光靠食品无法达到顾客云集的目的,因为消费者愈来愈重视食品本身以外的附加价值——服务。

一、一致的衣着、仪容

店面人员的服装仪容,是顾客进门后对餐饮从业人员先入为主的第一印象,梳剪整齐的头发、整洁一致的制服、端正的仪容、表里如一的亲切款待等,都是相当重要的环节。

餐厅有必要订立自己的穿着标准及特色,依男女分别绘制易懂的穿着图示,让员工明白。关于衣着、仪容的规定,不外乎下列各部位:头发、脸、胡子、制服、工号牌、皮鞋、指甲、袜子、领带、衬衫、衣领、袖口,如图5-1所示。

是否有眼屎，是否有耳垢，头发是否整齐

制服有无弄脏，尤其注意领部、袖部

肘部是否脏

不可佩戴的装饰品是否已卸下

膝盖是否干净

皮鞋是否干净(黑色)

头发是否整齐，是否有头皮屑

鼻毛是否可看到

工号牌有没有佩戴好

手是否干净

指甲是否干净

衬衣是否露出来

衬子有否绽线或松弛

脸
每天上班前要刮胡子
衬衫
第一个纽扣要扣好
领带
(1) 使用指定的领带
(2) 系好领带
(3) 长度到腰下
领带夹
(1) 使用指定的领带夹
(2) 夹在第四及第五个纽扣之间
手指甲
(1) 指甲剪短
(2) 经常保持清洁
手表
店长、副店长才可带

头发
(1) 避免长发
(2) 保持清洁、整齐
(3) 后发不可及领
(4) 不可覆耳
(5) 顶部不可留长
(6) 严禁烫发

工号牌按规定挂在左胸前

制服
(1) 要洗烫干净
(2) 衬子褶线要笔直
(3) 穿指定的长裤
(4) 黑腰带

皮鞋
(1) 黑皮鞋
(2) 保持洁亮

图5-1　衣着、仪容规定

二、定型的服务态度

　　服务人员接待客人的态度也相当重要，如何将欢迎及感谢的态度迅速而确实地展现出来，让客人感受至深，是决定这家餐厅服务水准的主因。所以应对餐厅接待动作乃至于谈吐，设定出一套参考的基准。也就是从等候、迎接、引导、点餐、上菜、询问、巡视、欢送、回收到整理的十项步骤中，明确定出谈吐和动作的规范，这就称之为"定型服务"。连锁性餐饮必须推行这套方法，如表5-1所示。

表5-1 服务态度统一标准

项目	言 语	动 作	重 点
等候	在规定位置待命，不可与同事聊天	注目玄关方向，取舒适自然的姿势，不得坐在椅子上或偏倚柜台、柱子	(1) 任何时候，只要顾客光临，都要表现出由衷欢迎的姿势。 (2) 要记住几号桌和几号房是空的
迎接引导	(1) 明朗、有朝气地说："欢迎光临！" (2) "有几位呢？"确认人数。 (3) "请走这边。"由衷地表达欢迎之意	(1) 轻轻点头行礼，两手自然下垂，手指并拢。 (2) 走在顾客之前，慢步到席位。 (3) 轻拉椅子，用手指点	(1) 以正确姿势，表达由衷欢迎之意的行礼。 (2) 引导至合乎顾客的席位。携带小孩的到小房间，情侣同伴则带至别人注意的席位，要商谈事情的顾客则安排到安静的席位，单一顾客则至两人用席位
接受点菜	(1) 再一次说："欢迎光临。" (2) 郑重地说："请点菜。" (3) 重复再说："您点的是×××，×份；×××，×份……" (4) "是，遵命。""以感谢您了。""稍候一会儿！"	(1) 轻轻点头。 (2) 提供毛巾、冰水或茶水（一直要从顾客看菜单到来菜为止，在旁等待）。 (3) 在传票上记录顾客点菜。 (4) 注视顾客眼睛，等候回答。 (5) 轻轻点头，退下。 (6) 点菜单送到厨房	(1) 桌上必须摆置菜单。 (2) 要判断顾客中谁有点菜的决定权。 (3) 必要时，确认所点的项目及数量。 (4) 必要时，请示饮料，尤其是咖啡或果汁究竟要在餐前还是正餐之中、之后提供，何时提供。 (5) 牛排等要请教几分熟。 (6) 冰水、茶水等须待顾客持下端，不可将手指插进容器内要移动。 (7) 要迅速，让人等候是最大的败笔
上菜	(1) "打扰您了。" (2) "让您久候了，这是××。" (3) 要有精神，说："是！" "笑客"回答。 (4) "可以撤下吗？"	(1) 做配合各式菜肴的安排。 (2) 退下。 (3) 将菜端上桌，以正确的姿势，不可扭转身子或做出夸张的姿势。 (4) 补充顾客的冰水或茶水（顾客中途呼叫时）。 (5) 将空的器皿撤下送到厨房	(1) 必须记住，不可弄错点菜的人和所点的菜，迅速上菜。 (2) 热的要趁热，冰的要趁冰。 (3) 上菜前检查菜的装盛，要提供正确的菜品。 (4) 冰水、茶水要趁顾客要求之前斟好。 (5) 烟灰缸要更换。 (6) 即使喝完、吃完也必须待顾客应允，才可撤下。 (7) 原则上要从顾客的左肩方向上菜
送客	(1) 以感谢之心，明朗地说："多谢您照顾。""恭候您再度光临。" (2) 以感谢之心行礼，采取欢送的姿势	(1) 走到玄关靠近关头。 (2) 以感谢之心行礼（直到顾客完全走出玄关为止，采取欢送的姿势）	(1) 检查席位间是否有顾客忘带的东西。 (2) 以充满感谢之心欢送，要务必做到能使顾客心想"下次我还想再来"。"心"跟"笑客""心"最重要

由于服务人员来自不同的地方，其思考方式、成长背景、受教育程度都不尽相同，所以定型服务的做法很有必要。良好的餐饮经营方式，更应设置教育训练部门，校正店面人员的仪态，以提升餐厅的水准。

三、规范的中餐服务流程

中餐有酒席服务和小吃服务两种，其服务流程如图5-2所示。

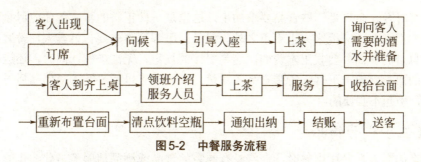

图5-2 中餐服务流程

中餐服务流程中一些关键点说明如表5-2所示。

表5-2 中餐服务关键点说明

序号	关键点	具体说明
1	热情迎客	热情迎客是指顾客由领台员引领进入餐厅后，区域的服务员应主动上前向顾客问好，根据顾客意愿及当时餐厅情况，选定合适餐桌，尽量使客人在餐厅中分布均匀，并拉椅让座。然后根据顾客人数立即调整餐桌布置，增加或减少餐具数量。中餐散客服务的餐桌摆设较为简单，一般包括骨碟、汤碗、匙、筷、水杯、酒杯、公筷等，而且应尽量避免让互不相识的客人同桌用餐
2	上茶	上茶是指替顾客斟茶或冰水，并递上毛巾（纸巾）
3	接受点菜	接受点菜是指服务人员需了解时令的菜肴及当日的特别菜式，以便接受点菜，并适时提供建议，递上菜单时须先女后男，先长后幼
4	开单下厨	开单下厨是指点完菜，应重复一遍客人所点的菜式，以免有误，然后将点菜单其中一联送入厨房，交由厨师制作，另一联送入柜台等待结账
5	按序上菜	按序上菜是指上菜必须按照中餐进餐次序及时进行。服务员应主动向顾客介绍菜式，视情况主动替顾客派菜，并询问顾客对菜肴的意见。上第一道菜后，应替顾客添酒，并询问是否需要上饭
6	结账	结账是指顾客用餐结束时，主动询问顾客还需要什么服务。如顾客示意结账，应尽快从其右边递上账单，按规定结账，并记得道谢
7	礼貌送客	礼貌送客是指顾客离席，应替顾客拉椅，道谢，欢迎再次光临
8	整理餐桌，重新铺台	整理餐桌，重新铺台是指将以上看似烦琐的程序归纳起来，不外乎服务人员要殷勤照顾好负责区域内的所有顾客，及时满足他们的各种需要；主动更换骨碟、烟灰缸，添加饮料或米饭，检查菜是否上齐，及时撤下空菜盘等，使顾客有宾至如归的感觉

四、尽量满足客人的要求

（一）自己加工食品

有时客人在就餐的过程中，要求自己加工一下食品或自带一些食品要求加工。对于这样的情况店长要求服务员应根据情况及餐厅的规定酌情处理。

（二）自带食品要求加工

有时客人会自带一些食品要求加工，这也是一件正常的事，餐厅应尽量满足客人的需求而不应拒客人于千里之外。但是，服务员事先要告诉客人，替客人加工其自带的食品，要收工本费的，这是餐厅的规定，无法破例。同时，还应当着客人的面，鉴定一下客人所带食品的质量，以便加工以后，客人提出品质方面的质疑，引起不必要的麻烦。

（三）代管物品

有的客人在餐厅用餐时，会将没有吃完的食品或酒品请服务员代为保管。遇到这种情况，服务员应注意处理好，不要引起客人的误会，认为是怕麻烦之类的原因。

服务员一般可采用下列几种办法来解决这个问题。

（1）耐心地对客人解释，说明食品与酒品关系到健康问题，为了防止意外，为了对客人负责，餐厅规定一般不宜替客人保管物品。

（2）服务员可以主动地替客人打包，请客人带走。如果是客人要去办其他的事，要求临时将食品存放一段时间，办完事后再来取，服务员可以请示主管，得到批准后为客人代存。应该注意，替客人保存食品之前，要将食品包好，写好标签，放到冰箱内，服务员之间也要交代清楚，待客人来取时，以便及时地交给客人。

（3）客人要求保存剩下的酒品，餐厅应根据酒的种类和客人的具体情况酌情处理。从经营的角度来说，客人在餐厅里存放酒品，说明对该餐厅感兴趣，对餐厅的菜点和服务都满意，有常来的意思，这是表示对餐厅的信任，是好事。

【案例】

有一天，某公司陈总在一家高级餐厅宴请客户。看来宴请的客人很重要，陈总特意点了50年酒龄的茅台。酒过三巡、菜过五味，转眼2瓶酒即将见底。服务员小姚一看，再拿1瓶肯定喝不完，不拿客户又兴致未尽。"有了……"思考之后，只见她对着耳麦轻轻说了几句。

不一会儿，宴会结束了。陈总去收银台结账时问服务员小姚："今天我们喝了几瓶酒呀？""2瓶！""不对吧！明明摆着3瓶吗？""陈总，有一瓶是您上次来珍存在我们这里的。""哦？！太好了！"

不过，替客人保存物品，餐厅一定要对客人及物品负责，保证不出任何问题。只有做好以下各项工作，才可以获得客人的信赖，吸引客人常来，营业额自然就增加了。

（1）一般葡萄酒类的酒品，开瓶后不宜保存时间过长，客人假若要求代管剩下的葡萄酒，服务员可以为其服务，并提醒客人记住下次用餐时饮用。

（2）如果客人要求保存的是白酒，则放在酒柜里即可，也要上锁并由专人负责。

（3）为客人代管的酒品，要挂上客人的名牌，放在专用的冰箱里，冰箱应有锁，店长要安排专人负责保管。

五、特殊客人特别服务

对于餐厅中的特殊客人，餐厅经理要求服务员采用特别服务方式，让客人满意。

（一）醉酒客人

在餐厅吃饭，经常有一些喝多了的客人，有的趴在桌上酣睡，有的豪情万丈，有的不受控制地高声叫喊，有的甚至发酒疯、摔餐具、骂人、打人。面对这种局面，应该怎样做呢？服务员或值班负责人员可以从以下几个方面做起。

（1）提醒已经喝多了的客人及在座的其他客人，让其注意酒喝多了，会影响身体健康。

（2）给醉酒客人端来糖水、茶水解酒。餐厅也可备些解酒药，供客人服用。

（3）客人来不及上洗手间呕吐的，服务员不能表现出皱眉、黑着脸等容易激怒客人的动作和表情，而是要赶紧清理。

（4）建议呕吐了的客人吃些面条、稀饭等容易入口的软性食品。

（5）如果客人发酒疯，应请在座的其他客人进行劝阻，使其安静下来。

（6）如果客人醉酒打烂了餐具，应进行清点，后让客人照价赔偿。

（7）发现醉酒者出现呼吸困难等紧急状况，应立刻拨打120求救，或将患者送往医院。

（8）同时，无论如何，服务员或值班负责人员均应将事故及处理结果记录在"工作日志"上。

（9）客人若是因为庆祝、团聚等一些令人高兴的原因而喝醉的，服务员可以礼貌而婉转地劝其不要再喝。

【案例】

有一天，一群人去参加同事的婚宴。席间，很多女士都纷纷用白酒围攻新郎。新郎当然是不能喝醉的，于是身边的伴郎挺身而出。刚开始，伴郎还能轻易地招架住，表现得相当"海量"。后来激起了大家的好奇心，竟然轮番上去，借敬酒之名灌那位伴郎，想看看伴郎到底有多大的酒量。新郎见势不妙，想替伴郎挡驾，但又劝不住，只好看着伴郎的脸由红变青，由青变紫。最后，伴郎被众人灌醉，见人就骂，还差点跟上来劝酒的人打起来，要不是被其他兄弟强拉住，不知要闹出什么乱子来。女客们一见这阵势吓得纷纷退席，许多男客也不得不陪着同来的家人、朋友一同提前离开。好好的一个婚宴，被酒弄得不欢而散。

（10）有的客人是因为有了不愉快的事情而喝闷酒，导致醉酒发生，服务员同样要温和、婉转地劝其少喝些，并可以适当地与客人交谈几句，说一些宽心和安慰的话。但千万不要谈得太具体、太深入。

（二）残疾客人

残疾人最怕别人用异样的眼光看待他们，所以绝不能用怪异的眼光盯着残疾客人，而是要用平等、礼貌、热情、专业的态度服务他们，尽量将他们安排在不受打扰的位置。

1. 盲人客人

盲人客人因为看不见，服务员应给予其方便，具体做法如下。

（1）为其读菜单，给予必要的菜品解释；同时，在交谈时，避免使用带色彩性的词作描述。

（2）每次服务前，先礼貌提醒一声，以免客人突然的动作，使你躲避不及，造成意外发生。

（3）菜品上桌后，要告诉客人什么菜放在哪里，不可帮助客人用手触摸以判断菜品摆放的位置。

2. 肢体残疾客人

（1）应将客人安排在角落、墙边等有遮挡面，能够遮挡其残疾部位的座位上。

（2）帮助客人收起代步工具，需要时帮助客人脱掉外衣。

（3）客人需要上洗手间时，要帮助客人坐上残疾车，推到洗手间外。如果需要再进一步服务的，请与客人同性的服务员继续为之服务。

3. 聋哑客人

对于聋哑客人，服务员要学会用手势示意，要细心地观察揣摩，可以利用手指菜肴的方法征求客人的意见。

（三）带小孩的客人

带小孩的客人来餐厅用餐，要给予更多的关注和照顾，服务员所做的每一点努力，都会得到客人的认可与赞赏。其做法如下。

（1）对年幼的小客人要耐心、愉快地照应，并帮助其父母，使小朋友坐得更舒适一些。可以为小孩拿来儿童专用椅。

（2）在小孩的桌上，不要摆放刀叉等餐具，另外像易碎的糖缸、盐瓶等物品也应挪到孩子够不着的地方，以免发生意外。

（3）如果有儿童菜单，请家长先为孩子点菜，点了菜之后，可以先给孩子上菜，孩子的菜要注意软、烂、易消化。

（4）孩子使用的餐具要安全，一般可以使用金属的，而不要选择玻璃制品，给孩子斟饮料，不要用太高的杯子，最好用短小的餐具，以方便其使用。

（5）尽可能地为小朋友提供围兜儿、新的座垫和餐厅送的小礼品，这样会使孩子的父母更开心。

（6）如果小朋友在过道上玩耍，打扰了其他客人的正常用餐，要向他们的父母建议，以免其他意外的发生。

（7）当孩子用餐完毕，服务员可以给孩子提供一些简单的玩具供其玩耍，或是帮助家长照看一下小孩，让大人免除牵挂地用餐。

（8）有的孩子十分可爱，服务员喜欢上去逗弄孩子，但若非很熟，最好不要抱小孩或是抚摸小孩的头，有些孩子的父母不喜欢看到这种情形。没有征得孩子父母的同意，服务员也不要随意给孩子吃东西。

总之，对于带小孩用餐的客人，服务员既要热情，又要得体，要注意把握好分寸，千万不要适得其反。

（四）老年客人

如果就餐的客人是老年人，年老体弱就更需要服务员给予特殊照顾。若是看到老年客人独自来用餐，身边无其他同行的客人时，服务员应主动地扶他们就近入座，要选择比较安静的地方，放好手杖等物，在老年客人离开前，主动地把手杖递到老年客人的手中。

服务员在给老年客人上菜时，要注意速度应快一些，不要让其久等，给老人做的饭菜，还要做到烂、软，便于咀嚼。

总之，对于老年客人，服务员应给予更多的细心与关心，更多地奉献责任心与爱心。

【案例】

王女士和他80多岁的母亲来到餐厅用餐，刚下车，王女士便走到她身旁搀扶着，原来老人的行动不太方便。这一细节被服务员小郭看到了，于是，她快步走出大门，微笑着来到老人面前说道："老奶奶，您慢点，我来搀扶您吧。"到了餐厅的大门口，小郭立即将旋转门的速度放慢，让老人安全地走进了餐厅。进了餐厅小郭还专门为老人安排了一个出入方便的位置，然后微笑着离开了。待王女士及母亲用完餐准备离开的时候，小郭又细心地把老人送出了餐厅，当老人准备上车时，小郭不仅为老人拉开了车门，又将老人的双腿扶进车里帮老人把大衣披好，最后将车门轻轻地关上。小郭这一系列服务使王女士和她的老母亲非常感动，他们连连称赞说："你们的服务太好了，下次我们还来这儿！"

（五）熟人或亲友

服务员在岗时，如果遇到熟人或亲友来用餐，应当一视同仁地对待。像对待其他客人一样，热情有礼地接待，主动周到的服务，而不能直接离岗，与熟人或亲友闲谈。其具体要求如下。

（1）服务员不可在大庭广众之下，不顾自己的身份和工作场所的规定，与亲友或熟人寒暄时间过长，甚至是拍拍搂搂，拉拉扯扯，以免造成其他客人的不满，造成不良影响。

（2）服务员更不能离岗，直接与家人或亲友入席同饮同吃，要知道，服务员在餐厅是工作时间，应该为所有客人服务，怎么能弃其他客人于不顾，而与熟人、亲友话短长呢？这显然不合适。

（3）在点菜和结账时，最好避开，请其他同事代劳，以免引起不必要的误会。

六、楼面现场控制

所谓现场控制，是指监督现场正在进行的餐饮服务，使其规范化、程序化，并迅速妥善地处理意外事件。

（一）服务程序的控制

开餐期间，楼面经理和主管应始终站在第一线，通过亲自观察、判断、监督，指挥服务员按标准服务程序服务，发现偏差，及时纠正。

（二）上菜时机的控制

掌握首次斟酒、上菜的时机，要请示客人，尊重客人的意见；在开餐过程中，要把握客人用餐的时间、菜肴的烹制时间等，做到恰到好处，既不要让客人等待太久，也不应将所有菜肴一下子全送上去。餐厅主管应时常注意并提醒掌握好上菜时间，尤其是大型宴会，上菜的时机应由餐厅主管掌握。

（三）意外事件的控制

餐饮服务是面对面的直接服务，容易引起客人的投诉。一旦引起投诉，餐厅主管一定要迅速采取弥补措施，以防止事态扩大，影响其他客人的用餐情绪。若是由服务态度引起的投诉，餐厅主管除向客人道歉外，还应替客人换一道菜。发现有喝醉酒的客人，餐厅主管应告诫服务员停止添加酒精性饮料。对已经醉酒的客人，要设法帮助其早点离开，以保护餐厅的气氛。

（四）人力控制

开餐期间，服务员实行分区看台负责制，在固定区域服务。服务员人数的安排要根据餐厅的性质、档次来确定（一般中等服务标准的餐厅或者餐桌，可按照每个服务员每小时能接待20名散客的工作量来安排服务区域）。在经营过程中，主管还应根据客情变化，进行再分工。例如，某一个区域的客人突然来得太多，就应从另外区域抽调员工支援，等情况正常后再调回原服务区域。

当用餐高潮已经过去，则应让一部分员工暂时休息，留下一部分人工作，到了一定的时间再交换，以提高工作效率。这种方法对于营业时间长的火锅店、茶厅和咖啡厅等很有必要。

第三节　楼面服务质量改进

一、进行客人意见调查

（一）客人动机调查

为了使客人光顾餐厅并且能及时提供适当的服务，首先必须确定客人的动机，这将是经营餐厅的基础，并且是改进服务的基本资料。

为调查客人的使用动机，可分发如【工具02】所示的问卷调查表，请客人填写。

各餐厅可依其性质的不同，做适当的增删。此问卷应分平日、假日、高峰、清淡时间来调查，但这可能相当困难，所以不妨在开收据时，请客人填写，或是赠送小礼物等商请客人合作。

【工具02】问卷调查表

问卷调查表	
请您从下列答案中选择您光临本店的三个主要理由：	
□交通方便	□菜色味道不错
□外观使人见了愉快	□清洁卫生
□颇有名气	□对服务人员印象良好
□经人介绍	□装潢设备不错
□适合约会聊天	□音乐设备不错
□清静、不拥挤	□备受欢迎的报纸、杂志
□适合洽谈公事	

（二）餐厅诊断

在同类型的餐厅竞争之下，如何从劲敌中脱颖而出，是相当重要的。欲使餐厅大受客人欢迎，店长首先应亲自对餐厅做一番审视。可运用"餐厅诊断表"来进行这种检查。

餐厅生意为何不兴隆，很难及时发现其原因，尤其是不知不觉中客人都跑光了，更令人如坠云雾中。

【工具03】餐厅诊断表

餐厅诊断表

以下问题是有关客人对店的印象，请把右栏您认为是最适合的数字圈起来（非常好+2，稍好+1，普通0，稍不好–1，非常不好–2）。无法决定时，请圈0。

		非常好	稍好	普通	稍不好	非常不好
一	外部	+2	+1	0	–1	–2
1	外观是否比其他店有特征？	+2	+1	0	–1	–2
2	外观上是否配合周围环境？	+2	+1	0	–1	–2
3	门口是否便于客人进入？	+2	+1	0	–1	–2
4	从远处看招牌是否明显？	+2	+1	0	–1	–2
5	样品及菜单是否让人看得懂？	+2	+1	0	–1	–2
6	是否有多余的食物妨碍观瞻？	+2	+1	0	–1	–2
二	内部	+2	+1	0	–1	–2
7	室内空调设备是否良好？	+2	+1	0	–1	–2
8	内部摆设是否恰当？	+2	+1	0	–1	–2
9	整个色调是否适当？	+2	+1	0	–1	–2
10	照明是否适合房间？	+2	+1	0	–1	–2
11	柜台是否整洁？	+2	+1	0	–1	–2
12	厨房是否清理干净？	+2	+1	0	–1	–2
13	地板是否清扫干净？	+2	+1	0	–1	–2
14	花卉与盆栽是否配合得当？	+2	+1	0	–1	–2
15	桌椅颜色是否适当？	+2	+1	0	–1	–2
16	座椅是否舒适？	+2	+1	0	–1	–2
17	音乐音量与选曲是否适当？	+2	+1	0	–1	–2
18	洗手间是否清洁？	+2	+1	0	–1	–2
19	收银柜周围是否清洁？	+2	+1	0	–1	–2
三	桌子上	+2	+1	0	–1	–2
20	桌子是否清洁整齐？	+2	+1	0	–1	–2

续表

		非常好	稍好	普通	稍不好	非常不好
21	糖罐、烟灰缸与餐巾盒等必需品是否齐备？	+2	+1	0	−1	−2
22	杯子与汤匙的花纹、颜色是否适当？	+2	+1	0	−1	−2
四	商品	+2	+1	0	−1	−2
23	本店是否有诱客商品？	+2	+1	0	−1	−2
24	早餐服务与优待券等是否有独特性？	+2	+1	0	−1	−2
25	与其他店比较是否味道好？	+2	+1	0	−1	−2
26	与其他店比较是否价格公道？	+2	+1	0	−1	−2
27	与其他店比较是否种类丰富？	+2	+1	0	−1	−2
28	样品与菜单照片是否与商品有差异？	+2	+1	0	−1	−2
五	菜单	+2	+1	0	−1	−2
29	墙上及桌上菜单是否让客人看得清楚？	+2	+1	0	−1	−2
30	是否设计美观、保持干净？	+2	+1	0	−1	−2
31	追加餐饮是否优待如第2杯价格打折？	+2	+1	0	−1	−2
六	员工	+2	+1	0	−1	−2
32	服装是否保持干净？	+2	+1	0	−1	−2
33	讲话与态度是否良好？	+2	+1	0	−1	−2
34	叫菜是否会弄错？	+2	+1	0	−1	−2
35	要求供应冰水或者烟是否欣然接受？	+2	+1	0	−1	−2
36	是否面带笑容、服务态度良好？	+2	+1	0	−1	−2
37	是否有互相私语？	+2	+1	0	−1	−2
38	是否与特定客人过于亲密？	+2	+1	0	−1	−2
七	附属设备	+2	+1	0	−1	−2
39	是否备有报纸杂志？	+2	+1	0	−1	−2
40	点唱机是否客人本位的使用法？	+2	+1	0	−1	−2
41	电视机等是否尊重客人的意思放映？	+2	+1	0	−1	−2
八	营业服务	+2	+1	0	−1	−2
42	营业时间是否配合客人？	+2	+1	0	−1	−2
43	叫餐饮是否迅速送到？	+2	+1	0	−1	−2
44	是否有回收券等服务？	+2	+1	0	−1	−2
45	叫接电话、店内广播是否亲切？	+2	+1	0	−1	−2
46	提供小毛巾等服务是否适当？	+2	+1	0	−1	−2
47	冰水的追加服务是否确实在做？	+2	+1	0	−1	−2

续表

		非常好	稍好	普通	稍不好	非常不好
九	整个情况	+2	+1	0	−1	−2
48	整个店是否有温暖的气氛？	+2	+1	0	−1	−2
49	店名是否易懂、有亲切感？	+2	+1	0	−1	−2
50	光顾本店的是否都是好客人？	+2	+1	0	−1	−2

说明：
依照诊断核对表的全部项目评分，然后看综合分数的正负。如果是负数，就应引起注意，综合分至少应该有50分以上，否则就难免会倒闭。

（三）客人反映调查

几乎大部分的餐厅都未曾准备客人意见卡，而且几乎大部分的客人也无填卡的习惯，但这并不一定表示客人对该店十分满意。所以采取设法调查客人意见的某些措施，是绝对必要的。

最简单的方法，是利用账单的背面作为"客人意见栏"；或是设计意见卡，放在桌子上，以方便客人填写。其内容除了对餐厅的评估之外，最好还包括客人的姓名、地址，并附加"为了通知特别优待日或举办各种活动以酬宾，务请填写本卡"的字句。

【工具04】客人意见卡

客人意见卡

敬爱的贵宾：

承蒙光临，本餐厅为求提供更美好的服务，请您惠赐宝贵的意见，作为本餐厅提高餐饮水准的参考。另本餐厅每三个月抽出50张客人的意见卡，给抽中的客人赠送一份精美小礼物，谢谢您的协助及合作。

姓名：　　　　年龄：　　　　职业：　　　　电话：
地址：

请在您认为是最适合的方框里打"√"。

	非常满意	满意	普通	不满意	很不满意
一、场所					
舒适愉快	□	□	□	□	□
清洁方面	□	□	□	□	□
设备方面	□	□	□	□	□
二、服务					
服务迅速	□	□	□	□	□
三、服务					
服务礼貌	□	□	□	□	□
服务效率	□	□	□	□	□

收银态度	☐	☐	☐	☐	
四、饮料					
饮料品质	☐	☐	☐	☐	
饮料味道	☐	☐	☐	☐	
饮料分量	☐	☐	☐	☐	

您的建议：

 特别提示 ▶▶▶

当客人提出宝贵意见时，一定要赠送优待券或小礼物。另一个反映客人心声的方法，是从亲友中慎重地挑选几位观察力敏锐的人，请他们担任店中的检察官，每周巡视一次。由于员工不知情，其评断员工的服务态度也较为客观。

总之，作为餐厅的经营管理者，必须经常提醒自己用客人的眼睛展望本店的前途。并且只要客人有批评及建议反映给店方，就应随即采纳并迅速进行改善，如此才能受到大众的欢迎。

二、开展服务质量评估

（一）设定服务品质评估标准

服务流程标准与服务态度，可作为各项职务评估等级的工作底稿。明确订出各等级标准，再进一步导入服务中，并可根据视察出来的重要指标数，作为标准的评断。

【工具05】评估登记表

评估登记表

做法	依照餐饮店现有的经营形态，给予下列两类不同服务品质标准的评分	
评分	请您在方框里填上评分数字：1表示最重要，2表示重要，以下类推	
服务流程		服务态度
1. 顺应性 ☐ 2. 投入性 ☐ 3. 时机性 ☐ 4. 动线顺畅 ☐ 5. 双向沟通 ☐ 6. 客人反应 ☐ 7. 现场督导 ☐		1. 态度 ☐ 2. 称呼客人姓名 ☐ 3. 关心 ☐ 4. 指引客人点菜 ☐ 5. 说话语气 ☐ 6. 推荐菜色 ☐ 7. 肢体语言 ☐ 8. 机智反应 ☐ 9. 解决客人的问题 ☐

（二）服务品质评估的指标

若要改善服务品质，就必须事先清楚描绘出所希望的服务人员的行为表现的模式，然后才能够据此去评断他们的表现。表5-3所列即为各项服务品质评估标准的重要指标示例。

表5-3　服务品质标准指标

序号	服务品质标准	重要指标示例
1	服务的时机性	（1）客人进入餐厅坐下后，服务人员在6秒内趋前致意。 （2）西餐服务沙拉用完后，4～5分钟内便上主菜
2	服务动线顺畅	（1）迎宾员带位时灵活机动。 （2）在餐厅内每个服务区的服务环节先后进度不同
3	制度可顺应客人的需求	（1）菜单可替换及合并点菜。 （2）客人要求的事项，近9成是可以实现的
4	预期客人的需求	（1）主动替客人添加饮料。 （2）主动替幼儿提供儿童椅
5	与客人及同事做有效的双向沟通	（1）每道菜都是客人所点的菜。 （2）服务人员彼此间相互支援
6	寻求客人反应及意见	（1）服务人员至少问候1次用餐团体菜色或服务的意见。 （2）服务人员将客人意见转述给店长
7	服务流程的督导	（1）每个服务楼面有1位主管现场督导。 （2）现场主管至少与每桌客人接触问候1次
8	服务人员表现出正面的服务态度	（1）服务人员脸上常挂着微笑。 （2）服务人员百分之百友善对待客人
9	服务人员表现出正面的肢体语言	（1）与客人交谈时，必须双眼正视对方。 （2）服务人员的双手尽可能远离客人的脸部
10	服务人员是发自内心来关心客人	（1）每天至少有10位客人提及服务良好。 （2）客人指定服务人员
11	服务人员做有效的菜色推荐	服务人员做有效的菜色推荐是指服务人员对每桌的客人所点每道菜的特色能做正确的说明
12	服务人员是优良的业务代表	服务人员是优良的业务代表是指除主菜之外，建议再点1道菜（例如饭后甜点、饭后酒、开胃菜）
13	服务人员说话语调非常的友善、亲切	服务人员说话语调非常的友善、亲切是指主管认为服务人员的说话语调是满分的
14	服务人员使用适时合宜的语言	服务人员使用适时合宜的语言是指使用正确的语法，避免用俚语
15	称呼客人的名字	称呼客人的名字是指客人用餐中，至少称呼其名1次
16	对于客人抱怨处理得当	对于客人抱怨处理得当是指所有抱怨的客人都可以得到满意的解决

当完成上述的工作底稿后,接着应对每一种职务的服务标准给予等级排序,并针对每种标准列出一种以上可观察到的重要指标。

一旦获得上述的服务标准及其相关性的指标后,接下来则与现在的经营管理标准,予以对照考虑是否契合。如果能更清楚地强调所要求的服务标准,员工将更有效地提供所期望的服务水准。

因此,为了清楚划分出什么是明确可计算的指标,什么是无法计算的指标,详尽加以列出,以比较两者的差异性,如表5-4所示。

表5-4 可计算及无法计算的服务指标比较

可计算的指标	无法计算的指标
主动替客人添茶水或其他饮料	服务员先行一步提供服务
新到客人入座后6秒内,服务员即趋前打招呼,1分钟内帮客人点菜	服务员掌控服务范围得宜
带位时与客人沟通	领台对待客人和蔼可亲
每桌至少多卖1道菜	服务员示范推荐销售的技巧
服务员口头上相互间支援	服务员有良好的团队精神
当班时,必须持续与每桌客人保持招呼	服务员精力充沛
出菜后1分钟内及时上菜	服务员的脚程很迅速
每晚至少有10位客人给予肯定的意见	客人自得其乐
头发梳理整齐,指甲干净,制服整洁熨平,仪容干净	服务员穿戴整齐干净
店长亲自倾听并回答客人的询问	倾听客人的诉求

(三)进行服务评估

餐厅经理在进行服务评估前,得先理清现行提供给客人的服务是什么,衡量的标准是什么,也就是找出现行的服务准则,并指出现行服务标准的强势及弱势点,借此反映问题的症结所在,同时也可比较出提供客人服务现行标准与理想期望值之间的差距。尤其身为餐厅经理,必须将服务的一般观念,转换成为具体的服务手法,并依其重要性加以排序。

表5-5所讨论的服务评估,是依据"走动式管理"而来,以鼓励餐厅经理能确切投身于服务流程中,检查营运管理的运作情形。

表5-5 服务评估范例

服务动线的整合	投入性
(1)每桌服务流程的步骤不同。 (2)服务员服务步调大方稳重。 (3)厨房或吧台准时递送商品。 (4)客人于特定时间内获得服务	(1)当客人杯中尚余四分之一的饮料时,已要求多加另一杯饮料。 (2)随时可提供确切的东西或设备。 (3)客人无需要求任何种类的服务,服务员已自动提供

续表

时机性	微笑的肢体语言
（1）客人入座后6秒内，即有服务员趋身向前招呼。 （2）客人点酒后3分钟内即可送上。 （3）主菜于沙拉碗用毕后3分钟内上桌。 （4）于最后一道菜收拾完毕后，3分钟内给账单。 （5）客人用餐完毕离席后，桌面重新摆设，于1分钟内完成	（1）全体服务员符合工作时的服装仪容标准。 （2）全体服务员面带微笑。 （3）举止行为文雅、平稳、收敛、有精神。 （4）在客人面前不抽烟、不嚼口香糖。 （5）与客人交谈时，双眼注视对方。 （6）手臂动作收敛。 （7）面部表情适当
顺应性	友善的语调
（1）菜色顺应客人要求而调整。 （2）将特殊客人的要求转达给经理。 （3）顺应行动不便客人的要求。 （4）特殊节庆的认定及处理	服务员说话语气随时保持精力充沛及热情
督导	客人反应
（1）餐厅楼面随时可见一位经理于现场督导。 （2）经理亲自处理客人抱怨问题。 （3）经理当班时征询用餐客人的意见	（1）上菜后2分钟内询问客人意见。 （2）请求客人于用餐完毕后给予评语
双向沟通	肯定的态度
（1）服务员填写菜单时，字迹清晰、整齐，使用正确的简写。 （2）服务员说话语气清楚。 （3）服务员具备倾听技巧	（1）服务员完全地表现出愉悦及协调性。 （2）服务员完全地表现出高度服务热情。 （3）服务员乐于工作。 （4）服务员相互合作无间
有效的销售技巧	机智的用字
（1）服务员有效推荐菜色，使得客人充分了解商品特色。 （2）推荐某样菜色时，服务员可以说出其特色及其优点	（1）遣词用字正确。 （2）使用正确的文法。 （3）服务员之间避免使用俚语。 （4）服务员之间避免摩擦
称呼客人的名字	圆滑地解决问题
（1）称呼常客的名字。 （2）以某人登记订位时，一律尊称所属的某团体。 （3）客人使用信用卡结账后，一律称呼客人的名字	（1）客人在离开餐厅时，问题都能圆满地解决。 （2）经理亲自与抱怨的客人洽谈。 （3）问题的解决方式，能针对客人所提出的问题来解决
关心	备注
（1）关心每桌客人的不同需求。 （2）关心年长客人的需求。 （3）尊重客人消费额度	评分：（1）C→持续性的。 （2）I→非持续性的。 （3）N→不存在的

（四）提供客人反应、认知及奖励措施

1.施行奖励措施的益处

客人对某员工给予正面的评价，餐厅因此给予该员工奖励措施，这是一种正

面的推动力量。这种正面的推动力量，可以不断地活跃整个服务流程。

　　换句话说，如果某种服务方式被赋予负面评价时，这种服务方式自然会逐渐消失。受到正面评价的服务方式，则肯定会受到经理人以及服务人员的重视，并且将此种服务方式视为自己所期望的服务品质的标准。

　　在这样的工作环境下，大家的注意力会集中在谁将事情做好做对，而不去挑毛病。

2.奖励措施的要点

（1）给予特殊或促销项目某一比例的现金，回馈奖励。

（2）给予一笔现金，奖励某项销售成绩。

（3）以销售量为基准，给予某一比例的红利。

（4）针对团体所共创的业绩，可给予团体奖励。

（5）制订利润分享制度，来鼓励团体共创业绩。

（6）针对每月、每季最佳销售人员，提供特殊的奖励。

（7）给予文化活动的招待券，额外给予休假。

（8）给予礼券及免费运动衣。

（9）公布得奖人姓名、业绩，赠予奖牌或加薪。

（10）团体旅游活动。

（11）给予特殊成就标志的别针。

（12）给予优先选择工作轮班时段。

（13）交由主管予以口头奖励。

进行服务评估时，必须具备记录偶发频率的指标级数、记录观察行为的频率两个基本条件。

三、每日工作检查

　　餐厅经理要进行每日工作检查，可以制作一个每日工作检查表，保证餐厅各项工作正常运营。

【工具06】每日工作检查表

每日工作检查表

检查时间	检查内容	检查结果	
		是	否
	（1）员工是否准时上班？各部门（未休假）人员是否到齐		
	（2）营业前的勤务工作是否安排妥当		
	（3）勤务工作执行状况如何？是否有疏漏？时间及重点掌握是否确实		

续表

检查时间	检查内容	检查结果 是	否
	（4）是否有未分配到的工作？并分配人员完成		
	（5）10：45各项勤务工作应已完成，准备换装及用餐		
	（6）10：50巡视勤务工作的善后，并安排员工午膳		
	（7）11：00全体员工用餐完毕		
11：00前例行工作	（1）店面前的骑廊与马路均视为清洁区域，应保持整洁位		
	（2）店面前的海报架、订席牌、脚踏垫是否清洁并定		
	（3）地毯是否清洁完毕？阶梯铜条是否擦拭，大理石地面是否做好了		
	（4）灯光和空调是否调整正常（含灯泡是否有损坏并更换）		
	（5）蒸馏水与冰块是否补充正常？银水壶擦拭过了没有		
	（6）送洗衣物、厂商送达的布件是否归位		
	（7）收银台的柜台和休息区的沙发是否整理		
	（8）收银台播放的音乐是否正确		
	（9）收银台的菜单是否整理并摆放定位		
	（10）各服务台上的备品是否补充齐全（盅、桶、托盘及作料等）		
	（11）各桌面是否摆放正确且清洁（餐具、纸巾、餐垫纸、水杯、胡椒盐罐、烟灰缸、意见卡、台卡、调味罐、花瓶、面包盘、台心布等），餐椅擦拭及排放是否整齐		
	（12）备餐区沙拉、冰箱内废纸巾是否有清理并关上玻璃门和打开电源		
	（13）吧台各项备品是否准备充分（含各项饮料、水果、吸管、口香糖、奶粒、咖啡粉、台面，并至库房补足所有备品及酒）		
	（14）洗手间是否清洁（含卷桶纸、擦手纸、镜面、台面、地板、小便斗、马桶等）		
	（15）饭菜是否准备妥当，员工是否着装完毕并就位，准备用餐		
午市营业前及营业中例行工作	（1）是否有餐前集合		
	（2）员工的工作和区域是否分配妥当		
	（3）员工用餐的桌面是否有指定人员完成整理		
	（4）各区域人员是否就位并进入状态（如备餐区，前菜、沙拉、汤、面包、碗的补充）		
	（5）勤务工作未完成事项是否已指派人员补充完成		
	（6）服务是否有缺失（含a.推拉椅子 b.上湿纸巾 c.加水 d.上菜单 e.点菜 f.出餐 g.酒类服务 h.点烟 i.换烟灰缸 j.为客人披挂外套 k.餐中加水 l.语言 m.结账 n.迎客 o.送客 p.带位		

续表

检查时间	检查内容	检查结果 是	检查结果 否
午市营业前及营业中例行工作	（7）出菜是否正常（含太快、太慢及吧台附餐和单点饮料）		
	（8）客人用餐状况及反应		
	（9）食品是否有缺失		
	（10）员工服务是否亲切（微笑、语言及动作有无漏失）		
	（11）各区域人员的工作量及服务量是否平均？有无调动支援的必要		
	（12）空调是否保持正常（有否太冷或不足）		
	（13）音乐是否保持正常（有否太大声、太小声或中断）		
	（14）洗手间是否随时保持清洁（含卷桶纸、擦手纸、镜面、台面、地板、小便斗、马桶各项备品的补充）		
	（15）上午营业前是否将灯光调至较柔和的亮度		
	（16）地毯是否随时保持清洁		
	（17）客人桌面是否随时保持清洁（含空杯、换烟灰缸、调味罐、废纸巾等）		
	（18）是否随时掌握对员工及客人的状况		
	（19）上午收尾工作是否于13：30分派妥当		
	（20）员工工作是否准时分派妥当		
	（21）员工执行状况如何？是否有遗漏？时间掌握是否准确		
	（22）是否有特殊工作需完成，并分派人员执行		
	（23）现场客人是否有人服务？有无遗漏		
	（24）13：50备餐区人员是否将备品回收厨房		
	（25）13：50员工是否擦拭餐具（含银盘及各类餐具），并归定位		
	（26）13：50是否分派人员全场买单，有否彻底执行		
	（27）13：50收尾工作未完成，是否指派人员补充完成		
13：55收尾工作	（1）员工各项工作是否准时完成并上报		
	（2）各服务台的备品是否收存妥当，并台面擦拭（含餐具包、盅、桶、作料及杂物）		
	（3）灯光、空调是否进行调整		
	（4）备餐区是否整理清洁（含保温汤架是否关电、煎板烤箱瓦斯是否关妥、是否有餐具未送洗，汤、面包、作料是否送回，杂物是否清理、备餐间是否清洁等）		
	（5）吧台是否整理（含各项食品的冰放、杯酱的清洗、台面的整理等）		

续表

检查时间	检查内容	检查结果 是	检查结果 否
13：55 收尾工作	（6）餐具是否擦拭清洁并归位（含餐具及银盘）		
	（7）桌面摆设是否正常（含餐具、纸巾、餐垫纸、水杯、胡椒盐罐、牙签罐、烟灰缸、烛台、台卡、意见卡、花瓶、面包盘、椅子、台心布）		
	（8）收银结账是否完成		
	（9）蒸馏水、湿纸巾、糖缸是否补充完成		
	（10）吧台餐具是否擦拭清洁并归位		
	（11）盘子是否擦拭清洁并补充至各位置		
	（12）未完成工作是否指派人员补充完成		
	（13）水电、煤气开关是否关妥		
	（14）空班留守人员是否安排妥当，有否交代事项并交办完成		
17：00 例行工作	（1）马路、走廊、踏垫、门面玻璃（含窗台）是否清洁光亮		
	（2）地毯是否清洁，地上物是否摆放定位（含服务台、婴儿椅、餐桌、椅子、海报架、蒸馏水、桶架、订席牌等）		
	（3）灯光、空调是否调整正常（含灯泡是否有损坏，并安排人员更换）		
	（4）蒸馏水及冰块是否补充正常		
	（5）收银台的柜台和休息区的沙发是否整理清洁		
	（6）收银台的菜单是否整理，并摆放定位		
	（7）各服务台上的备品是否补充齐全（含盅、桶、托盘、盘、作料等）		
	（8）各桌面摆设是否正确（含餐具、纸巾、餐垫纸、水杯、胡椒盐罐、牙签罐、烟灰缸、意见卡、台布、台心布、台卡、柜台、调味罐、花瓶、面包盘等）		
	（9）备餐区用品是否准备完成		
	（10）吧台煤气是否点火，水壶及保温箱是否水位正常		
	（11）员工饭菜是否准备妥当		
	（12）员工是否着装完毕并准备用餐		
晚市营业前及营业中例行工作	（1）是否有餐前集合		
	（2）员工的工作是否分派妥当		
	（3）员工用餐的桌面是否有指定人员完成整理		
	（4）各区域人员是否就位，并进入状态（如备餐区，前菜、沙拉、汤、面包、碗、盘的补充）		
	（5）勤务工作未完成事项是否有指派人员补充完成		

续表

检查时间	检查内容	检查结果 是	否
晚市营业前及营业中例行工作	（6）服务是否有缺失（含a.推拉椅子 b.上湿纸巾 c.加水 d.上菜单 e.点菜 f.出餐 g.酒类服务 h.点烟 i.烟灰缸 j.为客人披挂外套 k.餐中加水 l.语言 m.结账 n.迎客 o.送客 p.带位）		
	（7）出菜是否正常（含太快、太慢及吧台附餐和单点饮料）		
	（8）客人用餐状况及反应		
	（9）食品是否有缺失		
	（10）员工服务是否亲切（微笑、语言及动作、有无漏失）		
	（11）各区域人员的工作量及服务量是否平均，有无调动支援的必要		
	（12）空调是否保持正常（有否太冷或不足）		
	（13）音乐是否保持正常（有否过大声、太小声或中断）		
	（14）洗手间是否随时保持清洁（含卷桶纸、擦手纸、镜面、台面、地板、小便斗、马桶及各项备品的补充）		
	（15）晚上营业前是否将灯光调至较柔和的亮度		
	（16）地毯是否随时保持清洁		
	（17）客人桌面是否随时保持清洁（含空杯子、换烟灰缸、调味罐、废纸巾等）		
	（18）是否随时掌握对员工及客人的状况		
	（19）下午收尾工作是否分派妥当		
	（20）开始安排营业后收尾工作		
	（21）指示单位主管开始分派人员执行例行工作		
	（22）现场的客人仍需指定专人服务		
	（23）员工执行状况如何		
	（24）是否有特殊工作应完成，并分派人员执行		
	（25）现场客人是否有人服务，有否遗漏		
	（26）21：00备餐区人员是否将备品回收厨房		
	（27）21：45员工是否擦拭餐具（含银盘及各类餐具）并归位		
	（28）21：50是否分派人员全场买单，有否彻底执行		
	（29）21：50收尾工作的最后检查		
21：50 收尾工作	（1）员工各项工作是否确实完成		
	（2）各服务台的备品是否有收妥当（含餐具包、盅、桶、杂物等）		
	（3）各服务台的台面是否已擦拭，并更换置物格内的废纸巾		

续表

检查时间	检查内容	检查结果	
		是	否
21:50 收尾工作	(4) 备餐区是否整理清洁（餐具是否送洗，作料及沙拉是否送回厨房，备餐间地板有否刷洗等）		
	(5) 调味罐是否补充及擦拭并摆放定位		
	(6) 各服务台置物格内的调味罐是否正确		
	(7) 灯罩、烛台是否确实清理并归位		
	(8) 花瓶是否收回定位，并将花摆放妥当		
	(9) 桌面是否摆设整齐（含餐具、纸巾、餐垫纸、水杯、胡椒盐罐、烟灰缸、意见卡、台卡、调味罐、面包盘、椅子等）		
	(10) 口布是否清洗，并置放定位		
	(11) 吧台糖缸是否补充，餐具是否擦拭并归位		
	(12) 垃圾是否倾倒，垃圾桶周围是否清理		
	(13) 托盘是否清洗、清洁并定位		
	(14) 餐具是否擦拭清洁并归位（含银盘及各类餐具）		
	(15) 香槟桶架及银水壶是否已倒水，并放置定位		
	(16) 盅、桶及调味盅是否清洗干净，并放置定位		
	(17) 吧台是否整理（含各项食品的摆放、杯盘的清洗、台面的整理、地板的刷洗等）		
	(18) 收银台是否完成结账工作		
	(19) 依未离去客人的人数，所在位置适度调整灯光、冷气		
	(20) 是否准时通知人员做营业后检讨会，并准时就位		
	(21) 会后未完成的收尾工作是否安排人员补充完成		
22:00 下班前例行检查	(1) 下班前先确认次日休假与服务人员名单，并检查煤气总开关是否关妥		
	(2) 未用完的食品是否妥善收藏？冰箱门是否关妥并上锁		
	(3) 是否熄灭所有火烛		
	(4) 台面的煤气开关是否关妥		
	(5) 内场烤箱是否关闭？冰箱是否正常运转		
	(6) 内场是否熄灭所有火烛及火种		
	(7) 内场后门是否关妥		
	(8) 内场灯光是否全关妥		
	(9) 库房门是否关妥？灯是否关妥		

续表

检查时间	检查内容	检查结果	
		是	否
22:00下班前例行检查	(10) 空调是否关妥		
	(11) 踏垫等物品是否自门口收回店内		
	(12) 铁卷门是否关妥		
	(13) 各项灯光是否确实关妥		
	(14) 机房及更衣室的灯是否关妥		
	(15) 离开前对整个店的外观再巡视一遍		

第六章
餐厅收入管理

餐厅的收入种类多、弹性大,有些餐厅除了基本的菜品销售收入、酒水销售收入外,还有一些其他的业务收入,比如酒水商进场费、废品销售收入、小费、广告费等,同时,餐厅的收入涉及现金比较多,所以,餐厅要特别关注收入的管理,尤其是收银及现金的管理。

学习目标

1. 了解怎样管理餐营业收入及营业外收入。
2. 掌握餐厅现金收入管理的方法。

第一节 营业收入管理

一、菜品收入管理

菜品收入是餐厅营业收入的主要来源。因此,餐饮企业管理者一定要采用各种措施来提高菜品收入。

(一)加大推销力度

要想增加菜品收入,当然首先需要有客人消费。对于菜品的推销就是其中的重中之重,如果店中没有顾客光临,那再多也是徒劳。

这里的推销,包括对整个餐厅的推销,即吸引客人来店,也包括在客人点菜时的推销。

大型的餐厅都有专门负责营销人员进行推销,可是对于一般的餐厅就没有那么专业。但是也可以采用各种方式进行推销,比如在餐厅门口悬挂宣传横幅,写出优惠项目。再比如散发传单等等。

当客人点菜时,要求负责点菜人员必须相当熟悉餐厅所有菜品菜式,为客人推荐合适的菜品,而不是一味地让客人点很多菜,从而造成浪费。

(二)保证菜品质量

菜品质量包括菜品特色、菜品味道、菜品盛器、菜品色泽以及菜品搭配五个方面。因为只有保证菜品质量,才能拥有更多的回头客。对于菜品质量控制,具体如表6-1所示。

表6-1 菜品质量控制方法

序号	方法类别	具体要点
1	菜品特色	(1)聘请好的厨师,厨师要有两三手做特色菜的绝技,而且必须有开拓性,要敢于创新、善于创新、肯于创新和不断创新,要有敬业精神。

续表

序号	方法类别	具体要点
1	菜品特色	（2）餐饮企业管理者应尽最大努力把好原料来源这一关，才能确保菜品具有特色。 （3）调料、酱汁，对营造特色出品也是不可缺的。 （4）作为餐饮企业管理者，要激发餐厅所有人员的创新精神，并引领、启发他们开拓思路，不断开发新品种，创制新口味，丰富新菜单。 （5）特色菜品还要讲究每市数量的控制
2	菜品味道	（1）作为餐饮企业管理者，把好原材料进货的质量关。 （2）必须聘请热爱本职工作、乐于进取而又有一定技能、一定创新能力的人来担当厨师的重任。 （3）制订本餐厅统一的味道标准。 （4）顾客反馈，顾客就是最好的把关者，因为他们的餐饮消费点大多不是固定的
3	菜品盛器	（1）美观大方，新颖别致。 （2）风格应与餐厅经营风格一致。 （3）材质选择需考虑客人兴趣
4	菜品色泽	（1）多了解其他餐厅的菜品。 （2）懂得颜色搭配的相关知识。 （3）把握顾客在不同时候对不同颜色产生的不同感觉
5	菜品搭配	（1）色彩搭配协调。 （2）味道搭配均匀。 （3）形状搭配顺眼。 （4）荤素搭配有度。 （5）中西搭配调和

二、酒水收入管理

饮品收入是指餐厅各种饮料及酒水收入。酒水的销售控制历来是很多餐厅的薄弱环节，因为，一方面餐饮企业管理者缺乏应有的专业知识；另一方面，酒水销售成本相对较低，利润较高，少量的流失或管理的疏漏并没有引起足够的重视。酒水的销售管理不同于菜肴食品的销售管理，有其特殊性。因此，加强酒水销售管理与控制，对有效地控制酒水成本，提高餐厅经济效益有着十分重要的意义。

（一）酒水销售形式

餐厅中酒水销售一般采用整瓶的销售方式，偶尔也会采用零杯或配制的销售方式。例如有的餐厅有自己配置的酸梅汁、扎啤等向客人采用按零杯或装瓶的方式销售，既能突出餐厅的特色，又能满足顾客的不同需求，同时增加了饮品的收入。

（二）销售原则

餐厅的酒水销售，需要遵循的基本原则，具体如表6-2所示。

表6-2　酒水销售基本原则

序号	原则类别	具体内容	备注
1	价格既符合竞争原则又相对稳定	参考其他餐厅的销售价格，采用相同的或相差极少的价格来保持竞争力，同时为了稳定顾客心理，一般价格制订后不轻易改动，价格相对稳定	同一地区，档次类型相近的餐厅竞争会比较激烈，而且酒水销售的内容相差不大
2	零折扣	单位协议折扣、会员卡折扣等一般只适用于菜肴、海鲜等的优惠上，在酒水消费上，几乎所有的餐厅都在协议或说明里注上酒水消费不打折	
3	谢绝客人自带酒水	自带酒水造成的利润损失占整个酒水流水的二到三成左右，若客人执意坚持自带，一般餐厅收取一定比例的服务费	

（三）酒水销售策略

餐厅要想增加酒水销售收入，是需要讲究一定的销售策略的。一般常用的酒水销售策略，包括以下几点，如表6-3所示。

表6-3　酒水销售策略

序号	销售策略	具体说明
1	减价	减价是指依靠降低价格来扩大市场，增加销售量来增加利润，一般来讲这种策略顾客乐意接受，很多时候餐厅采取这种策略来排挤竞争扩大市场份额对手同时增加利润
2	提价	提价是指一般提价策略是不大适用的，因为其违背了酒水销售价格的竞争原则和相对稳定的原则。但是，在旅游旺季特别是当餐厅极度饱和的情况下，适度的提高酒水的销售价格可以极好的弥补应接待量不足而造成的损失。但是经营者在提价时必须充分考虑顾客的承受力，提价要适度谨慎
3	对服务员进行培训	对服务员进行培训，提高服务员的酒水推销技能。服务员的主动招徕对招徕顾客具有很大作用。在客人就餐时，服务员要注意观察客人有什么需要，要主动上前服务。比如有的客人用完一杯红酒后想再来一杯。而环顾四周却没有服务员主动上前，客人因怕麻烦可能不再要了。因此在宴会、团体用餐、会议用餐的服务过程中，服务员要随时注意，看到客人杯子一空即马上斟酒，往往在用餐过程中会有多次饮酒高潮，从而大大增加酒水的销售量
4	创造好环境	创造好环境是指餐厅应努力为餐饮消费者创造一个优美舒适的消费环境，以此来提高顾客饮酒的兴致

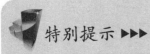

特别提示 ▶▶▶

减价的幅度要有控制,可以参考短期价格控制法,即:折扣后的销售量达到折前的倍数=折扣前每份产品的毛利额/折扣后每份产品的毛利额。一般来说倍数只有大于等于3时,降价才有效果。

三、服务费收入管理

服务费是指餐厅为客人消费的一定比例收取的服务费收入。如今,普通的餐厅也开收服务费。服务费并不是给服务员的小费,而是店里统一收取的。由于现在餐饮业成本增高,加上租金较高,基本都要收取一定额度服务费。收取服务费国外很早就有,并不是新鲜事,但是有的顾客是无法理解的。因此,餐厅一定要对服务费做好管理工作。

在餐厅中,可能会遇到有的客人拒交服务费。因此,餐厅要做好以下各项措施。

（1）在明显处设置谢绝自带酒水的提示牌明示客人,公开表明餐厅相关规定。

（2）当迎宾员发现客人自带酒水时,在带领顾客入座后应立即通知当区部长客人已自带酒水进店,服务员应在第一时间对自带酒水的客人提示本店谢绝客人自带酒水,礼貌的请客人予以配合（轻声耳语或请其离开座位另找地方谈）,如客人执意要用,可在开瓶前明示给客人收取酒水服务费的标准（楼面可打印收费标准存于各区,必要时出示给客人）。

（3）统一回答标准,对于回答客人提出的为何要收取酒水服务费的问题时,可以统一回答。

（4）餐厅为了给回头客留下较大的自主空间,规定如人均消费超过150元,则可自行为客人免去酒水服务费,不再提醒客人收取费用一事。

除去以上几种情况之外,如客人还是拒交酒水服务费,应立即通知相关人员前来处理,根据当时情况在不造成僵局的情况下可适当减免酒水服务费。

四、包房收入管理

餐厅所收费用与项目价位均需明示,否则即视为违规;但餐饮经营者追求商业利润最大化同样是应受法律保护的正当经营权。

餐厅包房收费形式,主要包括以下三种。

（一）规定最低消费标准

根据包房大小不同,最低消费额度也不等。例如某家餐厅规定,一般8人的包间，最低消费600元，而最大的包间最低消费则要达到1000元。消费者消费时，如果消费金额无法达到最低消费标准，将会提醒消费者另外点菜补齐相关费用。

（二）按人数收最低消费

在部分餐厅，则是按照人头收取相关费用。如某家川菜馆规定在包房里消费，每人最低消费得达到80元，否则不允许进入包间。

（三）直接收取包间费

相对于设置最低消费，有的大型酒楼收费更加明确，凡是晚上前来就餐的消费者，每人收取30元的包房费。

除了一些档次较低的餐厅外，规定最低消费标准和收取包房费，在许多高档餐厅内已经成为"惯例"，而大多数地方，在订餐时，工作人员一般会主动告知顾客消费时的注意事项。

五、折扣会计及税务处理

顾客在餐厅消费时经常遇到的优惠方式有三种，即赠券、赠菜、抹零。

赠券即指餐厅根据客人的消费金额赠与其可在一定期限内来本店消费的代金券，券面金额大小不等，多在20～500元之间。

赠菜即指餐厅负责人根据客人的重要程度、消费金额等在其当日来店就餐消费时免费赠与其的菜品。

抹零即指餐厅吧台收银员在客人用现金结账时，给予其的现金折扣，一般餐厅给收银员设置的抹零权限不超过10元。

这三种方式实质都是餐厅给予的折扣。在发生这三种情况时，会计及税务应该如何处理呢？其实这种情况处理的焦点就在于日收入总额及净额的确认。

（一）会计处理

根据审核人员（夜审或日审）报来的日收入报表会计分录，考虑月末要根据商品收入计算应结转的商品进销差的情况，从饮食收入中扣减折扣。

（二）所得税处理

餐厅的返券，说白了就是一种下次消费打折的凭据。其实质是一种折扣形式。在计算缴纳企业所得税时，纳税人的返券部分不计收入，按其实际收到金额计入收入，成本按实际发生核算。

第二节　营业外收入管理

一、酒水商进场费

现在，许多酒水是由酒水商委托餐厅进行代卖，主要包括收取手续费和视同买断两种方式。

（一）收取手续费

收取手续费方式是指餐厅根据代销酒水的数量向委托单位收取手续费的一种方式。餐厅在酒水销售后，按应收取的手续费确认收入。

（二）视同买断

视同买断方式是指由餐厅和委托方签订协议，委托方按合同注明的价款收取所代卖酒水的货款，商品的实际销售价格由餐厅自己决定，实际销售价款与合同价款之间的差额归餐厅所有的方式。

视同买断方式下，委托方并没有把酒水交付给餐厅，因此所有权上的风险和报酬没有转移给餐厅，餐厅不能作为购进商品处理。餐厅在将酒水销售出去之后，按实际销售价格确认收入，向委托方开具代销清单。

下面提供一份某餐厅的酒水购销合同的范本供参考。

【实战范本02】××餐厅酒水购销合同

××餐厅酒水购销合同

甲方（供货方）：＿＿＿＿＿＿＿＿＿＿＿＿＿＿＿
乙方（购货方）：＿＿＿＿＿＿＿＿＿＿＿＿＿＿＿

甲乙双方本着共同发展，诚实守信，互惠互利的原则，为了明确甲乙双方的责任和义务，经甲乙双方共同协商，达成协议如下：

一、双方责任和义务

1.甲方的责任和义务

（1）甲方提供的所有产品质量必须符合国家有关部门的质量要求，否则一切后果由甲方负责。如果出现质量问题假一赔十，并承担给乙方和顾客造成的危害和法律责任，乙方有权终止协议。

（2）在乙方订货后，甲方必须在＿＿＿小时内到货，特殊情况甲乙双方另行约定。

（3）如甲方擅自涨价，乙方有权终止协议，甲方并承担一切后果。

（4）甲方给乙方的产品价格如有调整（调升），甲方须提前一周向乙方声明。乙方有权决定是否同意，如乙方不同意则有权要求继续履行或终止本协议，乙方选择终止本协议的，甲方应承担违约责任。

（5）甲方负责送货到乙方指定的地点（指明：如有变更，乙方需书面通知甲方），由甲方承担运输费用。

2. 乙方的责任和义务

（1）乙方应配合把甲方所有的产品摆在吧台上作为展示。

（2）乙方每月必须提供准确、真实的销售情况，并及时向甲方业务反应。

（3）按照双方协商的结算方式在合同期内结算货款。

（4）乙方购进的产品如果销售不畅，任何品牌的酒水，随时可调换别的产品或原价办理退货。

二、结算方式

1. 按照甲乙双方认可的报价单价格订货后，第一批货到乙方指定的地点，并经乙方指定人员凭甲方出库单对账入库后，先付给甲方总货款的____%，余额作为质量保证金待合同解除时结清，甲方根据首批进货量的____%，分别作为节日和开业庆典的优惠赠送。

2. 双方协商的结算方式：实销实结（不包括首批进货），每月____号结清货款。乙方如有拖欠甲方货款，逾期超过____个月，甲方有权终止协议，并收回所有进店支持，特殊情况双方协商解决。

3. 甲乙双方在规定的对账期内对账，其对账依据由甲方每次送货出具的销售单据，该销售单据上必须有乙方指定人员的签收凭证。

4. 甲方与乙方签订合同之日起，乙方不得销售其他任何公司提供的与甲方报价单内相同的产品，否则甲方有权停止供货及要求乙方付清以前所有货款及进店支持费用，甲方没有经营的品牌，乙方可自行选购。

三、损耗残次品处理

1. 甲方送货到乙方指定地点，乙方应及时以甲方开具的出库单为凭据对账，如出现破损，由甲方负责调换。

2. 甲方应在饮料过保质期前的半个月内办理退货。

四、合同期限

本协议有效期限____年____月____日至____年____月____日止，协议期满1个月内，甲乙双方协商是否续约，本合同期内，甲乙双方有特殊情况不能履约，须提前一周以书面形式通知对方，并承担相应的法律责任及经济损失。

五、违约责任

未经甲乙双方同意，任何一方无权中途终止协议，如有违约，履约方有权向违约方索赔损失，赔偿损失不得低于乙方年销售额（如有特殊情况，一方不能履行合同，应提前联系，但并不免除其违约责任）。

六、甲乙双方互利

1. 甲方给乙方免费提供：_____，以上赠品在首批进货后____日之内必须到位，在规定期限内未到，甲方赔偿乙方由此带来的损失（不低于首批进货额____或指定品牌型号），合同期满后以上赠品归乙方所有，甲方无权干涉。

2. 甲方给乙方进店费____万元，在正式签订合同后____日内现金一次性付清，如规定期限未到，甲方按每日____%的滞纳金赔偿乙方。

3. 每月结算时甲方按____%作乙方的返利，并现金兑现瓶盖费。

4.乙方有产品需求须提前____小时之内与甲方业务联系，以免影响正常使用，否则出现其他后果，甲方概不负责。

七、本协议未尽事项，甲乙双方另行协商，本协议一式两份，经双方代表签字盖章生效，甲乙双方各执一份。

甲方（公章）：　　　　　　　　乙方（公章）：
法人：　　　　　　　　　　　　法人：
日期：　　　　　　　　　　　　日期：

（三）酒水超市

现在，越来越多的餐厅平价设立了酒水超市，销售价格和平价超市一致。其中可供顾客选择的品种有几十种，几乎包括市场上所有的大众酒水品牌。

设立酒水超市可以方便顾客，让利于顾客。自带酒水现象已大幅度下降。与其让顾客出去买，不如方便顾客，提升店内人气，设立酒水超市，上座率将会大大提高。

二、广告收入

不要认为餐厅只有广告支出费用，如果能合理利用店内外的各种载体，同样也可以获得广告收入。这里的广告收入指的是商家在餐厅所做的广告，从而收取的广告费用。比如，餐厅所使用的餐桌上印上××饮料的宣传广告，这当然是需要收取广告费的。又比如遮阳棚，也可以收取一定的费用。

如果餐厅外部刚好有一个外墙，并且在签订租赁合同时注明该外墙使用权是属于餐厅的，然而并不适合做餐厅广告，那可以寻找合适的商家做广告，从而赚取费用。

三、物业使用收入

这里的物业使用是指借用餐厅的物业，从而收取的费用。比如有的酒水商是直接派驻酒水推销员进行酒水推销，餐厅可以从中收取费用。此外，有的小摊贩在餐厅门口卖商品，也可以收取一定费用。有一家餐厅门口就有一个卖煎饼小摊，餐厅每个月要收取2000元。

四、废品收入

变废为宝，餐厅的许多废弃物，如废纸皮、酒瓶、饮料瓶等不要扔掉，可以定期进行整理，然后卖掉。现在有许多的废品回收店，可以与一家店长期合作，让其定期来收取。这样既显示了餐厅的环保意识，同时也无形中增加了收入，可以说是百利而无一弊。

要管理好餐厅的废品，一定要做好各项垃圾的分类。因此，这并不是一个人就能做到的，在平时就应要求每个员工注意垃圾的管理。做好垃圾的分类管理工作，还可以有效预防各种疾病的发生。

第三节　餐厅现金收入管理

一、了解国家对现金管理规定

餐厅要做好现金收入控制与管理，首先必须熟悉国家对现金管理的相关规定，以便符合法律要求。

（一）需要使用现金和禁止使用现金情况

（1）因采购地点不确定、交通不便、抢险救灾以及其他特殊情况，用转账结算不够方便，必须使用现金的，要向开户银行提出书面申请，由本单位财务部门负责人签字盖章，开户银行审查批准后，予以支付现金。

（2）在银行开户的个体工商户、农村承包经营户异地采购的货款，应当通过银行以转账方式进行结算。因采购地点不确定、交通不方便必须携带现金的，由客户提出申请，开户银行根据实际需要予以支付现金。

（3）未在银行开户的个体工商户、农村承包经营户异地采购，可以通过银行以汇兑方式支付。凡加盖"现金"字样的结算凭证，汇入银行必须保证支付现金。

（4）对个体工商户、农村承包户发放的贷款，应以转账方式支付。对于确需在集市使用现金购买物资的，由承贷人提出书面申请，经开户银行审查批准后，可以在贷款金额内支付现金。

（5）开户单位购置规定的专项控制商品，必须采取转账结算方式，不能使用现金。

（二）库存现金限额规定

现金的库存限额，是指为保证各单位日常零星支付，按规定允许留存现金的最高数额。按《现金管理暂行条例》及其实施细则的规定，库存现金限额由开户银行根据各单位的实际情况来核定。

其限额一般不超过企业3至5天的日常零星开支的需要量，而离银行较远，交通不便的单位，可以放宽限额，但最长也不得超过15天的日常零星开支。

对没有银行单独开立账户的附属单位也要实行现金管理，必须保留的现金，也要核定限额，其限额包括在开户单位的库存限额之内。商业和服务行业的找零备用现金也要根据营业额核定定额，但不包括在开户单位的库存现金限额之内。

（三）现金坐支

坐支是指从单位的现金收入中直接用于支付各种开支。坐支现金，容易打乱现金收支渠道，不利于开户银行对单位的现金进行有效地监督和管理，所以，一般情况下，是不准坐支现金的。

按照《现金管理暂行条例》及其实施细则的规定："开户单位支付现金，可以从本单位现金库存中支付或者从开户银行提取，不得从本单位的现金收入中直接支付（即坐支）。""需要坐支现金的单位，要事先报经开户银行审查批准，由开户银行核定坐支范围和限额。坐支单位必须在现金账上如实反映坐支现金，并按月向开户银行报送坐支金额和使用情况。"

一般情况下，企业可以在申请库存现金限额申请批准书内同时申请坐支，说明坐支的理由、用途和金额，报开户银行审查批准，也可以专门申请批准。允许坐支的单位主要包括以下几种。

（1）基层供销社、粮店、食品店、委托商店等销售兼营收购的单位，向个人收购支付的款项。

（2）邮局以汇兑收入款支付个人汇款。

（3）医院以收入款项退还病人的住院押金、伙食费及支付输血费等。

（4）饮食店等服务行业的营业找零款项等。

（四）现金管理"八不准"

按照《现金管理暂行条例》及其实施细则的规定，企业、事业单位和机关、团体、部队现金管理应遵守"八不准"。

（1）不准用不符合财务制度的凭证顶替库存现金。

（2）不准单位之间相互借用现金。

（3）不准谎报用途套取现金。

（4）不准利用银行账户代其他单位和个人存入或支取现金。

（5）不准将单位收入的现金以个人名义存入储蓄。

（6）不准保留账外公款（即小金库）。

（7）不准发行变相货币。

（8）不准以任何票券代替人民币在市场上流通。

二、单据控制——单单相扣，环环相连

单据控制是餐饮店现金收入日常控制的最主要手段。单据控制最重要的注意"单单相扣，环环相连"。

餐厅的现金收入主要包括现金、餐单、物品三个方面。这三者的关系，具体如图6-2所示。

图6-1　现金、餐单、物品三者关系

通过图6-1可以看到，将餐厅的物品供客人消费，然后开出餐单，最后就收回现金。在这三者中，物品是前提，现金是核心，而餐单是关键。因此，餐厅要想管理和控制餐厅现金收入就须将物品传递线、餐单传递线、现金传递线协调统一起来。

三、物品传递线

（一）物品传递

通常所说的物品传递与管理控制的物品传递是不一样的，具体如图6-2所示。

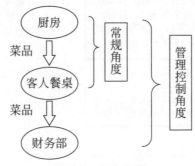

图6-2　物品传递

餐厅物品的传递是指菜品从厨房取出到送至客人餐桌为止。可是从管理控制的角度上看，应将这部分物品传到财会部算出成本为止。

（二）物品传递步骤

餐厅的一般物品传递步骤，主要餐单为"取菜单"。取菜单是一式四联，分别为收银联、留存联、取菜联、传菜联。物品传递步骤，具体如图6-3所示。

第一步	餐厅服务员首先根据客人的要求，开出一式四联的取菜单
第二步	餐厅服务员把一式四联的取菜单交给收银员盖章
第三步	收银员留下一联收银联，用于开立或打印餐单，其他三联退还给服务员
第四步	服务员给自己留下一联留存联，把取菜联和传菜联送到厨房
第五步	厨房根据取菜联制作菜品
第六步	传菜员核对传菜联后将菜品送到餐厅
第七步	下班结束后，厨师把取菜联或传菜联整理好交其主管
第八步	厨房主管将交来的取菜联或传菜联汇总、整理，交予内部稽核人员

图6-3　物品传递步骤

四、餐单传递线

餐单在传递时也有一定的路线，以保证每一环节都服从管理和检查核对的需要。一般的餐厅的餐单传递步骤，具体如图6-4所示。

收银员将取菜单收银联的内容键入收银机（如果没有收银机，则开立餐单），打印出餐单，并把收银联附在其后，按餐台号码的顺序排放好，等待客人结账

　　　　　　↓

客人结账时，收银员根据餐单的最后总金额向客人收款，并把结完账的餐单按编号放好

　　　　　　↓

每班或每天结束时，收银员根据餐单编制本班或本天收银员报告，并打印出收入情况记录纸带，并将此纸带与收银员报告核对后，连同餐单一起交到稽核处

　　　　　　↓

稽核人员仔细审核送来的餐单，做出当日《餐饮店收入日报表》

如果客人又添菜，或酒水，收银员取服务员送来的加菜单的收银联，再键入收银机，打印上面内容

为了节省人员也可由物品线和餐单线的负责人相互稽核对方的报告内容

图6-4　餐单传递步骤

五、现金传递线

餐厅现金的传递步骤,具体如图6-5所示。

图6-5　餐厅现金传递步骤

相关链接 ▶▶▶

餐厅常见结账方式

餐厅收银员常见结账方式一般有两种：柜台形式和餐台付款。

（一）柜台形式

柜台形式就是让客人自己到收银台付款。这种方式容易导致收银员作弊，出现问题。

（二）餐台付款

餐台付款是由服务员从收银台取来餐单，把餐单放在托盘上，送到餐台递给客人。客人检查核对餐单上的明细科目后，把钱放在托盘上，由服务员交到收银台并负责找零。

现在已被普遍采用餐台付款结算方式。因为不但可以避免收银员直接与客人接触，减少错弊发生的机会，而且为客人提供了全方位的服务，方便客人。

六、保持三线统一

物品线、餐单线、现金线既相互独立，又相互影响。餐厅要做好现金收入管理就要将三条线有机地结合在一起。

虽然，物品线与后两条线似乎是独立的，因为负责人都是另设的。其实物品线和取菜单线之间其实是一条连线，厨师依靠取菜单上菜，而取菜单又是餐单计算的基础。因此，问题的焦点就集中在取菜单与其他餐单的统一问题。

例如，走餐就是由于取菜单和餐单不同，取菜单项目多于餐单项目造成的。走单则是取菜单整体丢失，无法和餐单一一对应，使得他人可以有机可乘，贪掉餐单上的款项。

七、关键控制点

现金收入的两大关键控制点,具体如图6-6所示。

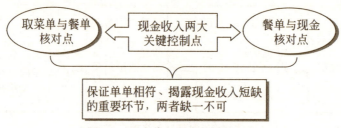

图6-6 现金收入两大关键控制点

如果缺少取菜单与餐单核对点就难以弄清楚应记入餐单的账目是否都已记入,而且也难以发现跑漏账款现象,而一些诸如一单重复收款、私自让客人用餐等舞弊行为更难以及时揭露。

如果缺少餐单与现金核对点,就难以发现和控制应收账款是否全部收入以及现款短缺等现象。

(一)取菜单与餐单核对点

餐厅的收入稽核人员将交来的取菜单与餐单进行核对,检查或测试餐单上的项目是否与取菜单上的项目相符,有无遗漏。

餐厅常见餐单与取菜单不相符的情况,具体情况和原因如表6-4所示。

表6-4 常见餐单与取菜单不相符的情况分析

序号	具体情况	原因分析
1	取菜单项目多于餐单项目	取菜单项目多于餐单项目是指客人在点完菜后加菜,客人所加菜做好后,应及时通知客人,否则如果客人已经离去,就会造成少收入现象,损害餐厅利益
2	在客人加完餐后,餐单项目多于取菜单	在客人加完餐后,餐单项目多于取菜单是指后加菜的取菜单发生丢失,由于现金与餐单核对上,没有造成损失,但应及时补全丢失取菜单,并由有关负责人签字,以防人从中做手脚谋利
3	客人没有加餐,而取菜单项目多于餐单项目	客人没有加餐,而取菜单项目多于餐单项目是指员工是否故意隐瞒或与客人串通,还是属于核算问题
4	客人没有加餐,而取菜单项目少于餐单项目	(1)如果现金与餐单可以对上,则对餐厅没有实质影响 (2)如果客人多付餐费的情况,应及时通知客人,把多付款项退还给客人 (3)如果现金与餐单无法对上,有可能一部分现金被员工利用工作之便贪掉

（二）餐单与现金核对点

餐厅的收入核对，不仅要进行取菜单和餐单的核对，还应与餐厅收入日报表中的现金结算数（其中包括银行支票与出纳员报告及银行存款回单等有关餐单的数额）进行核对，从而，编制现金收入控制表，并对现金溢缺写出追查结果报告。

餐饮企业管理者在核对时，一般会出现以下几种情况，具体如图6-7所示。

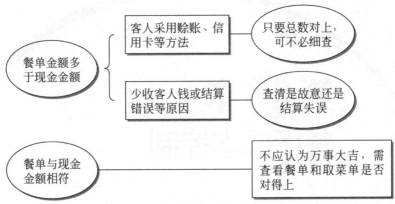

图6-7　餐单与现金核对情况分析

第七章
餐厅成本控制

餐饮成本控制是餐厅经营管理的重要组成部分，成本控制的好坏对经营的成败具有至关重要的作用。餐厅要想生存与发展，必须对成本进行精细化控制。

学习目标

1. 了解餐厅成本的组成与分类，掌握菜品加工的成本控制方法。
2. 了解如何利用标准菜谱控制成本和通过完美服务减少浪费。
3. 掌握人工成本费用控制、餐具损耗费用控制和其他支出费用控制的方法。

第一节 餐厅成本的组成与分类

一、什么是成本

（一）广义成本

广义的成本包括原材料、工资费用、其他费用（包括水、电、煤气，购买餐具、厨具费用，餐具损耗费用，清洁、洗涤费用，办公用品费，银行利息，租金，电话费，差旅费等），如图7-1所示。

$$成本 = 直接材料 + 直接人工 + 其他费用$$

图7-1 广义的成本组成

（二）狭义成本

狭义的成本是指餐厅各营业部门为正常营业所需而购进的各种原材料费用。通常餐厅的成本核算仅指狭义的成本核算。

二、餐厅成本的组成

餐厅成本一般包括直接成本、出库成本、毁损成本（盘点净损失）三个部分，如图7-2所示。

$$餐厅成本 = 直接成本 + 出库成本 + 盘点净损失$$

图7-2 餐厅的成本组成

所有餐厅物资在进入餐厅时，都要经过仓管员验收（参与收货人员有仓管员和使用部门主管）。经收货部验收后，收货部根据物资申购部门和物资性质区别其是否入仓，入仓的下入仓单，不入仓的下直拨单，直接拨给使用部门使用。

盘点净损失是指通过实地盘点，盘点实数与账存数之间的差异。餐厅在运作期间由于各种原因，不可避免会造成账实不符的情况，如出品后因没及时开单没收到钱，酒吧员不小心打破酒水，服务员打破餐具，失窃等。

三、餐厅成本的分类

餐厅成本，根据不同标准，可以分成不同的种类。如表7-1所示。

表7-1 餐厅成本分类

序号	标准	种类	具体内容
1	根据成本可控程度	可控成本	可控成本是指通过员工主观努力可以控制的各种消耗，如食品原材料、水电燃料、餐茶用品等消耗，通过人为努力可以控制
		不可控成本	不可控成本是指很难通过员工主观努力加以控制的成本开支，如折旧费、工资等，在一定经营时期是很难通过人力努力控制的
2	根据成本性质	固定成本	固定成本是指在一定时期和一定经营条件下，不随餐饮产品的生产销量变化而变化的成本。如工资、折旧费用、管理费用等
		变动成本	变动成本是指在一定时期和经营条件下，随产品的生产和销量变化而变化的那部分成本，如食材成本、水电费、燃料费等
3	根据成本与产品形成的关系	直接成本	直接成本是指在产品生产中直接耗用，不需分摊即可加入到产品成本中去的那部分成本，如直接材料、直接人工、直接耗费等
		间接成本	间接成本需要通过分摊才能加入到产品成本中去的各种耗费，如销售费用、维修费用、管理费用等
4	根据成本和决策的关系	边际成本	边际成本是指为增加一定产销量所追加的成本。在餐厅管理中，需要增加餐饮产品产的销量，以增加收入；同时，其成本也会相对增加。当固定成本得到全部补偿时，成本增加又会相对减少，从而增加利润，但产销量增加不是没有限制的，当其超过一定限度时，市场供求关系会发生变化，成本份额也会随之发生变化，从而使利润减少
		机会成本	机会成本是指从多种方案中选择一个最佳方案时，被放弃的次优方案所包含的潜在利益

第二节 菜品加工的成本控制

一、粗加工环节成本控制

粗加工在烹饪中也被称为初步加工,如活鸡、活鸭的宰杀,鱼的宰杀,菜的挑选、洗涤等都属于粗加工环节的工作。

(一)粗加工环节对成本的影响

1. 影响原料出材率的重要环节

粗加工过程是影响原料出材率的重要环节,有四个因素会影响原料出材率,这四个环节中的任一环节出现疏忽,都会直接对原料出材率产生影响,如表7-2所示。

表7-2 影响原料出材率的四个因素

序号	因素	具体说明
1	原材料质量	以土豆为例,如果土豆个大、浑圆,用刮皮刀将外层土豆皮刮掉后,其出材率可以达到85%以上。如果原料个小或外观凹凸不平,其出材率可能就只有65%。因此,原材料质量在整体出材率的影响中占25%,如果原材料质量不理想,就会产生25%的损耗率
2	粗加工厨师技术	粗加工厨师技术是很重要的影响因素。粗加工厨师的技术水准,即对原料的特点、秉性的了解程度、操作熟练程度,也就是对原料的认知程度。粗加工厨师技术在影响整体出材率因素中也占有25%的比例。也就是说,如果粗加工厨师技术不过硬,将损失25%的原料
3	加工工具优劣	刀和砧板是粗加工厨师使用的两个主要加工工具,其优劣如下。 (1)砧板中间凹凸不平、周围破裂,刀不锋利等,都会给粗加工厨师造成很大麻烦,无论多么熟练的粗加工厨师,面对不尽如人意的工具,其技巧都很难得到发挥。 (2)加工刀具一定要锋利,长短、宽窄都要恰到好处,而且要根据宰杀对象的特征挑选合适的工具,使粗加工厨师使用起来得心应手
4	科学的加工方法	科学的加工方法是指预先规划好先从何处下手,到何处终结,中间需要几个步骤,做到下刀比例以及深浅程度都合适,从而实现加工完成后,不造成任何浪费。如剔一只鸡,应从鸡肋下手剔第一刀,最后一刀由腿骨收尾。加工方法对出材率的影响为25%

只有以上四种因素均达到最佳状态时,加工后的出材率才能达到最理想状态。

2. 掌握好粗加工可提高毛利5%左右

根据实际经验,掌握好净出率可以将毛利点提高5%,如果原本是月均200万元的总收入,可以提升10万元的毛利。

（二）保证粗加工的净出率

1. 蔬菜粗加工的净出率

粗加工厨师根据不同蔬菜种类和烹饪规定使用标准，对蔬菜进行择、削等处理，如择去干老叶子、削去皮根须、摘除老帮等。对于一般蔬菜择除部分可按规定净出率进行。部分蔬菜类净出率，如表7-3所示。

表7-3 部分蔬菜类食材净出率

毛料品名	净料处理项目	净料		下脚料、废料损耗率/%
		品名	净料率/%	
白菜	除老叶、帮、根，洗涤	净菜心	38	62
白菜、菠菜	除老叶、根，洗涤	净菜	80	20
时令冬笋	剥壳、去老根	净冬笋	35	65
时令春笋	剥壳、去老根	净春笋	35	65
无叶莴苣	削皮、洗涤	净莴苣	60	40
无壳茭白	削皮、洗涤	净茭白	80	20
刀豆	去尖头、除筋、洗净	净刀豆	90	10
蚕豆、毛豆	去壳	净豆	60	40
西葫芦	削皮、去籽、洗涤	净西葫	70	30
茄子	去头、洗涤	净茄子	90	10
冬瓜、南瓜	削皮、去籽、洗涤	净瓜	75	25
小黄瓜	削皮、去籽、洗涤	净黄瓜	75	25
大黄瓜	削皮、去籽、洗涤	净黄瓜	65	35
丝瓜	削皮、去籽、洗涤	净丝瓜	55	45
卷心菜	除老叶、根，洗涤	净卷心菜	70	30
卷心菜	除老叶、根，洗涤	净菜叶	50	50
芹菜	除老叶、根，洗涤	净芹菜	70	30
青椒、红椒	除根、籽，洗涤	净椒	70	30
菜花	除叶、梗，洗涤	净菜花	80	20
大葱	除老皮、根，洗涤	净大葱	70	30
大蒜	除老皮、根，洗涤	净大蒜	70	30
圆葱	除老皮、根，洗涤	净圆葱	80	20
山药	削皮、洗涤	净山药	66	34
青、白萝卜	削皮、洗涤	净萝卜	80	20
土豆	削皮、洗涤	净土豆	80	20
莲藕	削皮、洗涤	净莲藕	75	25
蒜苗	去头、洗涤	净蒜苗	80	20

2.活禽粗加工的净出率

根据不同活禽类别与制作菜品的不同质量规格需求和活禽基本加工步骤，其净出率如表7-4所示。

表7-4 部分家禽类食材净出率

毛料品名	净料处理项目	净料		下脚料、废料损耗率/%
		品名	净料率/%	
光统鸡	分档整理，洗涤	净鸡 其中： 鸡肉 鸡壳 头脚 胗肝	88 43 30 11 4	12
毛统鸡	宰杀，去头、爪、骨、翅、内脏	熟白鸡	55	45
	剔肉	鸡丝	35	65
	宰杀，去头、爪、内脏	鸡块	50	50
毛笨鸡	宰杀，去头、爪、内脏	净鸡	62	38
野鸡	宰杀，去头、内脏，洗净	净野鸡	75	25
野鸭	宰杀，去头、内脏，洗净	净野鸭	75	25
光鸭	宰杀，去头、内脏、洗涤	熟鸭	60	40
光鸡	煮熟，整理分档	净鸡 其中： 胗肝 肠 脚 带骨肉	94 8 3 8 75	6
鸭胗	去黄皮垃圾，洗涤	净胗	85	15
活公鸡	宰杀，洗涤，分档	净鸡 胗、肝、心、脚、腰等	67 18	15
活母鸡	宰杀，洗涤，分档	净鸡 胗、肝、心、脂肪、脚等	70 17	13

3.淡水鱼类粗加工的净出率

部分水产品类食材的净出率，如表7-5所示。

表7-5 部分淡水鱼类食材的净出率

毛料品名	净料处理项目	净料		下脚料、废料损耗率/%
		品名	净料率/%	
鲤鱼、鲢鱼	宰杀，去鳞、鳃、内脏，洗涤	净全鱼	80	20
鲫鱼、鳜鱼	宰杀，去鳞、鳃、内脏，洗涤	净鱼块	75	25
大、小黄鱼	宰杀，去鳞、鳃、内脏，洗涤	炸全鱼	55	45
黑鱼、鲤鱼	剔肉切片	净鱼片	35	65
鲢鱼	剔肉切片	净鱼片	30	70
活鳝鱼	宰杀，去头、尾、肠、血洗净	鳝段、丝	62/50	38/50
活甲鱼	宰杀，去壳、去内脏、洗涤	熟甲鱼	60	40

4.海产品粗加工的净出率

当天进购的海产原料，如需要解冻后再进行加工则先进行解冻；从海产冰箱中取出当天需要的原料，进行解冻；在夏季解冻原料应注意要浸在水中。部分海产品食材的净出率，如表7-6所示。

表7-6 部分海产品食材净出率

毛料品名	净料处理项目	净料		下脚料、废料损耗率/%
		品名	净料率/%	
鳜鱼	剔肉切片	净鱼片	40	60
鲳鱼	宰杀，去鳞、鳃、内脏，洗涤	无头净鱼	80	20
带鱼	宰杀，去鳞、鳃、内脏，洗涤	无头净鱼	74	26
鲅鱼	宰杀，去鳞、鳃、内脏，洗涤	净鱼	76	24
大虾	去须、脚	净虾	80	20
比目鱼	宰杀，去内脏、皮、骨，洗涤	净鱼	59	41
鳜鱼	剔肉切成泥茸	净鱼泥茸	45	55

5.干货原料粗加工的净出率

干货原料粗加工，主要指的是干货的涨发。由于干货原料品种多样，涨发方法也各不相同。掌握正确的涨发方法，可以大大提高干货净出率。粗加工厨师在对干货原料进行加工时，需要掌握其净出率，如表7-7所示。

表7-7 部分干货类食材净出率

毛料品名	净料处理项目	净料		下脚料、废料损耗率/%
		品名	净料率/%	
鱼翅	拣洗，泡发	净水发鱼翅	150～200	
刺参	拣洗，泡发	净水发刺参	400～500	

续表

毛料品名	净料处理项目	净料		下脚料、废料损耗率/%
		品名	净料率/%	
干贝	拣洗，泡发	水发干贝	200~250	
海米	拣洗，泡发	水发海米	200~250	
干鱼肚	油浸发水泡软挤干水分	水发鱼肚	300~450	
蛰头	拣洗，泡发	净蛰头	130	
海带	拣洗，泡发	净水发海带	500	
干肉皮	油浸发水泡软挤干水分	水发肉皮	300~450	
干猪蹄筋	油浸发水泡软挤干水分	水发猪蹄筋	300~450	
干蘑菇	拣洗，泡发	水发蘑菇	200~300	
黄花菜	拣洗，泡发	水发黄花菜	200~300	
竹笋	拣洗，泡发	水发竹笋	300~800	
冬菇	拣洗，泡发	水发冬菇	250~350	
香菇	拣洗，泡发	水发香菇	200~300	
黑木耳	拣洗，泡发	水发黑木耳	500~1000	
笋干	拣洗，泡发	水发笋干	400~500	
玉兰片	拣洗，泡发	水发玉兰片	250~350	
银耳	拣洗，泡发	净水发银耳	400~800	
粉条	拣洗，泡发	净湿粉条	350	
带壳花生	剥去外壳	净花生仁	70	30
带壳白果	剥去外壳	净白果仁	60	40
带壳栗子	剥去外壳	净栗子肉	63	37

（三）做好收台减少浪费

粗加工厨师在收台时，应做好相应收台工作，以减少浪费、节约成本，收台的具体工作如表7-8所示。

表7-8 收台工作

序号	工作事项	具体说明
1	整理货架	整理货架是指将用于陈列蔬菜加工品的货架，进行全面整理。 （1）将货架上的所有原料、用具、盛具等取下，进行清扫清洁处理。 （2）对于剩余的无需保鲜处理原料，如南瓜、冬瓜等，应摆放在固定位置上，以便下餐使用。 （3）用于加工和盛放蔬菜的工具、盛具应摆放在货架的固定位置上，便于取用

续表

序号	工作事项	具体说明
2	余料处理	余料处理是指将剩余的加工好的蔬菜、肉类、水产品等原料,放置在专用料盒内,包上保鲜膜,放恒温箱内存放,留待下一餐再用
3	清理台面	清理台面是指将料盒、刀、砧板等清洗干净,用干抹布擦干水分,放回货架固定存放位置或储存柜内,然后将料理台的台面及其四周用抹布擦拭两遍后晾干
4	清洗水池	清洗水池是指先清除不锈钢水池内的污物杂质,用浸过餐洗净的抹布内外擦拭一遍,然后用清水冲洗干净,再用干抹布擦干

二、配份环节成本控制

配份环节即厨房当中俗称的"配菜",也被称为配膳。配菜就是将加工成形的各种原料加以适当配合,使其可烹制出一道完整菜品的过程。如为凉菜,即配合成可以直接食用的菜品,这个操作过程即为配份环节。

(一)配菜环节是成本控制重点

配菜是制作菜品过程中非常重要的中心环节,菜品量化大小,都取决于配菜师。主料、配料、调料这三个要素构成菜品成本。以鱼香肉丝为例,主料是330克通脊肉丝,125克竹笋丝;配料为50克香菇或25克木耳丝;调料包括郫县豆瓣辣酱、酱油、盐、糖、醋、蒜、葱、姜、淀粉、红油等。配菜师掌管着三大料中的主料和配料。

每一道菜品都有很大部分成本损耗在于配菜师,如果配菜师未加节制,用量控制不好,本应是225克的重量,却可能配了350克。

如果某餐厅配菜师成本意识不强,在配鳝鱼丝时只用目测,每次配半盘用量。经称量每盘鳝鱼丝约为350克,经计算每道鳝鱼丝菜品的成本比售价高出8元,即餐厅每销售出一盘鳝鱼丝要损失8元。

菜品成本的高低与配菜具有直接联系。如鱼香肉丝的味道是以辣、甜、酸为基础的三种口味综合而成,制作工艺比较复杂,但制作出的菜品精美无比,且价格经济。那么,鱼香肉丝的成本究竟有多高呢?这就需要配菜师来确定。

一家高级餐厅的鱼香肉丝的标准用料是330克通脊丝、125克竹笋丝、50克香菇丝,配上明汁亮芡打红油,红油汪出菜边一个韭菜叶宽度,围着盘周一圈,价格38元/道。同样一道菜如果放在普通小餐厅,则可能只售20元/道,其原料组成当然不同,在小餐厅中使用的主料是125克肥瘦肉丝,一把胡萝卜丝,一把糟木耳,也没有明汁亮芡打红油。

所以菜品售价由成本而定,成本是根据配菜中加的原料而定,由原料成本、人工成本为基础确定其价格是最科学、最准确的。当然也需要考虑周围餐厅价格，以便同营运挂钩。

（二）细加工的切割规格

1.常见主、配料料形切割规格

细加工主要是配菜厨师将粗加工厨师加工后的食材，进行进一步切配，如切成丝、片、丁等。常见主、配料料形切割规格，如表7-9所示。

表7-9　常用主、配料料形切割规格

料形名称	适用范围	切制规格
丁	鱼、肉等	大丁：1～1.5厘米，碎丁：0.5立方厘米
方块	动、植物	2～3立方厘米
粗条	动、植物	1.5立方厘米，4.5厘米长
细条	动、植物	1立方厘米，3厘米长
粗丝	动物类	0.3～0.5立方厘米，4～6厘米长
细丝	植物类	0.1～0.2立方厘米，长5～6厘米
长方片	动、植物	厚0.1～0.2厘米，宽2～2.5厘米，长4～5厘米

2.常用料头切割规格

常用料头切割规格，如表7-10所示。

表7-10　常用料头切割规格

料头名称	用料	切制规格
葱花	大葱	0.5～1立方厘米
葱段	大葱	长2厘米，粗1厘米左右
葱丝	大葱	长3～5厘米，粗0.2厘米左右
姜片	生姜	长1厘米，宽0.6～0.8厘米，厚1厘米左右
姜丝	生姜	长3～5厘米，粗0.1厘米
香菜段	香菜梗	长3～5厘米
香菜末	香菜梗	长0.5～0.6厘米
蒜片	蒜瓣	厚0.1厘米左右，自然形
葱姜米	大葱、生姜	0.2～0.3立方厘米
蒜茸	蒜头	0.1～0.2立方厘米
干辣椒段	干辣椒	1～1.5厘米长
干辣椒丁	干辣椒	0.5～1立方厘米
青红辣椒丁	青红辣椒	0.2～0.3立方厘米

3.猪肉加工成型标准

猪肉加工成型标准，具体如表7-11所示。

表7-11 猪肉加工成型标准

成品名称	用料及部位	加工成型规格	适用范围
肉丝	里脊、弹子肉、盖板肉、肥膘	长8厘米、粗0.3厘米×0.3厘米	炒、熘、烩、煮
	里脊、弹子肉、盖板肉	长10厘米、粗0.4厘米×0.4厘米	炸、收
肉片	里脊、弹子肉、盖板肉、腰柳	长6厘米、宽4.5厘米、厚0.3厘米	炸、熘、烩、煮
	五花肉、宝肋肉	长8厘米、宽4厘米、厚0.4厘米	蒸
肚片	猪肚	长6厘米、宽3厘米、厚0.4厘米	卤、拌
舌片	猪舌	长6厘米、宽4厘米、厚0.2厘米	卤、拌
……	……	……	……

4.鸡的加工成型标准

鸡的加工成型标准，具体如表7-12所示。

表7-12 鸡的加工成型标准

成品名称	用料及部位	加工成型规格	适用范围
鸡丝	鸡脯肉	长8厘米、粗0.4厘米×0.4厘米	炒、熘、烩、煮
	鸡脯肉、腿肉	长6厘米、粗0.4厘米×0.4厘米	鸡丝卷
鸡片	鸡脯肉	长6厘米、宽4.5厘米、厚0.3厘米	炒、熘、烩、煮、锅贴
	鸡脯肉、腿肉	长6厘米、宽4厘米、厚0.4厘米	拌
……	……	……	……

5.鱼的加工成型标准

鱼的加工成型标准，具体如表7-13所示。

表7-13 鱼的加工成型标准

成品名称	用料及部位	加工成型规格	适用范围
鱼丝	草鱼、鳜鱼、乌鱼净肉	6厘米、粗0.4厘米×0.4厘米	熘、烩、煮
	……	……	……
鱼片	草鱼、鳜鱼、乌鱼净肉	长6厘米、宽4.5厘米、厚0.4厘米	炒、熘、烩、煮、锅贴
	……	……	……
鱼条	草鱼、鳜鱼、乌鱼、鲑鱼净肉	长6厘米、粗1.2厘米×1.2厘米	蒸、炸、收
……	……	……	……

（三）制定统一配份标准

1.菜品配份标准

菜品配份标准，具体如表7-14所示。

表7-14　菜品配份标准

数量单位：克

菜品名称	分量	主料		辅料		料头		盛器规格	备注
		名称	数量	名称	数量	名称	数量		
鱼香肉丝	1例	猪肉丝	120	莴笋丝	30	姜蒜米	各8	7寸条盘	
				木耳丝	15	鱼眼葱	10		
麻婆豆腐	1例	豆腐	150	牛肉末	30	蒜苗	15	7寸条盘	
……									

2.点心成品配份标准

点心成品配份标准，具体如表7-15所示。

表7-15　点心成品配份标准

数量单位：克

名称	分量	主料		辅料		盛器规格	备注
		名称	数量	名称	数量		
小笼包子	1个	发酵面团	30	肉馅	15	2寸圆碟	
清汤面条	1例	面条	30	菜心	10	2寸汤碗	
玻璃烧卖	1个	烧卖皮	1张	肉馅	20	2寸圆碟	
……							

3.面团配份标准

面团配份标准，具体如表7-16所示。

表7-16　面团配份标准

数量单位：克

菜品名称	数量	主料		辅料		备注
		名称	数量	名称	数量	
发酵面团	500					
油酥面团	800	面粉	500克	猪油	100克	冷水200毫升
……						

4.馅料配份标准

馅料配份标准,具体如表7-17所示。

表7-17 馅料配份标准

数量单位:克

菜品名称	数量	主料		辅料		料头		适用范围
		名称	数量	名称	数量	名称	数量	
豆沙馅	500	绿豆	350	白糖	130	油	20	
猪肉馅	500							
……								

5.臊子配份标准

臊子配份标准,具体如表7-18所示。

表7-18 臊子配份标准

数量单位:克

菜品名称	数量	主料		辅料		料头		适用范围
		名称	数量	名称	数量	名称	数量	
红烧牛肉	500							
猪肉脆臊	500	猪肉	450	红糖	15	料酒、盐、味精、胡椒粉	适量	
				香葱	两根			
……								

三、烹调环节成本控制

烹调环节是指通过加热和调制,将加工、切配好的原料熟制成菜品的加工过程。菜品的烹调,不但影响菜品质量,也与菜品成本控制密切相关。

(一)统一制汁节省成本

制作菜品时经常需要制作各种汤汁,如糖醋汁、西红柿汁、果汁、沙子汁等。为了节省成本,可采用统一制汁法,即每天早上由制汁厨师把汁制作好,然后统一分发给每位厨师,那么厨师就不用再制作所需的各种汁了。

1.热菜主要调味汁规格

(1)麻辣味汁。麻辣味汁规格,具体如表7-19所示。

(2)糖醋味汁。糖醋味汁规格,具体如表7-20所示。

(3)茄汁味汁。茄汁味规格,具体如表7-21所示。

表7-19 麻辣味汁（配制20份菜）

调味品名	数量/克	备注
红油海椒	30	（1）红油海椒30克可以用红油100克代替 （2）所有调料配好之后加开水750克（或鲜汤）调制
花椒粉	20	
红酱油	30	
精盐	30	
味精	20	
白糖	30	
料酒	50	
姜末	20	
香油	20	

表7-20 糖醋味汁（配制15份菜）

调味品名	数量/克	备注
醋	150	（1）将调料加清水250克在锅中熬化后淋入香油即成。 （2）糖醋汁在锅中熬制时一定要以有浓稠感为佳
酱油	10	
精盐	8	
白糖	250	
色拉油	50	
姜末	10	
蒜米	20	
香油	50	

表7-21 茄汁味汁（配制20份菜）

调味品名	数量/克	备注
精盐	15	（1）将色拉油入锅烧热后下蒜泥及西红柿酱炒香，再加入清水500克及以上调料炒匀即成。 （2）炒制时不能勾芡，要以茄汁自芡为主
醋	50	
白糖	300	
姜末	10	
西红柿酱	200	
色拉油	200	
蒜泥	30	

2.冷菜主要调味汁规格

(1) 鱼香味汁规格。鱼香味汁规格,具体如表7-22所示。

表7-22　鱼香味汁(配制15份菜)

调味品名	数量/克	备　注
精盐	15	(1) 将调料拌和均匀后再加入白煮的凉菜中,如熟鸡片、肚片、毛肚、白肉丝等。 (2) 鱼香味型咸鲜、酸辣、回甜,并要重点突出姜葱味
酱油	50	
醋	30	
白糖	20	
泡红辣椒末	50	
姜米	50	
蒜米	50	
葱白	50	
红油	100	
味精	30	
芝麻油	50	

(2) 糖醋味汁。糖醋味汁规格,具体如表7-23所示。

表7-23　糖醋味汁(配制15份菜)

调味品名	数量/克	备　注
精盐	8	(1) 将调料加清水250克在锅中熬化后淋入香油即成。 (2) 糖醋汁在锅中熬制时一定要以有浓稠感为佳
酱油	10	
醋	150	
白糖	250	
姜米	10	
蒜米	20	
色拉油	50	
香油	50	

3.浆、糊调制规格

(1) 制糊规格。制糊规格,具体如表7-24所示。

表7-24　制糊规格

品名 \ 用料 \ 用量	鸡蛋	鸡蛋清	干细淀粉	精炼菜油	备注
全蛋糊	1个		50克		
蛋清糊		1个	40克		
……					

（2）制浆规格。制浆规格，具体如表7-25所示。

表7-25 制浆规格

品名＼用料用量	鸡蛋	鸡蛋清	干细淀粉	精炼菜油	备注
全蛋浆	1个		40克		
蛋清浆		1个	30克		
……					

（二）掌握过油技巧

餐厅的食用油消耗量比较大，而食用油又不断涨价，因为几乎每道菜都要使用食用油，所以厨师应注意节约食用油的使用，从而达到节约成本的目的，其技巧如表7-26所示。

表7-26 过油技巧

序号	技巧	具体说明
1	选用大豆油	选用大豆油是指餐厅一般应选择大豆油，黄豆是素菜之宝，大豆油营养最全面，它含有23种人体所必需的氨基酸。花生油只含有15种氨基酸，而且价格比大豆油贵
2	热油下锅	热油下锅是指厨师在下油时要注意油温，如炸茄子、炸馒头、炸豆腐等。有些厨师在炸豆腐时，油刚温就放原料，结果很多油被吸到豆腐里去了，吃豆腐时，油会从豆腐里往外冒。因此，在炸这些原料时，油温应高一些。油温可从0摄氏度一直上升到240摄氏度。油一般在20摄氏度左右融化，加温到七成，就可以放原料了
3	将调料中红油炒出来	将调料中红油炒出来是指厨师在炒制过程中，如何将调料中的红油炒出来，也是一门学问。如麻婆豆腐、鱼香肉丝、干烧鱼、回锅肉，这类菜品都需要有红油。炒红油的时候一定要使用小火，在几秒钟之内将调料里的红油炒出来，如麻婆豆腐，搁上汤烧，油比水轻，油在上面飘，水在下面，出锅时不用兑明油，红油就在上面飘着，可避免重新放红油的成本

（三）加强对厨师的监控

从烹调厨师的操作规范、制作数量、出菜速度、剩余食品等几个方面加强监控，具体如表7-27所示。

表7-27 烹调过程控制

序号	类别	具体内容
1	操作规范	操作规范是指餐饮企业管理者必须督导烹调厨师严格按操作规范工作，任何图方便的违规做法和影响菜品质量的做法都应立即加以制止

续表

序号	类别	具体内容
2	制作数量	制作数量是指厨师应严格控制每次烹调的生产量,这是保证菜品质量的基本条件,少量多次的烹制应成为烹调制作的座右铭
3	出菜速度	出菜速度是指在开餐时要对出菜的速度、菜品的温度、装量规格保持经常性的督导,阻止一切不合格的菜品出品
4	剩余食品	剩余食品在经营中被看作是一种浪费,即使被搭配到其他菜品中,或制成另一种菜

第三节 利用标准菜谱控制成本

标准菜谱是以菜谱形式,列出用料配方,规定制作程序,明确装盘形式和盛器规格,指明菜品的质量标准和每份菜品的可用餐人数、成本、毛利率和售价。

一、明确标准菜谱作用

标准菜谱的作用,主要包括以下几个方面。

(1) 预示产量。可以根据原料数量,测算生产菜品的份数,方便成本控制。

(2) 减少督导。厨师可以通过标准菜谱知道每个菜品所需要的原料及制作方法,只需要遵照其执行即可。

(3) 高效率安排生产。在制作菜品的具体步骤和质量要求明确以后,安排工作时可以更加快速高效。

(4) 减少劳动成本,可以减少厨师个人的操作技巧和难度,技术性可相对降低,劳动成本也因而降低。

(5) 可以随时测算每个菜品的成本或根据配方核算每个菜品的成本。

(6) 食谱程序书面化,可以避免对个人因素的依赖。

(7) 分量标准,按照标准菜谱规定的各项用料标准进行生产制作,可以保证成品的分量标准化。

(8) 减少对存货控制的依靠,通过销售菜品份数与用料标准计算出已用料情况,再扣除部分损耗,便可测知库存原料情况,有利于安排生产和进行成本控制。

二、标准菜谱设计内容

一般来说,标准菜谱设计内容主要有以下几个方面,如表7-28所示。

表 7-28 标准菜谱设计内容

序号	项目	具体说明
1	基本信息	基本信息是指标准菜谱中的基本信息，主要包括菜点编号、生产方式、盛器规格、烹饪方法、精确度等。基本信息虽然不是标准菜谱的主要部分，但却是不可缺少的基本项目，而且必须在设计之初就设定好
2	标准配料及配料量	标准配料及配料量是指菜品的质量好坏和价格高低很大程度上取决于烹调菜品所用的主料、配料和调味料等的种类与数量。标准菜谱在这方面作出了规定，为菜品实现质价相称、物有所值提供了基础
3	规范烹调程序	规范烹调程序是指烹调程序全面地规定烹制某一菜品所用的炉灶、炊具、原料配份方法、投料次序、型坯处理方式、烹调方法、操作要求、烹制温度和时间、装盘造型、点缀装饰等，使烹制菜品的质量有了可靠保证
4	烹制份数和标准份额	烹制份数和标准份额是指厨房烹制的菜品多数是一份一份单独进行的，有的也是多份一起烹制的。标准菜谱对每种菜品、面点等的烹制份数都进行了规定，是以保证菜品质量为出发点的。如一般菜品为单份制作，也就是其生产方式是单件式；面点的加工一般是多件式，带有批量生产的特征等
5	每份菜品的标准成本	每份菜品的标准成本是指对每份菜品的标准成本作出规定，就能对菜品生产进行有效的成本控制，最大限度地降低成本，提高菜品的市场竞争力。标准菜谱对标准配料及其配料量都有规定，由此可以计算出每份菜品的标准成本。由于食品原料市场价格不断变化，每份菜品的标准化成本要及时做出调整
6	成品质量要求与彩色图片	成品质量要求与彩色图片是指通过标准菜谱对用料、工艺等进行规范，保证成品质量，对出品的质量要求也做出了规定。因为菜品成品质量的有些项目难以量化，如口味轻重等，所以在设计时应制作一份标准菜品，拍成彩色图片，以便作为成品质量最直观的参照标准
7	食品原料质量标准	食品原料质量标准是指只有使用优质原料，才能加工烹制出好菜品。标准菜谱中对所有用料的质量都做出了规定，如食品原料的规格、数量、感官性状、产地、产时、品牌、包装要求、色泽、含水量等，以确保菜品质量达到最优标准

三、编制标准菜谱程序

虽然每家餐厅的编制标准菜谱程序都各有特色，但是其基本程序却是相同的，具体如表 7-29 所示。

表 7-29 编制标准菜谱程序

序号	程序	操作说明
1	确定主配料原料及其数量	确定主配料原料及其数量是指确定菜品基调，决定菜品主要成本，确定其数量有的菜品只能批量制作，则平均分摊测算，如点心等；菜品单位较大的品种，无论如何，都应力求精确

续表

序号	程 序	操作说明
2	规定调味料品种，试验确定每份用量	规定调味料品种，试验确定每份用量是指调味料的品种、牌号要明确，因为不同厂家、不同牌号的调味料质量差别较大，价格差距也较大，调味料只能根据批量分摊的方式测算
3	根据主、配、调味料用量，计算成本、毛利及售价	根据主、配、调味料用量，计算成本、毛利及售价是指随着市场行情的变化，单价、总成本会不断变化，每项核算都必须认真全面负责地进行
4	规定加工制作步骤	规定加工制作步骤是指将必需的、主要的、易产生歧义的步骤加以统一，规定可用术语，要求精练明白
5	确定盛器，落实盘饰用料及式样	确定盛器，落实盘饰用料及式样是指根据菜品形态与原料形状，确定盛装菜品餐具的规格、样式、色彩等，并根据餐具的色泽与质地选取确定对装盘后菜品进行盘饰的要求
6	明确产品特点及其质量标准	明确产品特点及其质量标准是指标准菜谱既是培训、生产制作的依据，又是检查、考核的标准，其质量要求更应明确具体才能切实可行
7	填写标准菜谱	填写标准菜谱是指对以上的内容，按项填写到标准菜谱中，在填写标准菜谱时，要求字迹端正，表达清楚，要员工都能看懂
8	按标准菜谱培训员工，统一生产出品标准	按标准菜谱培训员工，统一生产出品标准是指按标准菜谱的技术要求，对各个岗位的员工进行操作培训，以规范厨师作业标准，从根本上统一生产出品标准

第四节 通过完美服务减少浪费

一、避免出现服务不当

服务不当会引起菜品成本的增加，主要表现如下。

（1）服务员在填写菜单时没有重复核实顾客所点菜品，以至于上菜时顾客说没有点此菜。

（2）服务员偷吃菜品而造成数量不足，引起顾客投诉。

（3）服务员在传菜或上菜时打翻菜盘、汤盆。

（4）传菜差错。如传菜员将2号桌顾客所点菜品错上至1号桌，而1号桌顾客又没说明。

二、菜单填写必须准确

（一）常见菜肴计量单位

中餐菜肴的计量单位，因客人人数、需要菜品的分量及盛装器皿的不同而有所不同。高档名贵海鲜珍品有的按份、有的按例。

菜品不同，规格不同，分量也不同，因此计量单位各不相同。对于海鲜和肉类，餐厅一般用斤和两作为计量单位，现在一般用国际统一计量单位千克或克来作计量单位。

菜肴的分量除可用大、中、小例表示之外，也可用阿拉伯数字来注明。不过无论用哪种单位计量都要注明该单位盛装菜品的净样数量，以达到买卖投料量透明，便于客人监督。

（二）记入菜单码数

菜的配制按码盘数量一般分为大、中、例（小）盘。一般炒时蔬的例盘量为4～8两，即200～400克，如净炒苦瓜为200克（1例盘）；荤素搭配，如肉片炒苦瓜，则需要用肉片100～150克，苦瓜为150～200克，合计量为300克左右。

以汤菜为例，1例盘汤的分量为6碗（小碗），供2～5位客人的用量。

（三）写菜要求

（1）服务员应准备好笔和点菜夹，将带有号码的点菜单夹在点菜夹内，以备使用。

（2）服务员填写点菜单时，对菜名的填写（如用手写）要求字迹工整、准确；自编系统代码要用大家习惯的代码。

（3）服务员应注明桌号（房间号）、菜名及菜的分量、规格大小，填写点菜时间和点菜员姓名及值台服务员姓名。如果是套菜，要在点菜单上注明桌数。

（4）服务员应标清楚计量单位。尤其对高档海鲜，计量单位是"克"，还是"千克"，一定要向客人介绍清楚，免得在结账时会出现点菜按"千克"，结账按"克"，出现1000倍的价位差，使客人无法接受。

（5）服务员应标清菜肴器皿的规格、分量。

（6）下单的去向一定要写准。冷菜、热菜、点心、水果要分单填写，分部门下单。

（7）点菜单写菜的顺序要和上菜顺序记录一致。

（8）在点菜单上一定要注明个性需求和忌讳的内容。

三、防止员工偷吃菜品

员工偷吃菜品，可以说是屡禁不止的现象，在许多餐厅都存在。员工偷吃不仅不卫生，更影响餐厅形象。因此，必须杜绝这种现象，可以实行连环制。如发现一个员工偷吃，则告诉他：如果一个月内能逮住偷吃的人，那偷吃的事就算了。如果逮不住，那这个月被人偷吃的所有损失全部由他来承担，还要继续这项"工作"三个月。这样就可以有效防止员工偷吃。

四、避免打翻菜

服务员在传菜或上菜时偶尔会打翻菜。这主要是由于员工操作失误所导致的，因此要尽量避免。

五、尽量减少传菜差错

传菜部主要承接楼面与厨房、明档、出品部之间的一个重要环节，起到传菜，传递信息的用途，是餐厅不可缺少的环节。因此，要做好对传菜人员的培训，从而控制成本。

第五节 人工成本费用控制

一、定岗、定员

定岗、定员是否恰当，不仅直接影响到劳动力成本的开支、员工队伍士气的高低，而且对餐厅的生产率、服务质量以及餐饮经营管理的成败有着不可忽视的影响。餐饮经营者应综合考虑以下因素，其定岗定员才能更合理。

（1）餐厅档次和布局。
（2）食品原料的成品、半成品化。
（3）菜单的品种。
（4）员工的技术水准和熟练程度。
（5）客流量和生产规模。

二、制订人工安排指南

人工成本控制的前提是保证服务质量，餐饮经营者必须制定出能体现其服务质量要求的操作标准，并依此制定出各项劳动安排指南，如图7-3所示。

> 指南一　最低劳动力

最低劳动力是指对于不随业务量大小而变化、企业经营所必需的最低劳动力，如餐厅经理、会计、主厨师长、收银员、维修工等这部分固定劳动力的工资占餐厅人工成本支出的相当一部分，餐厅应有固定的劳动力标准，并尽可能安排在关键岗位上。

> 指南二　变动劳动力

变动劳动力是指对于随着业务量水平的变化而浮动的劳动力，即当餐厅生产更多的菜品、接待更多的客人时，将需要更多的服务人员和生产人员，应根据淡、旺季来解雇或招聘这些人员，以减少费用开支。餐厅中至少有50%的工种可以根据需要来灵活调配人员，只要能科学地进行劳动力安排，就能降低劳动力成本。

图7-3　人工安排指南

三、确定劳动生产率

餐饮业衡量劳动生产率的指标主要有两个：一是标准生产率，二是劳动分配率。标准生产率是衡量企业中平均每位员工所创造利润的毛利率。

提高标准生产率的首要因素是要培训员工树立经营观念，积极开拓市场，节约开支，提高企业的毛利。其次是要合理地安排员工的班次和工作量，尽可能减少员工的雇用数量，减少员工无事可干的时间，减少人工费开支。

（一）确定劳动生产率的方法

标准生产率可由两种方法来订，具体如图7-4所示。

图7-4　标准生产率制订方法

这两种方法都可以清楚地算出服务员工的标准生产率，以此可以作为排班的根据。餐厅应根据标准生产率，配合来客数量的不同进行工作分配；分配时需注意每位员工的工作量及时数是否合适，以免影响其工作质量。

【案例】

一家餐厅共有5名服务员，一共有1个大厅7个包间，都在同一个平台，包房分布在大厅的两边。最大的包房设有2张台，共24个餐位，最小的包房8个餐位，总共分两个餐次。一般顾客都选择在包间用餐，大厅很少有客人，服务员的工作主要是传菜和上菜，有专门的迎宾和点菜人员。该店对员工工作的分配是按照以下方法进行的：

（1）将员工分为两个餐次，每个餐次中都有服务员、迎宾员、点菜员，这些人员在营业高峰期是同时存在的。要保障在餐厅经营的整个时段，都有相关的人员提供服务，并做好下一个餐次的准备工作。如果经营时间是11：00～22：00，那么一个班次的工作时间可为10：00～14：00，17：00～22：00，另一个班次为12：00～21：00。

（2）最大的包房专门安排1名服务员，其他包房基本上做到每2间房安排1名服务员，大厅如果有客人，则由迎宾员及点菜员提供服务。

（3）7个包房，最大的包房要接待2桌顾客，因为只有5名服务员，还要承担传菜的任务，人手比较紧张，因此可至少后备1名服务员。因为包房的正常服务需要4名服务员，再加上休假人员，为了提高服务档次，餐饮企业管理者在人员安排上应尽量做到合理。

（二）确定劳动生产率的其他事项

确定劳动生产率时，餐厅还应关注以下相关事项，如图7-5所示。

事项一	无论迎宾员、点菜员还是服务员，都只是分工的不同。因此，对卫生、服务、收捡等工作事务，都要做好明确的安排。既讲究分工又要有合作
事项二	每个班次所负责的具体事务要有界定，要求其必须完成方可下班；否则就会形成恶性循环，上一个班次推给下一个班次，下一个班次又推给上一个班次
事项三	如果其他工作已完成，且已到达下班时间，但还余有一两桌客人时，可以灵活安排值班人员

图7-5 确定劳动生产率应关注的事项

四、合理配备人员

确定了餐厅所需要的员工定额后，应考虑如何把这些员工安置在最合适的工作岗位上，使其发挥出最大的工作效能。员工岗位的设置，具体如表7-30所示。

表 7-30 员工岗位设置

序号	类别	说明	备注
1	量才使用，因岗设人	（1）考虑岗位人员的素质要求，即岗位任职条件。选择上岗的员工要能胜任其岗位职责。 （2）认真细致地了解员工的特长、爱好，尽可能地照顾员工意愿，让其有发挥聪明才智、施展才华的机会	不要因人设岗，否则将会给餐饮经营留下隐患
2	不断优化岗位组合	优化餐厅岗位组合是必需的，同时应发挥激励和竞争机制，创造一个良好的工作、竞争环境，使各岗位的员工组合达到最优化	在实际操作过程中，可能会发现一些员工学非所用或用非所长，或暴露出班组群体搭配欠佳等现象
3	利用分班制	利用分班制是指根据餐厅每日营业中高峰和清淡时段客源的变化，供餐时间的不连贯及季节性显著的特点，可安排员工在上午工作几小时，下午工作几小时	在不营业或营业清淡时段可不安排或少安排员工上班
4	雇用临时工	雇用临时工是指为节约开支，便于管理，餐厅需要有一支兼职人员队伍	雇用临时工应尽量定时，在保证人力需要的同时，注意对其进行技术培训，以保证服务质量
5	制定人员安排表	人员安排表是一种人员的预算，说明员工人数应随顾客人数的增加而相应增加，随着顾客人数的减少而相应减少	根据经营情况和所能提供的服务及设备条件，制订人员安排表

五、提高工作效率

提高工作效率是降低成本的关键，应认真研究整个工作过程中的每个步骤，改变操作规程，精简员工的无效劳动；不同程度地使用机器设备，努力实现厨房设备的机械化、自动化，尽力改善食品卫生条件，减轻员工的体力劳动，提高其劳动效率，其要点如图 7-6 所示。

要点一	尽量使用自动化水平高的厨房用具。在保证质量的前提下，缩短切配烹调时间，减少工作人员。例如以自动洗碗机代替人工洗碗
要点二	普及电脑在餐厅中点菜、收银方面的应用，缩短工作时间、提高工作效率
要点三	注重员工培训，提高员工服务技能，减少工作差错、成本浪费和操作失误
要点四	重新安排餐厅内外场的设施和动线流程，以减少时间的浪费
要点五	改进工作分配的结构，使其更符合实际需要
要点六	加强团队合作精神培训，以提高工作效率
要点七	尽可能一人兼几职或多用钟点工，如楼面经理、营业主管兼任迎宾员；维修工、司机、库管、财务兼传菜员；库管兼酒水员；吧台主管、迎宾主管兼办公室文员；水台、粗加工兼洗碗工

图 7-6 提高工作效率的要点

六、控制非薪金形式人工成本

控制非薪金形式的人工成本具体针对的几个方面，如表7-31所示。

表7-31 控制非薪金形式人工成本

序号	形式	具体说明
1	工作服	（1）掌握员工流动情况，做好工作服的发放、回收工作。 （2）注意工作服的选料、制作、保养、洗涤，以延长其使用寿命
2	员工用餐	员工用餐是指合理安排员工工作餐时间，尽量避开客人用餐高峰期，实行按定员定额发卡，尽量杜绝非工作人员用餐，减少浪费
3	人员流动	如果员工的流失率过高，不仅会降低总体服务质量，还会增加人员招聘费用和新员工培训费用，影响工作效率，导致人工费用上升

第六节 餐具损耗费用控制

一、餐具破损的防范

（一）餐具破损的情况

餐具破损的情况如下。
（1）玻璃器皿和瓷器破损率最高。
（2）楼面使用的小餐具损耗率较小，厨房使用的大餐具损耗率较高。
（3）由服务员清洗的小餐具损耗率较小，由洗涤部清洗的餐具则损耗率高。
（4）由服务员保管损的餐具破损率较小，由洗涤部管理的餐具损耗率较高。

（二）餐具破损原因

餐具破损原因主要包括两个：一是人为破损，二是因为使用时间长或质量差而造成的自然破损。餐具的人为破损原因，主要包括以下几个方面。
（1）托盘或其他装餐具容器没有放稳。
（2）托盘上餐具装得太多支持不住。
（3）运送餐具时装得太多或不整齐，过沟或斜坡时餐具滑落。
（4）洗碗间餐具台上餐具太多太乱，服务员不方便下栏，使餐具继续堆积以致压破或倾倒。

（5）将玻璃杯装入不合适杯筐，使杯子受压或受挤而破损。

（6）生意清淡时，员工打闹嬉戏造成餐具破损。

（7）由于地滑，员工摔倒而造成餐具破损。

（8）餐具叠放太高，由于不稳造成斜倒而破损。

（9）壶类餐具的小配件丢失，如椒盐瓶的皮盖、酱醋壶的盖等。

（10）外卖时装车不正确因受压而破损。

（11）员工心情不好时摔打餐具泄愤而破损。

（12）新员工对操作规范还不太清楚，对餐具破损没有认识。

（13）清洗时洗涤剂放得太少，也会造成破损，太少洗不干净，在擦拭时，就会用力，而造成破坏。

（三）破损预防方法

（1）将餐具重新归类，按要求放到盆中。一般情况下先洗玻璃器皿，再洗瓷器，玻璃器皿。盆中最多放三至四个，瓷器放八个左右是比较安全的。

（2）清洗时，一般用两盆温水，夏天水温40摄氏度，冬天可以再高一些。其中放餐具洗时，一般是瓶盖的三至四盖为宜，这样较容易擦洗干净。

（3）服务员端托盘时，一般情况下，一个托盘放八套杯具是最安全的。

（4）遇到客人敬酒或激动时，服务员要有意识地做到重点跟进，适当提醒客人，或移开其面前餐具。

（5）加强对服务员端托盘平稳度的练习。

（6）加强新员工对餐具爱护意识的培训，在实践工作中多跟进指导，同时安排老员工进行重点指导。

二、防范餐具流失

（一）餐具流失原因

（1）生意忙时，员工不小心将餐具同垃圾一起倒入垃圾桶。

（2）外卖时，没有及时跟踪外卖餐具回收。

（3）其他部门"拿用"而遗失，或其他部门借用后无人跟进收回而遗失。

（4）少数客人用餐后将餐具拿走。

（5）员工或其他人拿走而遗失。

（6）盘点时不认真，造成漏盘假象丢失。

（二）餐具流失预防措施

餐厅应采取以下措施来防范餐具流失，如表7-32所示。

表7-32 餐具流失的预防措施

序号	餐具类别	预防措施
1	餐厅内部流通餐具	（1）坚持使用《餐具出入登记本》，每天营业结束后，由洗涤组和厨房值班人员对在厨房存放的餐具进行盘点，由值班管理人员抽检后签字确认。第二天由会计根据《餐具出入登记本》，对每日厨房餐具损耗填写《餐具损耗登记表》。 （2）每日楼面员工下班前，都要填写《楼面餐具交接表》，与管理人员和值班员工交接完餐具后才可下班。 （3）楼面员工至其他区域顶台时，需与管理人员对顶台区域餐具进行交接
2	餐厅外部餐具	餐厅外部餐具主要指的是送餐或出借两种情形，都必须做好记录。如有送餐，需准确填写《送餐餐具登记表》，一式两联，由双方核定并签字确认。餐具回收时，回收入需认真核对登记记录，如有餐具短缺等情况时，需在第一时间向当值管理人员汇报，并签字确认。如果是将餐具出借给其他餐厅或相关单位，一定要填写好《餐具出借登记表》，保证记录准确性，以便及时追回所借餐具

三、明确不同部门餐具管理的职责

不同部门餐具管理的职责如表7-33所示。

表7-33 不同部门餐具管理的职责

序号	部门	具体职责
1	洗涤部	洗涤部要保证从本部门出去的餐具是完好无缺的，这也是保证餐具零破损的先决条件。 （1）洗碗工将撤回的餐具检查合格后将残物刷净，并分类存放待洗涤。 （2）在清洗过程中，餐具必须分类、按规格摆放，按秩序清洗餐具（不允许混洗）。 （3）先将餐具分类放好，再进行分类清洗。 （4）清洗好或消毒好的餐具必须按规格、大小分类，整齐叠放。 （5）每天下班前，洗涤部值班人员要将餐具存入保洁柜中，餐具不能堆放太高，以防倒塌损坏。 （6）使用筐子装餐具时，不能超过其容量的70%。 （7）洗涤部领班要监督洗碗工按规定清洗，发现破损，立即开出报损单
2	厨房	（1）每天荷台上班后，检查所备餐具有无破损，将已破损无法使用的餐具挑出，做好记录并分开存放，然后上报厨师长。 （2）荷台在每餐备餐具时，如发现某类餐具突然大量缺失，要立即上报厨师长，查明原因。 （3）所领用的餐具专菜专用。 （4）如工作中有破损的情况，要做好记录并上报厨师长处理

续表

序号	部门	具体职责
3	传菜部	（1）传菜部对所上菜品都要按要求核对菜品质量及餐具配套情况，并对餐具破损情况逐一检查。 （2）如果发现有餐具破损的情况，或者是菜品与餐具不配套的情况，立即退回，拒绝传菜。 （3）营业期间，传菜组必须协助服务员将用过的餐具传回洗碗间。 （4）如果是因为工作不认真，对所用餐具破损未能及时发现，由传菜部负责。 （5）传菜员在传餐具过程中要小心谨慎，防止滑倒损坏餐具，操作时轻拿轻放，传菜领班需要做好监督工作
4	楼面	（1）服务员在上菜前，要对所有上菜餐具进行检查。 （2）对所上菜品发现其餐具破损的，应立即退回并拒绝上桌，然后做好记录，如发现破损餐具上桌，将由服务员对破损餐具负责。 （3）服务员在服务和收拾餐具时，应做到轻拿轻放，杜绝鲁莽操作，并严格做到大、小餐具分类摆放，由各区域领班负责监督，发现损坏，应追究责任，并开出破损单。 （4）撤餐员对服务员所撤回餐具负责检查，检查服务员在服务当中有无造成餐具破损的情况。所有撤餐人员在撤餐的时候都应要求同值台服务员一同巡视桌面并对餐具的破损情况进行检查。 （5）服务员要保管好自己所看台号的小餐具，保证其完好无缺。如果服务员自己保管的小餐具出现损耗，且无法说明原因的，由服务员自己进行赔偿

四、妥善处理客人损坏餐具

（一）常规处理

客人如在就餐中损坏餐具，应该进行赔偿。服务员要及时为客人换上新的餐具，迅速清理现场，然后委婉地告诉客人需要赔偿。客人没有异议时，服务员需及时通知吧台损坏餐具的数量、品名、赔偿价格、桌号及客人姓名。如果是主宾或主人，要顾及客人面子，在适当时机再委婉告诉客人。赔偿金额按照餐厅赔偿规定执行，营业结束后，服务员要及时上报领班，进行登记并申领新餐具。

（二）免赔情况

如果客人是老顾客，那么其不愿赔偿则可以免赔。当然，如果客人坚持拒不赔偿，也可以免赔。对于餐厅不同的管理人员，其免赔权限有所区别，如10元以下领班有权免赔；30元以下主管有权免赔；50元以上则需要上报经理。相关人员应及时做好登记，填写免赔单，在账单上以未扣形式出现。损坏餐具当事人、餐厅管理人员双方均需在免赔单上签字方可生效。免赔情况要写在值班记录上，在例会时汇报上级。

五、员工餐具管理

员工餐具管理要点如表7-34所示。

表7-34 员工餐具管理要点

序号	要点	具体措施
1	赔偿	（1）员工在工作中不慎损坏餐具，应立即上报领班进行记录并申领餐具，可以不立即赔偿，先做好记录，月底根据餐具损耗率进行一次性赔偿。 （2）员工如是故意（因工作态度不好）损坏餐具物品，领班有权当场开赔偿单，赔偿金额为进价的一倍。 （3）所有赔偿以罚款形式上报餐厅和财务部，并做好记录。 （4）一般赔偿金额在10元以下的由领班签批；50元以下的由经理签批；50元以上的需要总经理签批。 （5）餐具损耗率按比例分配到各班组，月底盘点时在损耗率之内的班组，可以不对员工进行处罚。超过损耗率时，按餐具进价赔偿。 （6）班组餐具损耗率超过的部分，按进价进行平摊处罚，班组负责人负有连带责任
2	奖励	如果班组餐具损耗率在控制范围内，可以将日常处罚餐具所得用来奖励餐具保管得好的员工

六、做好餐具损耗及盘点记录

餐厅在每月月底进行餐具盘点，汇总一个月破损的餐具，在公告栏向公司所有员工进行展示。同时，也要做好餐具盘点记录。

第七节 低值易耗品控制

餐厅低值易耗品包括一次性筷子、餐巾纸、餐巾布、洗洁精、拖把、地刮子、抹布、皮手套、清洁球、冰盒等。虽然每件物品都成本低廉，但是每个月的全部总计费用也是不可忽视的。所以，必须加强控制。

一、一次性使用产品的控制

一次性使用产品包括餐巾纸、牙签、一次性筷子、洗涤剂、卫生纸等。这些产品价格低，因此，其费用往往被人忽略。但是大型酒楼对这些用品消耗较多，一个月的消费量也是很大的。要控制一次性使用产品的消费量，就必须做到节约、专人、专管、专盯，计算好其使用量。

二、可重复使用产品的控制

可重复使用的产品包括桌布、口布、小毛巾、陶瓷、玻璃器具等。只要掌握正确的使用方法，降低损坏率，延长其使用寿命与次数，就能节约成本。比如在订购餐具时，不能只考虑其外观，还要考虑其实用性。餐厅一定要购买便于保存、运输、洗涤的餐具。盘子应尽可能选择圆形的，因为圆形盘子使用时间更久。有些形状很特别的餐具很容易碰碎，也会给清洗带来一定的难度，增加报损率。玻璃器皿的选择也应遵循这一点，玻璃器皿易碎，其数量应控制在总数的25%以下。

三、办公用品的控制

办公用品包括计算机网络维护、日常办公用纸、笔的消耗。计算机采用专人专管专门操作的方法，尽量降低其维修费用、延长其使用寿命，以降低成本。打印纸可双面使用，笔用完之后换笔芯，尽可能不购买新笔。在餐厅能正常运转、营业的情况下，应尽可能地节省费用。

第八节 其他支出费用控制

一、租金最大效益利用

餐厅租金是需要每月支付的，是一个重要支出部分。餐厅在签订房屋租赁合同时，要明确租金等相关事项。

（一）延长营业时间

餐厅的租金是固定的，因此可以通过延长营业时间来分解每小时的利用效率。如麦当劳、永和大王等都是24小时营业。当然，不是所有的餐厅都适合24小时营业，这要由餐厅的类型、周围环境等因素来决定。

（二）提高翻台率

提高翻台率，可以增加有效用餐客人数，从而增加餐厅收入。提高翻台率的方法，具体如表7-35所示。

表7-35 提高翻台率方法

序号	方法名称	具体操作	备注
1	缩短客人用餐时间	缩短客人用餐时间是指从客人进入到离开每一个环节只要缩短一点时间,客人用餐时间就可以缩短,当然翻台时间自然缩短	要求每个员工都要尽力在自己工作范围内提高效率,缩短时间
2	候餐增值服务	候餐增值服务是指对客人殷勤款待,增加免费服务,如免费饮用茶水、冰粉;免费擦鞋;免费报纸、杂志阅览;免费茶坊休息等	迎宾和礼宾的工作重点是留住客人,让客人等位,避免客人流失
3	运用时间差	(1)运用对讲机,在确定有台位买单的情况下,等位区的迎宾或礼宾就会开始为客人点菜。 (2)该桌值台服务员会在桌上放置"温馨提示牌",一方面提醒客人小心地滑并带好随身物品,另一方面提醒其他员工,准备好翻台工具	大厅与外面等位区的配合是关键
4	设置广播	(1)餐厅设置广播,每隔10分钟广播一次,内容安排可以是感谢客人用餐,提醒客人就餐注意事项等。 (2)第一次广播播放选在大厅台位只剩几桌的情况下,全店员工都会知道马上要排队,应该加快工作速度	广播的作用不仅是在提醒客人,更重要的是在提醒员工
5	提前为下一环节做准备	(1)在客人点菜后,及时询问是否需要添加主食或小吃,如果不需要的话服务员就开始核单并到吧台打单。 (2)在客人不再用餐时提前将翻台餐具准备好。 (3)买单后客人如未立即离开,可征询客人的意见,先清收台面和椅套围裙	每一个服务人员在服务中,都应该为下一环节作准备
6	效率与美感	可以选择由传菜组员工专门负责翻台的清洁卫生,不仅速度快,而且动作优美	特别注意翻台卫生,既要效率,也要注意美感
7	全员动员	(1)由服务员负责缩短客人用餐时间,勤分鱼、分菜,勤做台面。 (2)传菜员和保洁员负责缩短收台时间,要做到收台迅速,清理卫生迅速。 (3)后厨人员负责缩短上菜时间,出品时间应快速、准确。 (4)管理人员负责巡台协调,随时注意各桌客人用餐进程,对各部门没有做到位的情况进行提醒	全员的参与才能全方位缩短时间,在翻台高峰期,各部门甚至要交叉帮忙,以翻台为前提

（三）开外卖口

餐厅如果店面比较大，可以选择开设外卖口，外卖品可以卖自己餐厅的产品，也可以租给其他人，比如有的餐厅门口就有卖馋嘴鸭、珍珠奶茶等客人可能需要的商品。当然，大家最熟悉的莫过于麦当劳的甜品站了。

但是，在开设外卖口时一定要注意不要影响到餐厅的整体形象，或者是造成喧宾夺主的效果，那将是得不偿失的。

（四）处理好与房东的关系

餐厅经营者维护好与房东的关系相当重要，做生意讲究"和气生财"，如果与房东关系不好，其可能会比较苛刻；而如果与房东关系很好，那么许多事情就会比较好处理，比如免费使用房东的库房、车棚等，可以节约一大笔开支。

（五）租金交付时间

租金交付尽量不要按年交，最好是半年交、季交，因为如果按年度房租的话，一旦由于经营不善或其他原因导致餐厅无法经营下去，已交付的房租又要不回来，从而浪费资金。

二、刷卡手续费的节约

随着现代消费理念的普及，刷卡消费成了如今付款的潮流，许多餐厅都可以刷卡消费。这样做为顾客提供了方便，但同时也产生了刷卡的手续费，要由商家自己支付。现在餐饮业2%的刷卡费率，相对于超市、商场等零售行业的平均不高于0.8%手续费是比较高的。

三、合理控制折旧费

餐厅折旧费是一项经常性支出费用，因此要进行合理控制。一般来讲，餐厅折旧主要针对的是各种固定资产。例如空调最好是3年就更换一次，否则很可能其产生费用会超过其本身价值。

作为固定资产的营业设施，因为其使用寿命超过一年，其价值是在营业中一年一年地逐年消耗的，需要进行折旧处理。又因为其收益也是逐年取得的，需要考虑货币的时间价值。

资产折旧额直接影响着餐厅的成本、利润以及现金流量的多少，是一项很关键的财务数据。正确地计提固定资产折旧，是实现固定资产的价值补偿和实物更新、保证餐厅持续经营的必要条件。

四、有效控制停车费

（一）餐厅自有停车场

如果餐厅有自己的停车场，那么停车费管理比较简单，只需要安排保安员进行管理就可以了。

（二）租用停车场

许多餐厅都是租用停车场来为客人提供停车服务的，因此需要支付租用停车场的费用。长期以来，就餐免费泊车一直是很多餐厅揽客的普遍招数。当然，多数免费泊车，其实是餐厅与停车场达成协议，由餐厅为顾客统一垫付停车费的。

因此餐厅在租用停车场时，一定要签订停车场租用合同。

五、减少修缮费

餐厅的房屋需要修缮，由此会产生修缮费用。因此需要在平时注意保养，减少修缮次数，从而减少修缮的费用。

同时，在签订租赁合同时，要注意明确房屋修缮费用如何支付。注明所租房屋及其附属设施的自然损坏或其他属于出租方修缮范围的，出租人应负责修复。承租人发现房屋损坏，应及时报修，出租人在规定时间内修复。因承租人过错造成房屋及其附属设施损坏的，由承租人修复赔偿。

此外一定要爱护并合理使用房屋及其附属设施，尽量不要私自拆改、扩建或增添，如果确实需变动的，必须征得出租人同意，并签订书面协议。

第九节 加强能源管理

能源在许多地区日渐昂贵，有时甚至很难得到，由于能源成本逐渐增高，为维持餐厅利润，减少能源消耗势在必行。合理有效地使用能源，是餐厅管理的一个重要工作，也是餐厅每月控制公用事业费支出的一个重要环节。

一、能源管理的益处

良好的能源管理会给餐厅带来许多益处，如图7-7所示。

益处一	公用事业费(能源费用)支出的减少,即餐厅可控制费用的减少,可控制利益的增加
益处二	用餐环境的改善和优化,提供顾客一个愉悦的用餐经验
益处三	延长机器设备的使用寿命
益处四	避免不安全状况的发生,保护顾客和员工的安全
益处五	此操作档案的目的在于告诉餐厅管理人员如何做好餐厅的水、电、煤气的能源管理

图7-7　能源管理的益处

二、加强能源调查

在每半年使用冷气及暖气的季节时,餐饮企业管理者应进行一次完整的餐厅能源调查。已经完成设备训练的管理组是理想的负责人,可指定为"设备执行经理"。

能源调查可显示餐厅所执行的能源管理原则,可了解哪项设备,对建立良好能源管理的影响最大,并可提示餐厅对能源使用的警觉性。它也能协助你,发现目前或潜在能源浪费问题,并加以修正或预防,以尽量维持最低的能源成本。

改正效率不足的错误后,应保存完整的表格记录,以作为餐厅能源情况的"成绩单"。请研究餐厅最近的能源调查报告。如果餐厅尚未实施此种制度,请立即实行。

三、开展能源盘存

如同其他原料一般,能源也可以盘存。

餐厅应有衡量能源使用的定期计划,并比较现在与去年同期的使用量。盘存各类能源应使用的计算单位如下:

水：　立方米　　　m^3
电：　千瓦小时　　$kW \cdot h$
煤气：立方米　　　m^3

能源盘存计划应集合餐厅所有人员的努力,所以,应每月公布结果,让每位员工知道成效如何。让所有人员了解,维持能源成本的成功与否,全有赖于餐厅各人员的合作程度而定。以下为能源盘存系统的方法。

(一)建立餐厅基本用量

餐厅保存每年的能源使用情况表(见表7-36),并根据每年各月营业额预估做出每月的水、电、煤气的计划使用费用。同时，将每月实际发生的使用量画在能源使用图（可使用方格纸）上，并将此张贴公布。你可于同一图表上显示去年同期的实际使用量比较，让每位员工都了解能源管理的成效。

表7-36 能源使用情况表

项目	月份	1	2	……	12	备注
照明电	本月抄表数					
	上月抄表数					
	本月耗电数					
	照明电总价					
动力电	本月抄表数					
	上月抄表数					
	本月耗电数					
	动力电总价					
空调	本月抄表数					
	上月抄表数					
	本月耗电数					
	空调电总价					
水	本月抄表数					
	上月抄表数					
	本月耗电数					
	水费总价					
煤气	本月抄表数					
	上月抄表数					
	本月耗电数					
	煤气总价					
其他	本月抄表数					
	上月抄表数					
	本月耗电数					
	总　价					
合计费用						
营业额						
占营业额%						

注：如空调注入或照明，空调一栏空缺。

（二）色点系统

色点系统是餐厅利用控制照明、空调等设备开启设备关闭的能源管理系统。使用色点系统，可将色点贴在照明设备配电盘及开关、空调配电盘及开关上，如此可便于管理组节省能源的使用。

在照明设备配电盘及开关上，先决定哪一个开关控制照明设备的哪一部分并记录下来，以作为日后的参考。决定哪些照明设备是须于营业时段持续打开，而哪些电源可于某些时段关闭，以节约能源。然后，贴上标示及色点来区分。

1.照明设备的色点

照明设备的色点如图7-8所示。

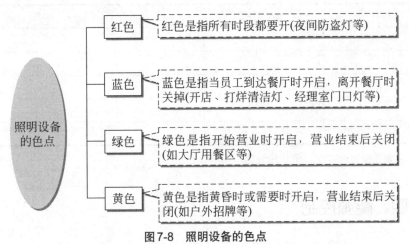

图7-8　照明设备的色点

2.空调设备的色点

空调设备的色点如图7-9所示。

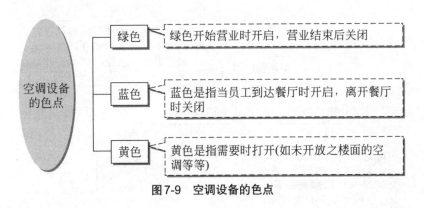

图7-9　空调设备的色点

节约能源成本的重点在于随时将可关掉的电源关掉。必须确定所有的管理组成员都了解餐厅的色点系统的重要性，并会使用。

（三）设备开启时间表

关掉无需使用的设备可节约能源。关键便在于每日或每周营业额低的时段中，找出哪些设备是不需要开启的。为生产区、服务区各项设备拟定《设备开机时间表》（见表7-37），以餐厅的营业形态为基础。并另行准备一份《设备关机时间表》，以因应其他状况，例如午后低峰时或处于严寒天气时等等。

为生产区、服务区中所有电器、煤气设备拟定开机时间表，是减低电力需求的真正机会，这些设备的暖机耗电量比达到作业温度所耗的电量更多。一次启动一项设备，等暖机结束后，再开启另一项设备可使用电量减至最低。

表7-37 设备开机时间表

设备名称	预热时间	开机时间	备 注

注：如开业时间有变，请相应变化。

四、能源控制

（一）能源控制的三种方式

管理能源时，可采用三种控制方式：调整控制、开启-关闭控制及维护控制，如图7-10所示。

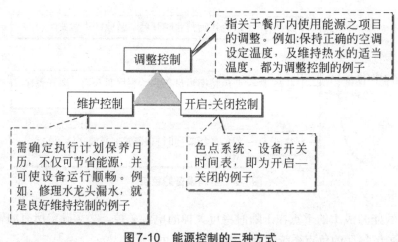

图7-10 能源控制的三种方式

另外，餐厅可以利用：《能源使用情况评估表》（见表7-38）进行自我评估，以定期检讨餐厅在能源使用上的进展并附分析及行动计划。

表7-38 能源使用情况评估表

评估日期_____ 评估人_____

项目	评估标准	实际结果
水	（1）清洗间水流量 标准： /分	
	（2）下面处龙头水流量 标准：小于2加仑/分	
	（3）热水/开水水温 标准：82℃/87℃	
	（4）最近一次热水器的维护 标准：每月一次	
	（5）供水系统漏水检修 标准：0处	
	（6）每月用水情况记录和分析（能源使用情况表）	
电	（1）采用最新色点系统控制照明	
	（2）采用最新色点系统控制空调	
	（3）及时更新设备开启、关闭时间表并张贴公布	
	（4）餐厅用餐区温度检查。标准：冬季20℃，夏季26℃	
	（5）餐厅工作区温度检查。标准：冬季20℃，夏季26℃	
	（6）冷冻、冷藏货物进货状况检查符合要求	
	（7）最近一次冷冻、冷藏系统设备的维护保养	
	（8）最近一次空调保养时间	
	（9）电力设备系统漏电检修 标准：0处	
	（10）每月用电情况记录（能源使用情况表）	
煤气及其他能源	（1）每月煤气使用情况记录（能源使用情况表）	
	（2）当月煤气设施完好	
	（3）其他能源使用状况，请具体说明	
设备保养日历	（1）设备温度标准符合计划需求	
	（2）设备清洁度符合计划要求	
	（3）设备维护、保养记录	
其他	（1）管理组会议、员工会议上回顾讨论能源使用情况	
	（2）能源使用图的张贴及更新	
	（3）当月能源费用控制状况是否合乎预估要求，如否，请附分析及行动计划	

上述所有控制能源耗用量的方法，有赖于餐厅人员训练及警觉性。人员，才是餐厅健全能源管理的关键所在。作为餐厅的管理者，应为训练及建立能源警觉性投资时间，比其他任何能源投资，更具有增加利润的潜力。

（二）餐厅各主要系统的能源消耗降低细节

下列为使用调整控制、开启/关闭控制、维修控制的明确方法，以降低餐厅各主要系统的能源消耗。

1.空调设备

（1）调整控制。餐厅冷热气的流出，主要是受到建筑物内、外温差的影响。所以设定空调开关上的正确温度，才能节省餐厅的能源。依国际标准来说，在冬季使用暖气时，室内温度应设为（20摄氏度）；在夏季使用冷气时室内温度应设为（26摄氏度），多数人在此温度下更舒适。用餐区温度的测量以顾客坐下时，头部的高度为准。厨房区温度的测量，则是以服务员站立时头部高度为准。为维持适应温度，在夏冬两季调整空调开关的设定温度。其他季节依餐厅外的天气状况及温度作合理调整。另外，餐厅也须依照楼面开启情况、营运状况，适时地调整空调的开启和关闭。

（2）开启/关闭控制。如果餐厅拥有独立式空调设备，可拟定间隔式启动的时间表，一次开启1或2台空调，使用间隔式启动时间表作业，则每日可节省数小时的运作时间。

打烊后，请关闭排油烟机，可避免餐厅的热气/冷气流失或吸入。

（3）维护控制。空调设备维护的基本时间表，列于计划保养月历中，严格遵守时间表作业非常重要。以下为特别重要的主要维护作业，不仅可确保空调设备的流畅使用，更可降低其能源费用，如图7-11所示。

要点一	保持清洁的空调设备。灰尘是大自然中最佳的绝缘体之一，它能阻塞冷冻线圈及其他零件，而使设备的使用效率大为减低。保持空调设备最重要最简易的方法为：每星期至少清洁一次空气过滤网和冷凝器散热网，必要时及时更换
要点二	定期检查空调设备内部。注意是否有裂缝腐蚀、螺丝松落或其他损坏，有无异响、异味，并及时予以维修
要点三	每周检查空气入口及回风装置。根据一般的清洁时间表即可。清理上述装置不仅可改善餐厅外观，更可确保空调设备的功能。调空气流向，勿使其直接向下或对着墙壁及其他障碍物
要点四	清洁面板内的恒温器。用软毛刷将恒温器及其毛细管、护盖上的灰尘油垢清除掉。发现毛细管卷曲，应及时予以更换(注意，须关闭电源开关)
要点五	每年检查2次冷煤管和通风管，注意是否有腐蚀、损坏的迹象，周边有漏油现象(表示冷煤外泄)或风管连接处松落，并及时予以维修
要点六	保持冷冻红圈清洁。以软毛刷清理表面尘垢，即可保持清洁的冷冻圈
要点七	检查蒸发器滴盘。确定它是清洁及干的

图7-11 空调设备维护控制的要点

2.冷藏、冷冻系统

冷冻库及冷藏库在维持半成品品质方面，扮演着极为重要角色。为维持经济的适当温度范围，管理者必须定期检视这两个系统。

（1）调整控制。餐厅应设定冷冻库、冷冻柜（冰箱）控制除霜周期的计时器，以节约能源，设定时间有4个周期，所选定的除霜时间，至少应卡车进货后2小时，或是人员不会进出冷库或开启冰箱的时间为宜。其设定周期须至少间隔4小时，应避免高峰电力需求的时段（例如早上6：00、下午6：00、凌晨12：00的时段）。

冷藏库化霜时间为15～30分钟，冷冻库化霜时间为60分钟。

（2）开启/关闭控制。大型冷冻进货时，不要关闭压缩机，因为卸货后，再使冷库降温，这比让机组继续动作花费高。在进货或盘点时，不让冷库的门开着，空气帘则保持在适当位置，不可为了进出的方便而将它推到旁边或取下。应鼓励人员进出冷库前做好计划，以减少往返次数。

（3）维护控制。与空调一样，良好保养的冷藏、冷冻系统，是降低能源成本最有效率的方法，也有助于延长设备的流畅运作。

要求员工遵行计划保养月历中的保养计划，并牢记图7-12所列的事项。

事项一	每周检查冷冻库、冷藏库、冰箱的门垫是否完整。清除尘垢或食物残渣，并注意是否有裂缝及损坏情形。同时需检查冷藏门边的加热器，是否运行正常，以防结冰
事项二	定期以纸币检查冷藏（冻）/冰箱设备之垫圈。方法是：轻轻打开冷藏（冻）/冰箱门，将纸币贴着门边，再关上门时，纸币便会夹在外墙与橡胶垫圈中。关上门后，将被夹住之纸币抽出，如能轻易取出，则垫圈太松，如果垫圈紧密适度，纸币需用力才能取出。在每一扇门两边之顶端及底部重复此一测试。在测试大型冷藏库时，同样让纸币夹入，关门后，注意门边四周是否有滴漏的现象。损毁的垫圈，松弛的弹簧，或破裂的铰链，都可能造成门缘的滴漏情形。如有上述任何一种情形出现，都应立即处理
事项三	所有冷藏(冻)机组之凝器、及散热器线圈也应保持清洁。大型冷库与冷藏库亦然。如线圈位置近厨房排风口，便易于堆积油垢，而油垢正如磁场般，易于吸附尘土。使用手电筒检查线圈内部之清洁，同时也要检查水冷式冷凝器，以避免浪费能源或水
事项四	检查除霜计时器上的时间设定是否正确
事项五	每周检测一次冷库/冰箱温度。如温度不符要求，则调整温度控制开关直到符合要求为止

图7-12 冷藏、冷冻系统的维护控制事项

3.生产区设备

餐厅的生产区设备为主要的能源消耗者。占总能源费用50%～60%之强，如想节省餐厅能源之一大半，就该从此处着手。对使用独立电表及煤气的餐厅而言，

管理者应从实际度数中分析生产区设备实际的能源用量。

以良好的能源管理（及产品品质）来说，确保所有生产区设备经过校准、清洁、有计划的维护保养，是非常重要的。必须确认餐厅有彻底执行日常的清洁程序。

（1）调整控制。对良好的能源管理来说，保持所有生区设备之适度调整非常重要，生产区调整程序，也有助于减低能源成本。白天不需使用的设备也应予以覆盖或关闭。生产区设备最重要的调整技巧，为温度校准。

（2）开启/关闭控制。餐厅的整体设备，是依高峰营运的负载量而设计的。既然餐厅营运不会一直处于高峰期，一天中某些时段关闭部分设备，也是合乎逻辑的做法。

在营运平缓时注意生产区设备，在适当时段内找出关闭设备的机会，以早先讨论过的《设备关机时间表》协助管理者来拟定时间表，须保证每位服务员都彻底地了解时间表，及使用设备的适当程序，并明白应以最有效率的方式来完成任务。在设备所需暖机地时间下尽量延迟关机时间。

餐饮企业管理者需花费一番心血才能决定最佳的生产区例行工作，最好的能源效率时间表，或许比所惯用的要复杂许多。餐饮企业管理者应劳记这一点，每节省1元钱的能源，就会增加1元钱的利润。

（3）维护控制。如其他耗用能源的设备一样，正确的维护生产区设备，使餐厅更能经济地运用它。具体要参阅设备保养手册，以了解下列重要作业的正确程序，如图7-13所示。

步骤一	保持烟道、烟道壁及排油烟机的清洁
步骤二	根据计划保养月历的时间表，检查相关设备的温度校准
步骤三	检查煤气的密封圈、阀门是否完好无损清洁无垢

图7-13　重要作业的正确程序

4.照明系统

餐厅的照明设备其实是一种行销工具，餐厅要保持事物明亮、愉悦，而且光线充足，这些都有助于吸引顾客进入餐厅。新近成立餐厅，或是在重新装潢的餐厅里，可使用较浅的颜色、镜子、更多的开放空间，以减少照明所需。以已装修好的餐厅来说，选用节能灯泡，是控制照明能源的主要方法。

（1）调整控制。日光灯较白炽灯（即普通灯泡）效率为高，使用时也会产生较低的热能。唯有大厅及用餐区的装饰照明可使用灯泡，并应选择合适的最低瓦数灯泡为宜。

换置日光灯管时，须使用高效能之灯管。

（2）开启/关闭控制。在拟定照明设备的时间表时，无需考虑开启或暖机等重要因素，一般说来，不需照明时，即关闭。

（3）维护控制。正确维护热水器，是餐厅控制加热给水的关键。必须遵行维护保养月历的维护时间表，每月应对热水器进行例行检查，如有出水量减少、漏气、漏水现象应立即报修。同时定期更换热水器的干电池。

下面提供一份某餐厅制订的餐厅节能减耗细则供参考。

【实战范本03】××餐厅节能减耗细则

××餐厅节能减耗细则

一、空调与灯光

空调不得在包厢无预订时使用，当有预订时可提前打开包厢内空调并将其调至适宜的温度。灯光在有预订时可提前打开一部分亮度较低的灯光，待客人进入包厢后可打开大多数灯光，当客人上桌开餐后可打开餐桌上的主灯。待客人离开后应第一时间关闭空调、电磁炉与电视机以及餐桌上的主灯。待做好卫生摆台完毕后应关闭所有灯光。

二、口布等消耗品的节约

餐厅日常的卫生中，应尽量避免使用口布去做卫生。当必须使用口布时应注意口布的使用，将卫生完成的同时尽量节约使用的口布数量。纸巾在上桌后客人未使用的也予以回收使用，以节约成本。

三、餐具的日常保养

在使用餐具时注意轻拿轻放。且在使用时注意不得冷热混用以避免餐具炸裂。在收拾餐具的过程中不得随意堆放，应按照大小等堆放整齐，且避免餐具在送去清理的过程中互相碰撞导致破损。在擦拭餐具时用力不应过猛，以避免餐具在擦拭中出现破损。

四、配料的分量

在打取套料时，香辣酱和葱姜汁都按照两平勺的分量打取。海鲜汁则倒至三分之二处以下以避免丸类在沾汁时溢出。在散点时，香辣酱等同样器皿的小料统一按照大汤勺一勺半的分量打取。辣椒圈等相同器皿的小料全部打满即可，不要堆出器皿太高。香菜、葱花、辣椒圈要注意保持湿度，打好后要套上保鲜膜以避免开餐时其发生干枯变黄等现象。

五、日常工作中的细节节约

厅面及时告知其余部门预订情况，以及退换菜品时迅速的与其他部门进行沟通以避免退回的菜品因时间较长失去水分与口感。传菜部应按照预订情况通知厨房汤类的备量以避免每日应准备过多导致浪费。在各种单据的使用时尽量与其他部门沟通以节约人力去做重复的事。各种采购和申领以及维修的单据不应重复下单，责任到申请人。如迟迟未能解决应自己去催促而非重复下单造成成本浪费。

第八章
餐饮安全卫生管理

饮食卫生是餐厅提供饮食服务非常重要的组成部分,餐厅必须提供给客人安全、卫生的饮食,这点非常重要。因此,餐厅必须了解最新的食品安全政策,必须制定相应的措施彻底地保证食品的安全及来就餐厅的人员安全。

1. 了解餐饮最新食品安全政策,掌握各个环节控制食品安全的方法。
2. 掌握食物中毒和食物过敏的预防方法。
3. 了解如何管理员工卫生和厨房卫生,掌握废弃物处理及病媒动物防治的方法。

第一节 解读最新食品安全政策

一、必须办理手续

(1) 餐饮企业管理者必须依法取得《餐饮服务许可证》,按照许可范围依法经营,并在就餐场所醒目位置悬挂或者摆放《餐饮服务许可证》。

 特别提示 ▶▶▶

根据相关规定被吊销《餐饮服务许可证》的单位,其直接负责的主管人员自处罚决定作出之日起5年内不得从事餐饮服务管理工作。餐饮企业管理者不得聘用规定的禁止从业人员从事管理工作。

(2) 餐饮企业管理者应当建立健全食品安全管理制度,配备专职或者兼职食品安全管理人员。

(3) 餐饮企业管理者应当建立并执行从业人员健康管理制度,建立从业人员健康档案。餐饮服务从业人员应当每年进行健康检查,取得健康合格证明后才可参加工作。

(4) 从事直接入口食品工作的人员患有有碍食品安全疾病的,应当将其调整到其他不影响食品安全的工作岗位。

二、员工管理

餐饮企业管理者应当组织从业人员参加食品安全培训,学习食品安全法律、法规、标准和食品安全知识,明确食品安全责任,并建立培训档案;应当加强专(兼)职食品安全管理人员食品安全法律法规和相关食品安全管理知识的培训。

三、采购要求

（1）餐饮企业管理者应当建立食品、食品原料、食品添加剂和食品相关产品的采购查验和索证索票制度。

（2）餐饮企业管理者应当按照产品品种、进货时间先后次序有序整理采购记录及相关资料，妥善保存备查。记录、票据的保存期限不得少于2年。

（3）餐饮企业管理者应当按照国家有关规定和食品安全标准采购、保存和使用食品添加剂。应当将食品添加剂存放于专用橱柜等设施中，标示"食品添加剂"字样，妥善保管，并建立使用台账。

四、不得采购、使用和经营的食品

餐饮企业管理者应按《中华人民共和国食品安全法》（以下简称《食品安全法》）的规定，不得采购、使用和经营以下食品。

（一）《国食品安全法》规定禁止生产经营的食品

（1）用非食品原料生产的食品或者添加食品添加剂以外的化学物质和其他可能危害人体健康物质的食品，或者用回收食品作为原料生产的食品。

（2）致病性微生物、农药残留、兽药残留、重金属、污染物质以及其他危害人体健康的物质含量超过食品安全标准限量的食品。

（3）营养成分不符合食品安全标准的专供婴幼儿和其他特定人群的主辅食品。

（4）腐败变质、油脂酸败、霉变生虫、污秽不洁、混有异物、掺假掺杂或者感官性状异常的食品。

（5）病死、毒死或者死因不明的禽、畜、兽、水产动物肉类及其制品。

（6）未经动物卫生监督机构检疫或者检疫不合格的肉类，或者未经检验或者检验不合格的肉类制品。

（7）被包装材料、容器、运输工具等污染的食品。

（8）超过保质期的食品。

（9）无标签的预包装食品。

（10）国家为防病等特殊需要明令禁止生产经营的食品。

（11）其他不符合食品安全标准或者要求的食品。

（二）违反《食品安全法》规定的食品

（1）食品和食品添加剂的标签、说明书，不得含有虚假、夸大的内容，不得涉及疾病预防、治疗功能。生产者对标签、说明书上所载明的内容负责。

（2）食品和食品添加剂的标签、说明书应当清楚、明显，容易辨识。

（3）食品和食品添加剂与其标签、说明书所载明的内容不符的，不得上市销售。

（4）生产经营的食品中不得添加药品，但是可以添加按照传统既是食品又是中药材的物质。按照传统既是食品又是中药材的物质的目录由国务院卫生行政部门制定、公布。

（三）违反《食品安全法》规定的进口预包装食品

（1）进口的预包装食品应当有中文标签、中文说明书。

（2）标签、说明书应当符合本法以及我国其他有关法律、行政法规的规定和食品安全国家标准的要求，载明食品的原产地以及境内代理商的名称、地址、联系方式。

（3）预包装食品没有中文标签、中文说明书或者标签、说明书不符合本条规定的，不得进口。

五、食品安全操作规范

餐饮服务应当符合下列要求。

（1）在制作加工过程中应当检查待加工的食品及食品原料，发现有腐败变质或者其他感官性状异常的，不得加工或者使用。

（2）储存食品原料的场所、设备应当保持清洁，禁止存放有毒、有害物品及个人生活物品，应当分类、分架、隔墙、离地存放食品原料，并定期检查、处理变质或者超过保质期限的食品。

（3）应当保持食品加工经营场所的内外环境整洁，消除老鼠、蟑螂、苍蝇和其他有害昆虫及其孳生条件。

（4）应当定期维护食品加工、储存、陈列、消毒、保洁、保温、冷藏、冷冻等设备与设施，校验计量器具，及时清理清洗，确保正常运转和使用。

（5）操作人员应当保持良好的个人卫生。

（6）需要熟制加工的食品，应当烧熟煮透；需要冷藏的熟制品，应当在冷却后及时冷藏；应当将直接入口食品与食品原料或者半成品分开存放，半成品应当与食品原料分开存放。

（7）制作凉菜应当达到专人负责、专室制作、工具专用、消毒专用和冷藏专用的要求。

（8）用于餐饮加工操作的工具、设备必须无毒无害，标志或者区分明显，并做到分开使用，定位存放，用后洗净，保持清洁；接触直接入口食品的工具、设备应当在使用前进行消毒。

（9）应当按照要求对餐具、饮具进行清洗、消毒，并在专用保洁设施内备用，不得使用未经清洗和消毒的餐具、饮具；购置、使用集中消毒企业供应的餐具、饮具，应当查验其经营资质，索取消毒合格凭证。

（10）应当保持运输食品原料的工具与设备设施的清洁，必要时应当消毒。运输保温、冷藏（冻）食品应当有必要的且与提供的食品品种、数量相适应的保温、冷藏（冻）设备设施。

六、监管重点检查事项

食品安全监督检查人员对餐厅进行监督检查时，餐饮服务经营者应知道他们要重点检查的事项有哪些。

（1）餐饮服务许可情况。

（2）从业人员健康证明、食品安全知识培训和建立档案情况。

（3）环境卫生、个人卫生、食品用工具及设备、食品容器及包装材料、卫生设施、工艺流程情况。

（4）餐饮加工制作、销售、服务过程的食品安全情况。

（5）食品、食品添加剂、食品相关产品进货查验和索票索证制度及执行情况、制订食品安全事故应急处置制度及执行情况。

（6）食品原料、半成品、成品、食品添加剂等的感官性状、产品标签、说明书及储存条件。

（7）餐具、饮具、食品用工具及盛放直接入口食品的容器的清洗、消毒和保洁情况。

（8）用水的卫生情况。

（9）其他需要重点检查的情况。

七、抽样检验，异议如何处理

（1）对检验结论有异议的，异议人有权自收到检验结果告知书之日起10日内，向组织实施抽样检验的食品药品监督管理部门提出书面复检申请，逾期未提出申请的，视为放弃该项权利。

（2）复检机构由复检申请人自行选择；复检机构与初检机构不得为同一机构。复检机构出具的复检结论为最终检验结论。

（3）复检费用的承担依《中华人民共和国食品安全法实施条例》（以下简称《食品安全法实施条例》）的规定，食品生产经营者对依照食品安全法的规定进行的抽样检验结论有异议申请复检，复检结论表明食品合格的，复检费用由抽样检验的部门承担；复检结论表明食品不合格的，复检费用由食品生产经营者承担。

八、法律责任

（一）未经许可从事餐饮服务

未经许可从事餐饮服务的，根据《食品安全法》的规定予以处罚。

（1）没收违法所得、违法生产经营的食品、食品添加剂和用于违法生产经营的工具、设备、原料等物品。

（2）违法生产经营的食品、食品添加剂货值金额不足1万元的，并处2000元以上5万元以下罚款；货值金额1万元以上的，并处货值金额五倍以上十倍以下罚款。

（二）按未取得《餐饮服务许可证》查处

有下列情形之一的，按未取得《餐饮服务许可证》查处。

（1）擅自改变餐饮服务经营地址、许可类别、备注项目的。

（2）《餐饮服务许可证》超过有效期限仍从事餐饮服务的。

（3）使用经转让、涂改、出借、倒卖、出租的《餐饮服务许可证》，或者使用以其他形式非法取得的《餐饮服务许可证》从事餐饮服务的。

（三）《食品安全法》规定的处罚情形

1. 处罚情形

餐饮企业管理者有下列情形之一的，予以处罚。

（1）用非食品原料制作加工食品或者添加食品添加剂以外的化学物质和其他可能危害人体健康的物质，或者用回收食品作为原料制作加工食品。

（2）经营致病性微生物、农药残留、兽药残留、重金属、污染物质以及其他危害人体健康的物质含量超过食品安全标准限量的食品。

（3）经营营养成分不符合食品安全标准的专供婴幼儿和其他特定人群的主辅食品。

（4）经营腐败变质、油脂酸败、霉变生虫、污秽不洁、混有异物、掺假掺杂或者感官性状异常的食品。

（5）经营病死、毒死或者死因不明的禽、畜、兽、水产动物肉类及其制品。

（6）经营未经动物卫生监督机构检疫或者检疫不合格的肉类，或者未经检验或者检验不合格的肉类制品。

（7）经营超过保质期的食品。

（8）经营国家为防病等特殊需要明令禁止经营的食品。

（9）有关部门责令召回或者停止经营不符合食品安全标准的食品后，仍拒不召回或者停止经营的。

（10）餐饮企业管理者违法改变经营条件造成严重后果的。

2. 处罚

（1）没收违法所得、违法生产经营的食品和用于违法生产经营的工具、设备、原料等物品。

（2）违法生产经营的食品货值金额不足1万元的，并处2000元以上5万元以下罚款。

（3）货值金额1万元以上的，并处货值金额五倍以上十倍以下罚款。
（4）情节严重的，吊销许可证。

（四）《食品安全法》规定其他处罚情形

1. 其他处罚情形

餐饮企业管理者有下列情形之一的，予以处罚。
（1）经营或者使用被包装材料、容器、运输工具等污染的食品。
（2）经营或者使用无标签及其他不符合《食品安全法》、《食品安全法实施条例》有关标签、说明书规定的预包装食品、食品添加剂。
（3）经营添加药品的食品。

2. 处罚

（1）没收违法所得、违法生产经营的食品和用于违法生产经营的工具、设备、原料等物品。
（2）违法生产经营的食品货值金额不足1万元的，并处2000以上5万元以下罚款。
（3）货值金额1万元以上的，并处货值金额两倍以上五倍以下罚款。
（4）情节严重的，责令停产停业，直至吊销许可证。

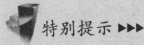
特别提示 ▶▶▶

以上只是对部分违法情况进行了列举说明，对于从事餐饮业的经营者，还需要对《食品安全法》、《食品安全法实施条例》等国家相关规定进行了解。

九、食品安全事故，如何处理

（1）餐饮企业管理者应当制订食品安全事故处置方案，定期检查各项食品安全防范措施的落实情况，及时消除食品安全事故隐患。
（2）餐饮企业管理者发生食品安全事故，应当立即封存导致或者可能导致食品安全事故的食品及其原料、工具及用具、设备设施和现场，在2小时之内向所在地县级人民政府卫生部门和食品药品监督管理部门报告，并按照相关监管部门的要求采取控制措施。
（3）餐饮企业管理者应当配合食品安全监督管理部门进行食品安全事故调查处理，按照要求提供相关资料和样品，不得拒绝。

十、违法所得、货值金额

（1）违法所得是指违反《食品安全法》、《食品安全法实施条例》等食品安全法律法规和规章的规定,从事餐饮服务活动所取得的相关营业性收入。

(2)货值金额是指餐饮企业管理者经营的食品的市场价格总金额。其中原料及食品添加剂按进价计算,半成品按原料计算,成品按销售价格计算。

十一、"情节严重"情形

餐饮服务食品安全监督管理执法中,涉及《食品安全法》相关规定时,"情节严重"包括但不限于下列情形。

(1)连续12个月内已受到2次以上较大数额罚款处罚或者连续12个月内已受到一次责令停业行政处罚的。

(2)造成重大社会影响或者有死亡病例等严重后果的。

十二、"从轻处罚"情形

餐饮企业管理者主动消除或者减轻违法行为危害后果,或者有其他法定情形的,应当依法从轻或者减轻处罚。

第二节 各个环节控制食品安全

一、食材采购

(一)要严格按规格采购各类菜肴原料

一定要确保购进原料能最大限度地发挥其应有作用,使加工生产变得方便快捷。没有制订采购规格标准的一般原料,要以保证菜品质量、按菜品的制作要求以及方便生产为前提,选购规格分量相当、质量上乘的原料,不得乱购残次品。

各种食材的采购标准,具体见本书食材采购相关章节。

(二)全面细致验收,保证进货质量

验收各类原料,要严格依据采购规格标准,对没有规定规格标准的采购原料或新上市的品种,对其质量把握不清楚的,要认真检查,从而保证验收质量。

(三)加强储存原料管理

严格区分原料性质,进行分类贮藏。加强对贮藏原料的食用周期检查,杜绝过期原料再加工制作。

加强对储存再制原料的管理，如泡菜、泡辣椒等。如这类原料需要量大，必须派专人负责。厨房已领用的原料，也要加强检查，确保其质量可靠和卫生安全。

二、生产阶段

菜点生产阶段主要应控制申领原料的数量和质量，菜点加工、配份和烹调的质量。

（一）加工

（1）严格计划领料，并检查各类原料的质量，确认可靠才可加工生产。

（2）对各类原料的加工和切割，一定要根据烹调的需要，制订原料加工规格标准，保证加工质量。

（3）对各类浆、糊的调制建立标准，避免因人而异的盲目操作。

（二）配份

（1）准备一定数量的配菜小料即料头。对大量使用的菜肴主、配料的控制，则要求配份人员严格按菜肴配份标准，称量取用各类原料，以保证菜肴风味，配份厨师可以参照表8-1～表8-5所示的标准进行配份。

表8-1　菜肴配份标准

数量单位：克

菜肴名称	分量	主料		辅料		料头		盛器规格	备注
		名称	数量	名称	数量	名称	数量		
鱼香肉丝	1例	猪肉丝	120	莴笋丝	30	姜蒜米	各8	7寸条盘	
				木耳丝	15	鱼眼葱	10		
麻婆豆腐	1例	豆腐	150	牛肉末	30	蒜苗	15	7寸条盘	
……									

表8-2　点心成品配份标准

数量单位：克

名称	分量	主料		辅料		盛器规格	备注
		名称	数量	名称	数量		
小笼包子	1个	发酵面团	30	肉馅	15	2寸圆碟	
清汤面条	1例	面条	30	菜心	10	2寸汤碗	
玻璃烧卖	1个	烧卖皮	1张	肉馅	20	2寸圆碟	
……							

表8-3 面团配份标准

数量单位：克

菜肴名称	数量	主料		辅料		备注
		名称	数量	名称	数量	
发酵面团	500					
油酥面团	500					
……						

表8-4 馅料配份标准

数量单位：克

菜肴名称	数量	主料		辅料		料头		适用范围
		名称	数量	名称	数量	名称	数量	
豆沙馅	500							
猪肉馅	500							
……								

表8-5 臊子配份标准

数量单位：克

菜肴名称	数量	主料		辅料		料头		适用范围
		名称	数量	名称	数量	名称	数量	
红烧牛肉	500							
猪肉脆臊	500							
……								

（2）随着菜肴的翻新和菜肴成本的变化，及时调整用量，修订配份标准，并督导执行。

（三）烹调

（1）开餐经营前，将经常使用的主要味型的调味汁，批量集中兑制，以便开餐烹调时随时取用，以减少因人而异时常出的偏差，保证出品口味质量的一致性。

（2）根据经营情况确定常用的主要味汁，并加以定量化。

三、消费阶段

（一）备餐

备餐要为菜肴配齐相应的佐料、食用和卫生器具及用品。一道菜肴配一到两个味碟，一般由厨房配制，按每个人头配制，多在备餐时配制。对备餐也应建立一些规定和标准，督导服务，方便顾客。

（二）上菜

服务员在上菜时，要及时规范，主动报菜名。对食用方法独特的菜肴，应对客人作适当介绍或提示。

四、食品安全检查

餐饮企业管理者一定要做好各项食品安全的检查工作，防患于未然。

【工具07】食品安全检查表

食品安全检查表

检查项目	检查内容	结果	
		是	否
收料与检疫	（1）食品是否有害虫的风险		
	（2）食品是否被化学品污染		
	（3）包装是否干净、完整，能防止污染		
	（4）是否在保质期内并符合法定的规定		
	（5）收料后是否马上送到储藏处		
	（6）运输食品的车辆等工具是否干净、食品温度是否正确		
	（7）是否对肉、禽类食品进行动物检疫复核		
储存控制	（1）是否有保质期		
	（2）现场是否有库存管理程序		
	（3）储存温度是否正确		
	（4）是否有防虫控制措施		
	（5）在储存处是否有化学和物理污染食品的可能性		
	（6）食品包装是否干净和合适		
	（7）是否有足够的设施安排食品的储存		
烹饪管理	（1）烹饪时间是否足够并按程序进行		
	（2）烹饪温度是否正确且按程序进行		
	（3）烹饪方法是否适合食品（大或小、多或少）		
	（4）烹饪后是否有交叉污染		
	（5）烹饪结束时加入的原辅料是否有污染的可能		

续表

检查项目	检查内容	结果 是	结果 否
烹饪管理	（6）烹饪是否按正确的时间计划进行，以避免烹饪后放置时间过长再服务（上菜）		
	（7）使用的设备装置是否合适、完好		
	（8）冷藏和冷却程序是否安全		
	（9）食品再次加热时的温度是否足够		
保温控制	（1）保温时间和温度是否正确		
	（2）准备的食品是否太多		
	（3）是否有外来物、化学品的污染危险		
	（4）是否有与其他食品交叉污染的可能		
	（5）个人卫生是否符合规定		
	（6）服务及销售前发运程序是否安全		
	（7）操作台表面、器皿及设备是否干净		
	（8）保温食品是否过多（尽管处于安全状态下）		
服务管理	（1）时间和温度是否正确		
	（2）个人卫生是否符合规定		
	（3）是否有防止外来物或消费者污染食品的措施		
	（4）是否提供公筷、公勺或推荐消费者分餐制用餐		
	（5）操作台表面、器皿及设备是否干净		
清洁管理	（1）清洁程序能否防止交叉污染		
	（2）现场是否有清洁程序如清洁场所、设备和装置的程序		
	（3）是否安全、正确地使用化学品，是否按有关指示或规定使用		
	（4）是否使用合适的设施高效地进行清洁工作		
	（5）水温是否恰当		
	（6）现场是否有有关消毒的程序		
	（7）清洁设备和清洁剂是否与食品分开储存或放置		
	（8）是否有人负责清洁工作的监控		
个人卫生控制	（1）员工是否具有基本的食品安全和卫生知识		
	（2）员工是否有不卫生的举止（如吸烟）		
	（3）员工是否遵循洗手的规定		
	（4）洗手和干手装置是否足够		
	（5）是否有足够的急救物品（包括防水、药箱、绷带）		

续表

检查项目	检查内容	结果 是	否
个人卫生控制	(6) 员工是否佩戴首饰及涂指甲油		
	(7) 员工是否穿戴合适的、卫生的工作服、帽		
	(8) 是否对设备、装置进行颜色编码及正确使用		
	(9) 是否戴手套,是否按规定换手套		
	(10) 员工是否患病或感染仍在岗位上及有引起食品中毒的可能		
	(11) 员工是否知道患某些疾病和感染必须向上级主管报告		
食品包装管理	(1) 用于包装食品的材料是否安全		
	(2) 包装时,温度是否始终安全		
	(3) 是否卫生地储存有关材料		
	(4) 食品标签是否正确,包括有关储存条件		
废料控制	(1) 水温是否恰当		
	(2) 食品废料及垃圾是否被卫生地收集		
	(3) 垃圾箱是否合适		
	(4) 放置废料的区域及设备是否干净		
	(5) 是否按规定合理地收集有关场所的废料		
	(6) 现场的废物是否先卫生地集中后等待收集		
虫害控制	(1) 现场是否有虫害控制程序		
	(2) 员工是否知道发现虫害问题必须马上报告上级主管		
	(3) 在操作场所是否有虫害监控措施		
消毒管理	(1) 现场是否有消毒控制程序		
	(2) 员工是否知道消毒的重要性		
	(3) 在操作场所是否有消毒监控措施		

第三节 食物中毒预防

一、采购源头控制

在预防食物中毒方面要注意的地方很多,但其中一点在于采购源头控制。具体来看有如下几点。

(1) 禁止采购不能出售的食物,如河豚,野生蘑菇,新鲜木耳,新鲜黄花菜,病死或死因不明的禽畜肉、水产品等。

(2) 所有采购的粮食,油料,干货等食品的包装要有QS标志。

(3) 所有采购畜禽等生食品要索取卫生部门及检验部门颁发的检验检疫证明。

(4) 蔬菜购买要索取农药残留证件。

(5) 购买豆制品要索取国家质量标准证件。

(6) 决不采购"三无产品"。

二、细菌性食物中毒的预防

(1) 减少或彻底杜绝各种有害细菌对食物的污染。

(2) 凡容器、切肉刀板只要接触过生肉、生内脏的都应及时洗刷清洗,严格做到生、熟用具分开,冷藏设备分开,加工人员分开,加工场所分开。

(3) 生熟动物性食品及其制品,都应尽量在低温条件下保存,暂时缺乏冷藏设备时,应及时将食品放于阴凉通风处。

(4) 严禁食用病死或病后屠宰的家禽畜,对肉类等动物性食品,在烹调时应注意充分加热。

(5) 禁止家禽、家畜及宠物进入厨房或食品加工室,彻底消灭厨房、储存室、大厅等处的老鼠、蟑螂、苍蝇等害虫。

三、化学性食物中毒的预防

(1) 禁止使用装过含砷、有机磷等农药的容器盛放粮食和其他食品,不用镀锌容器盛放、煮制、加工酸性食物。

(2) 严格遵守食品卫生标准,凡食材中镉与汞含量超过国家规定标准的一律不进行菜品加工。

(3) 控制食材及添加剂中的含铅量,使用添加剂时要严格按国家标准执行。

(4) 蔬菜、水果食用前需清洗、浸泡或削皮,以降低有机磷农药在食物中的残留量。

四、有毒动、植物食物中毒的预防

(1) 不加工出售有毒或腐败变质的鱼类食品,尤其是青皮红肉鱼类,对含组胺较多的鱼类,应注意烹调方法,减轻其毒性。

(2) 加工前应对菌类进行鉴别,对于未能识别有毒或无毒的菌种类,应该把样品送有关部门的鉴定,确认无毒后方可食用。

（3）马铃薯应在低温，无阳光直射的场所储存，发芽较重及变黑变绿的马铃薯不得加工食用。

（4）食用芸豆时应充分熟透，避免食用沸水焯过和旺火快炒的芸豆菜肴。

（5）加工杏仁时均应充分加热，敞开锅盖使其失去毒性。

（6）木薯不能生吃，加工要去皮、水浸、煮熟，新鲜木薯要剥去内皮后再进行加工，浸泡木薯的水及薯汤不宜弃于池塘内。

五、真菌毒素食物中毒的预防

（1）防霉变，控制温度和湿度，粮食储存要清洁干燥、低温，要装有通风设备，根据粮温、库温及湿度采取降温，降湿措施。

（2）去毒素，如果粮食已被黄曲霉菌污染并产生毒素后，应设法将毒素清除或破坏，可挑选霉粒法、碾轧加工法、加碱去毒法、物理吸附法、加水搓洗法等方法。

六、食物中毒的处理

（1）顾客在用餐时，突发不明疾病晕倒或出现其他不良症状，离患者最近的服务员应立即上前将其扶到座位上，请人照看，及时向大厅主管报告，同时迅速告知行政总厨赶到现场。

（2）当班主管应在第一时间安排一位员工陪同送往就近医院进行抢救，紧急情况要拨打急救电话"120"，同时向上级管理者通报情况。

（3）若出现第二例以上症状病人，应立即停止售卖工作，做好现场保护工作，同时通知上级管理者，听取处理意见，必要时拨打急救电话"120"，并通知食品卫生监督部门人员到场，配合调查处理。

（4）保存好出售食品的留样，以备相关部门化验检查。

第四节　食物过敏预防

大量改良品种、基因产品逐渐上市，增加了食品的不安全因素，其中一部分就是引起过敏，而且容易被人们忽视。

【案例】

小阳请朋友小莉到一家川菜餐厅吃饭，服务员为她们推荐了时令蔬菜

"凉拌藠头"。俩人以前都没有吃过，决定尝尝。凉拌藠头看着让人很有食欲，俩人都觉得很好吃。可是，突然小莉晕倒了，餐厅经理和服务员都赶紧过来。

小阳也吓得不行，刚刚小莉还和她边吃边聊，怎么突然就晕倒了呢？今天小莉气色看着不错，不像生病了。大家一起将小莉送到附近医院，可是没有查出有什么问题。小莉到医院一会儿后就醒了，没什么大碍。

同时，餐厅负责人也将她俩吃过的食物送到卫生局检验，也没有问题。那问题到底出在哪里呢？小莉说她以前从来没有出现过这样的情况。

小阳将小莉送回家时，告诉小莉妈妈吃饭时小莉突然晕倒了，刚从医院回来。可是没有发现晕倒原因，食物没有问题，小莉身体也没有问题。小莉妈妈问她俩吃了哪些菜，小阳刚说到"凉拌藠头"，小莉妈妈就说"我告诉她不要吃藠头，怎么就忘了呢？她对藠头过敏的。"

原来是小莉自己对藠头过敏，只是忘记了，所以才会出现在餐厅晕倒的一幕。小阳于是打电话给餐厅负责人，告诉他们是由于对藠头过敏引起的。

一、认识食品过敏

（一）食物过敏

食物过敏是食物引起对机体对免疫系统的异常反应。主要是因为人体对某些外来食物成分的反应过火或对某些蛋白质以及某些食物成分缺乏消化能力。常见的食物过敏，与免疫球蛋白E有关，而致敏物即为某些蛋白。蛋白质是生物体内最复杂，也是最重要的物质之一，异体蛋白质进入人体后可会发过敏反应。这就是为什么在食品的成分和食用量都正常的情况下，而少数消费者食用后却会有不同形式的过敏反应发生。

（二）食物过敏反应

食品过敏原产生的过敏反应包括呼吸系统、肠胃系统、中枢神经系统、皮肤、肌肉和骨骼等不同形式的临床症状，幸运的是大多对食品的过敏反应是相对温和的。

（1）当摄入了有关的食物，其中的食品过敏原可能导致一系列的过敏反应。过敏反应通常会在一个小时内出现，症状明显，有时表现得会较激烈，包括诸如呕吐、腹泻、呼吸困难、嘴唇、舌头或咽喉肿胀、血压骤降等。

（2）因食品产生的敏感或不适反应却可能在几小时内，甚至几天后才会发生，叫做缓慢性过敏反应，主要的症状有湿疹、胃肠不适综合征、偏头痛、麻疹、鼻炎、全身乏力、哮喘、关节炎、疼痛、儿童多动症等。

（3）有一小部分人有非常严重的甚至威胁生命的反应，叫过敏性休克。过敏性休克是一种血压突然降低的现象，如不迅速治疗可以致命。

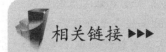

各国食物过敏情况

据估算，美国3.5%～4%成人、5%～6%婴儿和儿童有真正的食品过敏症，每年因食物过敏的急诊病例约2万例，其中大约950例对食品严重的反应需要住院治疗，150～200人因食物过敏造成死亡。

欧洲2001年的研究显示不同食物过敏的发生率大约是2%～4%，儿童的发生率则更高，因此整个欧盟4亿人口中约有1000万～1500万人口有食物过敏问题。

英国估计有总数达1500万人对各种物质，不只是食品过敏（人口总数的四分之一），其中每年有2000例以上的过敏哮喘死亡全部或部分原因与食物过敏有关。

20世纪90年代中期以后，因为食品过敏原问题而召回的产品越来越普遍。FDA进行的统计显示，约有25%的包装食品存在有过敏原问题，如果对这些产品采取措施，召回的产品数量将十分庞大。

二、最常见食物过敏原

餐饮企业要做好食物过敏预防工作，一定要熟悉常见食物过敏原。

（一）严重的过敏原

严重的过敏原主要包括以下几样。

（1）"八大样"。蛋品、牛奶、花生、黄豆、小麦、树木坚果、鱼类和甲壳类食品。

（2）"八小样"。芝麻籽、葵花子、棉籽、罂粟籽、水果、豆类（不包括绿豆）、豌豆和小扁豆。

（3）其他。柠檬黄、亚硫酸盐、胶乳。

（二）主要致敏物

主要致敏物，具体如表8-6所示。

表8-6 主要致敏物

序号	成　分	例　如
1	花生及其制品	花生及其制品的致敏物有烘烤花生、花生酱、花生粉、花生油、落花生

续表

序号	成　分	例　如
2	甲壳类动物及其制品	甲壳类动物及其制品的致敏物有小虾、螃蟹、龙虾、小龙虾
3	鱼类及其制品	鱼类及其制品的致敏物有狼鲈、鲣鱼、比目鱼、金枪鱼、凤尾鱼、鳕鱼、鲑鱼、鱼油、鱼明胶、鱼粉、鱼肉
4	蛋类及其制品	蛋类及其制品的致敏物有蛋清、蛋黄、卵蛋白质、卵白蛋白、溶菌酶、卵黏蛋白、蛋磷脂
5	（树）坚果类及其制品	（树）坚果类及其制品的致敏物有杏仁、榛子、胡桃、腰果、山核桃、巴西坚果、阿月浑子坚果、澳大利亚坚果及昆士兰坚果、坚果油
6	乳及乳制品（包括乳糖）	乳及乳制品（包括乳糖）的致敏物有脱脂乳、奶油、乳脂肪、酪蛋白、干酪素、酪蛋白酸盐、乳清、凝乳、干酪、稀奶油、酸奶、乳白蛋白、乳糖
7	大豆及其制品	大豆及其制品的致敏物有大豆蛋白、组织化或水解植物蛋白、大豆零食、大豆粉、大豆磷脂、大豆油、酱油（大豆制）、日本豆面酱、豆腐、生育酚（维生素E）、植物甾醇类
8	含谷蛋白的谷物及其制品	含谷蛋白的谷物及其制品的致敏物有小麦、黑麦、大麦、燕麦、斯佩尔特小麦、远古硬质小麦及其杂交品种
9	二氧化硫及亚硫酸盐	二氧化硫及亚硫酸盐的致敏物有亚硫酸钠代谢物、酸式亚硫酸钠、二氧化硫
10	芹菜及其制品	芹菜及其制品的致敏物有芹菜籽、块根芹、芹菜油、芹菜叶、芹菜浸提香油精
11	芝麻籽及其制品	芝麻籽及其制品的致敏物有芝麻籽、芝麻油、芝麻酱
12	芥末及其制品	芥末及其制品的致敏物有芥菜籽、芥末油，芥末浸提树脂油、芥末粉
13	羽扇豆及其制品	羽扇豆及其制品的致敏物有羽扇豆粉、羽扇豆籽
14	软体动物及其制品	软体动物及其制品的致敏物有蛤、扇贝、牡蛎、蚌类、章鱼、蜗牛等

特别提示 ▶▶▶

　　这些食品过敏原占了在案的食品过敏反应中的90%，并且一些反应可能是严重或威胁生命的！目前为止，对食物过敏尚无非常有效的治疗手段，唯一可行的办法就是避开那些含有导致过敏成分的食物。

三、过敏原预防管理

（一）采购

（1）确认原材料中是否含有已知的过敏原成分，同时，包装材料也应视为原材料来检查和核对其是否含有过敏原成分。应采购满足规格的原料。

（2）运输工具也必须特别注意，因为它在运送不同物品时也可能导致交叉污染。

（二）储存加工

（1）对含有过敏原成分的原材料的隔离储存，做好相应标识。严禁叠放在其他原料上，以防止跌落或飘洒引起的其他原料污染。

（2）如果储罐中发现有过敏原成分，如果不能专用，则需要进行严格的清洗工作防止过敏原成分对其他成分的污染。

（3）避免来自其他生产区域或外部的交叉感染。

（三）品质检验

（1）对采购原辅材料、包装材料进行进一步识别确认。

（2）做好生产加工环节的日常监管工作，确保没有交叉污染。

（3）收集过敏原相关信息，增加识别潜在的食品安全性问题的能力，协助各部门不断改进食物过敏的控制措施。

（四）标识标注

对于过敏原，餐厅要做好各种标识标注，提醒顾客注意。

1.基本原则

（1）过敏原标识标注应准确、清晰、醒目、持久。

（2）过敏原标识标注应与餐饮食品摆放在同一视野内，易于就餐人员辨认和识读。

（3）配料应在过敏原标识标注中加以提示。如含有小麦、牛奶和蛋类。

（4）餐饮食品过敏原标识标注的字符高度不得小于5毫米。

2.过敏原标识标注要求

（1）对含有如下列举的可以导致过敏反应的食品必须如实标注并标示。

①含有谷蛋白的谷物（小麦、面筋、荞麦、黑麦、燕麦、斯佩耳特小麦或它们的杂交品系及其产品）。

②甲壳类、贝类动物及其产品（虾、蟹、蛤、牡蛎、扇贝等）。

③蛋类及蛋类产品（鸡蛋、鸡蛋清、鸡蛋黄等）。

④鱼类及鱼类产品、海产品（鳕鱼、金枪鱼、三文鱼）。

⑤头足类及其产品（鱿鱼等）。

⑥ 花生、大豆、芝麻及其产品。
⑦ 乳及乳制品（牛奶、奶酪、奶油、干酪、干酪素、乳清、酸乳酪等）。
⑧ 木本坚果及坚果类产品（榛子、开心果、腰果、核桃、杏仁等）。
⑨ 蔬菜、水果、食用菌（芹菜、胡萝卜、扁豆、豆芽、苹果、猕猴桃、草莓、桃、橘子、芒果、荔枝、桂圆、红毛丹、蘑菇等）。
⑩ 调料（味精、芥末、咖喱、黑胡椒、辣椒、花椒等）。
⑪ 加入10mg/kg或以上亚硫酸盐的产品。

（2）加入由两种或两种以上的其他配料构成的复合配料的食品，如含有（1）中所列举的可以导致过敏反应的食品，应进行提示。

（3）不能确定但可能含有（1）所列举的过敏原食品可写上"可能含有×××"或"不能保证不含有×××"等警示语句。

第五节 员工卫生管理

一、做好健康检查

（一）新进人员健康检查

对于新进人员，要求持有健康证，才可以予以录用。

健康检查中应检查诊断的项目有经历检查，检查是否有自觉症状与其他症状；检查身高、体重、视力、是否色盲及听力，胸部X光检查，量血压，测定尿中是否有糖尿与蛋白尿；粪便的细菌检查（必要时做寄生虫卵检查）。

> **特别提示** ▶▶▶
>
> 如患有出疹、脓疮、外伤、结核病等可能造成食品污染的疾病，则不得从事与食品接触的工作。在进行员工招聘时，一定要特别注意。

（二）定期健康检查

对于在职员工，餐厅要做好定期健康检查。便于提早发现问题，解决问题。因为有的带菌者本身并没有疾病症状，所以健康检查有助于早期发现疾病并给予适当治疗，同时可帮助受检者了解本身的健康状态及变化。定期健康检查每年至少一次。

二、员工个人卫生

（一）具有健康意识

餐饮企业管理者要培养员工的健康意识，经常对其进行培训。

（1）保持身体健康，精神饱满，睡眠充足，完成工作而不觉得过度劳累。

（2）如感不适，应及时报告，如呼吸系统的任何不正常情况（感冒、咽喉炎、扁桃体炎、支气管疾病和肺部疾病）；肠疾，如腹泻；报告任何皮肤发疹、生疖等疾病；报告受伤情况，包括被刀或其他利器划破和烧伤等。

（3）当手指割伤或戳伤时，应立即用止血胶带包扎好。

（4）当发生刀伤或烫伤事故时，应立即进行急救。

（二）讲究个人卫生

餐饮企业管理者要培养员工的个人意识，其要求如下。

（1）不得用指尖搔头、挖鼻孔、擦拭嘴巴。

（2）要勤洗手，饭前、厕后及接触食品或食品器具、器皿前都应洗手，保持双手的清洁卫生。

（3）不可以在他人面前咳嗽、打喷嚏。

（4）经常洗脸、洗澡以确保身体的清洁。

（5）经常理发、洗头、剪指甲。

（6）不随地吐痰、抛弃果皮废物。

（7）注意保持仪容整洁，不留胡须，剪短头发，戴帽后头发不可露出。

（8）不可佩戴饰物，经常保持服装干净整洁。

（9）穿干净、低跟、合脚、防滑的鞋，鞋跟和鞋底都应注意卫生和安全。

三、工作卫生

工作卫生是防止工作人员因工作时的疏忽而导致食物、用具遭受污染。

（1）工作人员不可在工作场所吸烟、饮食和嚼口香糖，非必要时勿互相交谈。

（2）有病的人员不要安排工作，患感冒、咳嗽、创伤或长疖子的员工很容易污染食品。发现有传染疾病的员工应该首先治病，在没有得到医生允许的情况下不能返回岗位。

（3）在工作中，必须随身携带的小物品应当放在较低的口袋中，防止弯腰时掉进食品中。

（4）每餐工作前洗手消毒，装盘、取菜、传送食品使用托盘盖具。不用手拿取食品。取冷菜使用冷盘，热菜用热盘。面包、甜品用托盘、夹子，冰块用冰铲，保证食品卫生安全，防止二次污染。发现污秽及时清除，及时撤换顾客用过的碗碟、烟灰缸，随时清理台面杂物或污点。工作柜内餐具、调料盅应清洁卫生，摆放整齐。甜品展示柜、服务车无油渍。

（5）拿取餐具、食物都要采用卫生方法，不要用手接触餐具上顾客入口的部位。餐具要拿柄，玻璃杯要拿底部，拿盘子时拇指只能接触盘子的边缘部分。品尝食物时要使用清洁的匙，而不能用手直接抓取，准备食物时要尽可能地使用各种器皿用具。如果食物必须用手操作，则须戴好塑料手套，而且操作完后必须处理好使用过的手套。器皿、器具如曾掉落在地上，应洗净后再使用；熟食掉落地上则应弃置，不可使用。除上述外，工作时应不使用破裂器皿，注意避免成品污染。

（6）收拾桌面残食时注意卫生，牙签、纸巾等杂料避免掉在地上，以免不雅和增加清洁困难。

第六节　厨房卫生管理

一、厨房环境卫生

厨房室内外环境一般包括天花板、墙壁、门窗、地面等。

（一）天花板

厨房天花板除了装饰功能外，更需要关注其卫生管理的问题。

（1）注意日常清洗，主要用吸尘器或扫帚进行清洁，对局部被弄脏，污垢严重的地方，可用湿抹布进行擦拭或把清洁剂喷洒天花板上，再用抹布擦拭。

（2）使用吸尘器清除天花，清洗时注意对墙壁上排气口部位的清洁，灰尘较厚的地方及无法用吸尘器除尘墙角等，可用软刷或干抹布擦拭。

（二）墙壁

不同材质的墙壁清洗方法，具体如表8-7所示。

表8-7　不同材质的墙壁清洗方法

序号	类别	清洗方法
1	瓷砖	（1）用湿抹布或浸润清洁剂沉沦的抹布全面擦拭即可。 （2）注意墙脚线较低位置的清洁，因为这一部分墙壁很容易溅染污水、杂物等，在清洁除污时，可采用软刷刮擦的方法
2	喷塑，涂料粉刷装饰的墙壁	（1）主要用吸尘器或扫帚进行清洁。 （2）对局部被弄脏，污垢严重的地方，可用湿抹布进行擦拭或把清洁剂喷洒墙壁或天花板上，用抹布擦拭。 （3）对墙壁上排气口部位的清洁，灰尘较厚的地方及无法用尘器除尘的墙角等处，可用软刷或干抹布擦拭

（三）门窗与防蝇设施

厨房的门窗也是比较容易沾染污物的地方，主要是工作人员领取搬运食材出入频繁，厨房的门主要包括门扇、门框、拉手、防蝇门帘等，具体如表8-8所示。

表8-8　门窗与防蝇设施卫生清洁

序号	设施	清洁方法
1	门与门框	（1）粗加工、切配、烹调、餐用具清洗消毒等场所和各类专间的门应采用易清洗、不吸水的坚固材料制作。食品处理区的门应装配严密，与外界直接相通的门各类专间的门应能自动关闭。 （2）擦拭门框，先用湿抹布，每次一般用干净的抹布擦拭两遍，用浸润过清洁剂溶液的抹布把门框自上而下，从外到内擦拭一遍，再用清水把抹布洗涤干净，按同样顺序把门扇擦拭干净。 （3）对门扇上方的玻璃，分别用湿、干抹布各擦拭一次对门扇下方的木板，应先用长柄软刷蘸水洗刷一遍，再用干净抹布擦拭干净。
2	窗	（1）摘下纱窗，后用软毛刷蘸清洁剂溶液洗刷除去窗框、横梁、窗台、玻璃上的油渍、杂物、灰尘。 （2）用清水冲洗干净，用湿抹布将窗框、横梁、窗台擦拭干净。 （3）用不掉绒毛的软干布或吸水性能较好的纸巾把玻璃内外擦干水分，然后用干净抹布蘸酒精擦拭窗户上的玻璃。 （4）将清洁干净的纱窗安装在原来位置上。
3	纱窗	（1）摘下纱窗，用软毛扫帚将纱窗上的灰尘扫除。 （2）用软毛刷蘸清洁剂溶液洗刷一遍。 （3）用清水在水池内清洗干净。 （4）捞出纱窗，晾干。
4	拉手	（1）在开餐后每隔1小时清洁一次。 （2）拉手和拉手的周边地方，一般先用湿抹布擦拭一遍，以除其污迹。 （3）用干净的抹布蘸消毒剂擦拭一遍，达到消毒效果。 （4）再用干净的干抹布擦拭一遍，以免黏滑。 （5）每天最后一次擦拭时，用消毒剂擦拭后，不必用干抹布擦干，使其自然晾干，以保持干燥后的杀菌效力。
5	灭蝇灯	每日营业结束时进行清洁

（四）地面

地面的清洁也是必须认真对待的问题，粗加工、切配、餐用具清洗消毒和烹调等需经常冲洗场所、易潮湿场所的地面应易于清洗、防滑，并应有一定的排水坡度及排水系统。

 特别提示 ▶▶▶

排水的流向应由高清洁操作区流向低清洁操作区，并有防止污水逆流的设计。排水沟出口设计应防止有害动物侵入。

餐饮企业管理者应编制一份厨房日常卫生检查表来对厨房的卫生进行检查，如表8-9所示。

表8-9 厨房日常卫生检查表

序号	检查项目内容	检查人	抽查人	检查范围	责任人	如何处理
1	作业中操作台面是否干净、整洁，原料放置是否有序					
2	作业中砧板、刀、抹布是否清洁卫生					
3	凉菜、粥档及厨房内门窗、墙面是否干净，无油污、水渍					
4	作业中的地面是否干净整洁、无垃圾、无杂物					
5	作业中的下脚料是否存放完好，废料是否随手放进垃圾桶					
6	菜肴出品是否有专用抹布、筷子					
7	各种盛放菜肴的器皿是否完好干净、无油渍、无水渍					
8	工作中员工入厕后是否洗手					
9	冰箱存放的原料是否合理，生熟是否分开，无腐烂变质					
10	菜肴出品是否认真检查，确保菜肴中无异物、无量缺现象					
11	盘饰用品是否干净卫生，摆放是否合理、有美化效果					
12	盛装菜肴的盘边是否干净卫生，无水迹、油污，无手印					
13	备用餐具是否干净，无污迹、水迹，无杂物					
14	每道菜出品后，灶台厨师是否清理灶面卫生					
15	收台后操作台是否干净整洁，无污迹、无杂物，工具摆放是否有序					
16	收档后墙面、地面是否干净，无杂物、无污迹					
17	油烟机排风罩、玻璃、冰箱、冰柜是否干净、卫生，无污迹，无油渍					
18	收档后的各种用具是否洗刷干净，摆放是否合理有序					

二、设施、设备卫生

(一)下水通道

(1)排污水系统必须保持完好无损,定期对下水通道进行清理,以保持排污水系统的畅通无阻。

(2)翻开窨沟翻盖或窨井盖,用铁铲铲除黏附在阴沟内或漂浮在窨井内的污物,用硬毛刷洗刷。

(3)阴沟盖及窨井盖也将黏附在上面的污物清除干净,用硬刷蘸碱水洗刷。

(4)用清水将阴沟与阴盖一起冲洗干净,冬季用热水冲洗干净。

(5)盖上阴沟翻盖与井盖,将阴沟和窨井周围的地面清洗干净。

(6)夏季在每天工作结束后,对阴沟及窨井盖进行彻底的清理,防止污水逆流及滋生微生物、病菌及蚊蝇等。冬季一般可每周清理2~3次,也可根据排污系统的实际情况进行定期清理。

(7)日常的使用过程中保持无臭味,无阻塞现象,阴沟盖及窨井盖面无污物、无油渍、清洁干爽。

(二)油烟排风设备

(1)油烟排风设备按从内到外、自上而下的顺序先用蘸过洗洁剂的抹布擦拭一遍,然后用干净的湿抹布擦拭一遍,最后再用干抹布擦拭一遍。擦拭的方法有两种,即常规性擦拭与一次性擦拭,常规性擦拭是指厨房在工作中,确定固定人员,按时对油烟排风设备进行擦拭,擦拭时使用干净的抹布,由内而外、由上而下擦拭一遍。

(2)油烟排风管道内的排风扇及管道口处的引风机,也要定期进行除尘清洗。

(3)油烟排风罩每天班后彻底擦拭一次,每周彻底清洗一次。方法是先用沾有洗涤液的抹布,把油烟排风设备从内到外擦拭一遍,然后再用干净的抹布把油烟排风设备从内到外擦拭两遍,确保油烟排风设备干净卫生。

(三)冰柜

(1)冰柜要定期除霜,确保制冷效果,除霜时溶解的冰水不能滴在食材上。

(2)冰柜要定期清理、洗刷,夏季至少每10天洗刷一次,冬季至少每30天洗刷一次。

(3)除霜时,先将冰柜内的货品移至其他冷藏械内储存,然后关闭电源,打开冰柜门,使其自然溶化,用抹布将冰水擦拭干净,然后换用另一块干净的湿抹布把冰柜内外擦拭一遍,晾干冰柜内水分后,接通电源,将原来存放的货品移至冰柜内。

(4)清洗冰柜时,基本与冰柜除霜的程序相似,只是要把冰柜内的所有可以动的货架，食品盒等全部取出，再把货品移至冰柜内。

（5）冰柜的外表应每天班后用湿抹布擦拭一次，以保持外表的清洁，延缓外表老化程度。

（四）炉灶

炉灶的清洁主要是清除油渍污迹，由于炉灶的种类各不相同，清洁方法也有区别，具体如表8-10所示。

表8-10 炉灶清洁

序号	类别	清洁方法
1	燃油，燃气炒灶	（1）待炉灶冷却后，用毛刷对燃油，燃气的灶头进行洗刷除污，使其保持通油，通气无阻，燃烧完好。 （2）清除燃火灶头周围的杂物。 （3）把灶台上的用具清理干净，用浸泡过清洁的抹布将灶台擦拭一遍，再用干净的湿抹布擦拭干净。 （4）用抹布把炉灶四周的护板，支架等擦拭干净
2	蒸灶，蒸箱	（1）将笼屉取下，用清水冲洗笼屉内外，如果笼屉内有粘在上面的食品渣等，可用毛刷洗刷，再用清水冲洗干净，擦干水分，然后将蒸锅和灶台洗刷干净放上笼屉。 （2）先从蒸箱内部清洗，用毛刷将蒸箱内的隔层架，食品盒洗刷，除净杂物，食品渣，用水冲洗干净，放净箱内存水，用抹布擦拭干净，然后用抹布将蒸箱外表擦拭干净
3	电烤箱	（1）断开电源，将晾凉的烤盘取出，用铁铲铲除烤盘上的硬结食品渣、焦块等。 （2）洒上适量餐洗净溶液浸泡10~20分钟，用毛刷洗刷烤盘内外，用清水冲洗干净，再用干抹布擦拭干净，将烤箱内分层板上的杂物，食品渣清扫干净，将远红外管上的黏结物用干毛刷垫子扫除干净，最全将烤箱外表擦洗干净
4	微波炉	（1）关闭电源，取出玻璃盘和支架，用清洁剂浸泡清洗，用清水冲洗干净，用干抹布擦抹干水分。 （2）用蘸过餐洗净溶液的抹布擦拭微波炉内胆及门，除净油渍杂物，再用干净的湿抹布擦拭干净，晾干后依次放入支架和玻璃盘。 （3）用湿抹布将外表擦拭干净，擦拭触摸式温控盘时，要注意动作轻些，以免损失温控盘上的按键

（五）洗涤间

1.保洁柜

餐具柜也称保洁柜是存放经过洗涤，消毒后的干净餐具的，在使用前必须经过的清洗，晾干与消毒处理，并要保持每天或定期进行消毒处理，柜内不得存放其他物品，必须专柜专用。

2. 洗碗机

洗碗机是将餐具的清洁、洗涤、消毒、烘干等环节融合为一体的机械化现代设备，但使用中同样需要对机器经常清洗，最好是每次用完后彻底清洗一次，以清除残留的污垢、油渍等，特别是洗碗机底部，很容易残留污垢，应定期进行消毒处理。

3. 水槽

水槽、脚踏板等每次洗涤结束后，都要用消毒清洁剂进行洗涤处理，保证无毒无菌。

4. 排污系统

排污水系统，如果窨沟是装有翻盖的，应每天把窨沟连同翻盖彻底清理一次，如果窨沟是密封的，则每天应对窨井井口处进行除尘处理，以确保排污水系统的畅通无阻。

5. 洗涤池

洗涤池要标明蔬菜洗涤池、荤菜洗涤池，禁止蔬菜、荤菜滥用洗涤池。

（六）更衣室

员工的便服从外界带入病菌，因此不能穿便服上班，也不能存放在厨房、仓库等工作间内。厨房应有员工更衣室，让员工上下班时更换服装和存放私人物件。更衣室一般不靠近厨房和厨房，要求通风、照明良好，并有淋浴、洗手池、镜子等卫生设备。

（七）卫生间

卫生间设置一般与更衣室相邻。卫生间应装有洗池，备有消毒洗手液、肥皂，以便员工洗手消毒。

三、厨房用具

（一）灶上用具

（1）清洗，将灶上用具放入按比例调制的洗涤剂水溶液中，对灶上用具进行彻底的洗刷，以除去灶上用具上的污物，油渍等。

（2）冲刷，把清洗过的烹饪用具用流动的净水将用具上的洗涤液冲洗干净。

（3）消毒，灶上用具的消毒一般采用煮沸或蒸汽消毒的方法，可将灶上用具放入100摄氏度的水中或100摄氏度的蒸汽中加热5分钟以上。

（4）存放，将消毒过的灶上用具晾干后放入专用的橱柜内存放，并确保橱柜是干净卫生的，以免造成灶上用具的再次污染。

（二）调理台用具

（1）清洗除污，将所有用具放入按比例调制的餐洗剂溶液中，对调理台用具进行彻底的清洗，以除去用具上的污物、油渍等，如果调料盒等用具上有硬结物，则应用热水浸泡变软后，再用硬毛刷蘸清洁剂将污物清除洗净。

（2）冲洗除清洁剂液，把用清洁剂溶液清洗过的用具用流动的净水将用具上的洗涤液冲洗干净，如果是在洗涤盆中冲洗，则要至少换清水3次冲洗，以确保用具上的清洁剂没有残留。

（3）消毒灭菌，一般采用煮沸或蒸汽消毒的方法，可将用具放入100摄氏度的水中或100摄氏度的蒸汽中加热5分钟以上，如果是塑料等不耐高温的用具，则应使用消毒清洁剂或高锰酸钾溶液进行消毒处理。

（4）卫生存放，将消毒过的调料盒等用具晾干后，放入专用的橱柜内存放，并确保橱柜是干净卫生的，以免造成调理台用具的再次污染。

（三）抹布

（1）热碱水洗涤，将抹布先用热碱水煮沸，浸泡5分钟以上，然后搓洗捞出，用温清水反复洗净碱液为止，拧净水分，再放于100摄氏度的沸水煮5分钟以上，捞出拧净水分晾干。

（2）用洗涤剂洗涤，将抹布蘸上一定量的洗涤剂或洗涤剂水溶液，经过浸泡与搓洗后，再用清水反复洗净，然后在100摄氏度的沸水煮5分钟以上，或在100摄氏度以上的蒸汽中加热5分钟以上，取出后晾干。

（3）水洗微波消毒法，用一般中性清洁剂溶液将抹布反复搓洗，除净油渍污秽，然后用清水冲洗两遍，拧净水分，放入微波炉食品盘上，用高火力加热2～3分钟取出晾干。

（四）卫生用具

（1）厨房所使用的各种卫生工具必须由专人负责管理。

（2）拖把要分区间管理，抹布分部门、用途管理，分色存放使用。

（3）每次用完后一定要清洗干净，消毒后晾干。

（4）卫生工具应设置专门位置存放。

四、餐具

（一）预洗

用木制刮板将餐具内的剩余饭菜清除干净，然后用莲蓬式喷头以温水冲去油渍，清除餐具上的附着物，同时为了保证洗涤的效果，把餐具按不同的种类分开，可以有效地节省洗涤剂与用水量。

（二）清洗

手洗一般是在水池内加入温水，按比例加入洗涤液，将预洗过的餐具放置水池内，经过一段时间的浸泡后，用软布依次将餐具内外洗涤干净。

（三）冲洗

冲洗的主要目的是洗去洗涤液，操作时用流动的清水将餐具上的洗涤液冲洗干净，最好是用流动水冲去洗涤液。

（四）消毒

餐具洗净后的重要工作就是进行消毒处理，消毒的目的是为了确保餐具上的微生物杀灭干净，以保证餐具的卫生安全。现在，厨房常用的消毒方法主要有以下几种。

(1) 水煮，在100摄氏度的水中将餐具煮10分钟。
(2) 蒸汽，在100摄氏度以上的蒸汽中将餐具加热5分钟以上。
(3) 氯液，在万分之二的游离氯水溶液中，将餐具浸泡10分钟以上。
(4) 干热，在110摄氏度的干热环境中加热10分钟以上。
(5) 微波，在微波内用高火力加热2分钟以上。

（五）干燥

干燥就是把带水的餐具去净水分的过程，一般将消毒后的餐具以倒置状态控干或晾干水分，有条件的可用烘干机等设备将餐具上的水分去除干净，使餐具保持在干燥状态。

（六）保存

将经过干燥处理的餐具，放入专用的餐具柜内存放，存放餐具的柜子也应该先进行消毒处理，以免干净的餐具被再度污染。

 第七节　废弃物处理及病媒动物防治

一、气态垃圾处理

气态垃圾是指厨房抽油烟机排出去的油烟。油烟不但造成污染，也容易造成火灾，所以务必慎重处理。

(1) 油烟应设专管导出建筑物之外，导管应为防火材料。
(2) 油烟管应设有自动门栅，温度过高时能自动关闭导管，切断火路，防止

火苗蔓延，此点甚为重要。

（3）油烟管内侧油垢应每两周请专人清除，或在导管内侧贴塑料布或铝箔以利换洗。

（4）油烟导入处理槽时，管口宜浸入槽内水中（可用苏打水化解油滴），处理槽面另以抽风机抽气，以造成密闭槽内负压，提高排油烟机的效能。

二、液态垃圾处理

液态垃圾包括厕所污水、排泄物、厨房污水等。一般排泄物设有专管排除，厨房污水等直接排入排水沟。

（1）厕所应为冲水式，应有适当的光线及通风设备，不得有臭味产生。
（2）地板应保持平坦、干燥。
（3）每间厕所均需设有加盖垃圾桶，并时常处理。
（4）厕所入口处设置洗手台、洗手剂、烘干器。
（5）工作人员有专用厕所，与顾客不可同用。
（6）厨房污水含有机质时，应先处理过滤后再行排放。
（7）泔水桶应使用坚固、可搬动、有加盖的容器，泔水倒入时不宜过量，以免溢出。
（8）泔水必须当日处理掉。
（9）泔水清运处理后，泔水桶及其周围环境应冲洗清洁。

三、固态垃圾处理

（1）将垃圾分为可燃物（如纸箱、木箱）、不可燃物（如破碎餐具），分别装入垃圾袋中投入各类垃圾桶，垃圾桶加盖。

（2）空瓶罐可以收集售卖或退换，应先冲洗干净，放于密闭储藏室，以免招致苍蝇、蟑螂、老鼠等。

（3）残余蔬菜叶可以使用磨碎机加以磨碎，然后排入下水道，但下水道需做好油脂截流处理。

四、虫鼠防治

（一）化学防除法

化学防除法是利用化学药剂防除或毒死虫鼠的方法。用此方式防除虫鼠者约占75%～80%。在使用化学药剂之前，最好先与虫害控制或卫生单位的专家协商，以确定药剂种类、用量及使用方式是否在法令规章的许可范围以内。

（二）物理防除法

（1）捕杀法。捕杀法是指徒手或使用器械驱杀害虫的卵、幼虫或成虫。

（2）诱杀法。诱杀法是指利用虫鼠的特殊习性，以适当装置诱其而杀之。

（3）遮断法。遮断法是指利用适当装置以阻隔虫鼠接近，如网遮、屏遮、气流控制等。

（4）温度处理法。温度处理法是指利用虫鼠能忍耐的最高、最低温度来杀之，如将储藏物用日光曝晒或冷藏、冷冻食物等。

（三）环境防除法

保持环境整洁来降低虫鼠的生存率，主要工作是杜绝为虫鼠繁殖提供所需食物及水分的场所。如所有与食物制备及供应有关的用具、餐具，使用后均应彻底洗净、消毒。任何用于接触食物的布均不可用作其他用途。

五、苍蝇防治

苍蝇的种类很多，但是与食品卫生关系最大的是家蝇。家蝇白天多栖息于食物或产卵地的附近，停留时喜欢选择粗糙的表面，特别喜欢器物的边缘。在夜间，大部分的苍蝇多停留在室外，在植物的枝叶上、灌木或篱笆上。在温暖的气候中，家蝇一般也多停留在室外。

（一）环境防除法

控制家蝇最好的方法莫过于环境防除法。建筑物应尽量用自动启开的门，且在对外开口及门窗处加装纱窗、纱门或空气门等，并加装风扇以防止家蝇的侵入。

（二）化学药剂防除

以化学药剂防除家蝇可奏效一时，但若以环境防除法来配合，则必能取得事半功倍的效果。在室内，可用气雾或烟雾喷洒杀虫剂迅速击落并杀死苍蝇。

杀蝇剂可使用除虫菌加协力剂，或使用人工合成除虫菌，但需将所有食物包盖或移走，员工不可停留在内，并将电源及所有火源关闭，紧闭门窗。

六、蟑螂防治

餐饮店一般蟑螂是危害最严重的，因为食物丰富，而且水源也很充足，特别适合蟑螂生存，另外加上有些餐饮店不注意环境卫生就更加容易有蟑螂了。餐饮店又是给客人提供食物的地方，一旦有蟑螂掉进食物里，后果将会很严重，所以灭除蟑螂和预防是非常重要的。那么餐饮店应该如何灭蟑螂呢？

（一）药物防治

蟑螂的灭除和防治都必须是通过药物，而其他的办法都很难灭除和让蟑螂断根的。注意选择正确的药物，否则也无法使蟑螂断根。

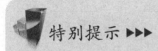

为了保证效果和安全性，必须通过正规渠道买正规的产品。

（二）环境防治

光是用灭蟑药物只是治根不治本，所以必须从环境着手，保持清洁卫生，从而更好地防止受到蟑螂侵害。

（1）清理环境卫生，收藏好食物，不要把食物放在外面，食物最好是放到柜子里，及时清除散落、残存的食物，对泔水和垃圾要日产日清，以降低蟑螂可取食的食源和水源。

（2）厨房墙壁瓷砖缝和破裂的瓷砖一定要封起来，下水道要保持畅通，下水道口必须加网盖，定期清理下水道的垃圾。

（3）与外界连接的管道接口最好都封起来，可以防止蟑螂从外界入侵。

（4）始终保持干燥清洁的环境，破坏蟑螂生存的环境。